Universidade Federal Fluminense

NEPFE

PPGSSDR
PROGRAMA DE PÓS-GRADUAÇÃO EM SERVIÇO SOCIAL E DESENVOLVIMENTO REGIONAL | UNIVERSIDADE FEDERAL FLUMINENSE

FAPERJ

mórula EDITORIAL

ESTADO, TERRITÓRIO E COTIDIANO NO CONJUNTO DE FAVELAS DA MARÉ

—

EBLIN FARAGE

REVISÃO
Marilia Pereira

FOTO (CAPA)
Douglas Lopes

CIP-BRASIL. CATALOGAÇÃO NA PUBLICAÇÃO
SINDICATO NACIONAL DOS EDITORES DE LIVROS, RJ
Elaborado por Meri Gleice de Souza — CRB 7/6439

F226e

Farage, Eblin

Estado, território e cotidiano no conjunto de favelas da Maré / Eblin Farage. – 1. ed. – Rio de Janeiro: Mórula, 2023.

308 p. ; 21 cm.

Inclui bibliografia
ISBN 978-65-81315-70-2

1. Favelas – Aspectos sociais – Maré (Rio de Janeiro, RJ). 2. Comunidades – Desenvolvimento – Maré (Rio de Janeiro, RJ). 3. Maré (Rio de Janeiro, RJ) – Condições sociais. I. Título.

23-84871 CDD: 307.3364098153
CDD: 364.682.444(815.3)

Rua Teotônio Regadas 26 sala 904
20021_360 _ Lapa _ Rio de Janeiro _ RJ
www.morula.com.br _ contato@morula.com.br
morulaeditorial morula_editorial

AGRADECIMENTOS

Quero a utopia, quero tudo e mais
Quero a felicidade nos olhos de um pai
Quero a alegria muita gente feliz
Quero que a justiça reine em meu país
Quero a liberdade, quero o vinho e o pão
Quero ser amizade, quero amor, prazer
Quero nossa cidade sempre ensolarada
Os meninos e o povo no poder, eu quero ver
São José da Costa Rica, coração civil
Me inspire no meu sonho de amor Brasil
Se o poeta é o que sonha o que vai ser real
Bom sonhar coisas boas que o homem faz
E esperar pelos frutos no quintal
Sem polícia, nem a milícia, nem feitiço, cadê poder?
Viva a preguiça viva a malícia que só a gente é que sabe ter
Assim dizendo a minha utopia eu vou levando a vida
Eu vou viver bem melhor
Doido pra ver o meu sonho teimoso, um dia se realizar

[**MILTON NASCIMENTO**, CORAÇÃO CIVIL]

A produção deste livro, fruto da minha tese de doutorado, traz um pouco de muitas pessoas que marcaram de diferentes formas a minha vida. Por isso, registro meu profundo agradecimento às parcerias firmadas ao longo de minha vida, que me constituíram como ser social e, assim, orientaram minhas escolhas e trajetória.

Agradeço a minha família que, mesmo sem compreender direito os meus estudos e a militância, aceitou minhas inúmeras ausências e distâncias por conta de minhas opções políticas. Em especial à minha mãe que, após o nascimento da minha filha, se tornou central na minha vida para o aceite das inúmeras tarefas. Agradeço à Ana Claudia que desde os 3 meses de Sofia se tornou presença constante nos cuidados, possibilitando tranquilidade e confiança para as muitas distâncias e ausências.

Aos amigos e amigas da Pastoral da Juventude (PJ). Mesmo passados tantos anos dessa militância, suas marcas são profundas na minha formação política e na minha vida. Amigos e amigas que se tornaram irmãos, família, como Mário Simão, Márcia Carvalho, Paulo Aquino, Paula Miranda, Bárbara Furtado, Fátima Rodrigues, Márcio Camacho, Patrícia Pavesi, Vasconcelos Filho, Eugênio Lopes, Douglas Pereira, Flávia Melo, Anthonio Montenario e Virgílio Ferreira. Essas pessoas e tantas outras, mesmo distantes, permanecem em minha vida. A vocês dedico a música da epígrafe.

Às amigas da faculdade, companheiras de formação, assistentes sociais daquelas de dar orgulho, que se tornaram irmãs de alma, comadres, cúmplices de sonhos, alegrias e acolhedoras de choros e sofrimentos. Tenho certeza de que vamos brindar mais 27 anos de amizade. A vocês, irmãs de alma Francine Helfreich (Fran), Edenilza Cesário (Dedê), Gabrielle Bastos (Gabi), Ana Carla Pavide e Aglaia Gomes, minha eterna amizade.

Aos queridos amigos e amigas, companheiros que fiz na Maré, que tanto apoiaram meus estudos de doutoramento, que partilharam comigo o sonho de que outra Maré (era) é possível e, por isso, construíram no cotidiano de suas ações a “Maré que queremos”. Eliana

Silva, Jailson Silva, Shyrlei Rosendo, Andreia Martins, Patrícia Vianna, Edson Filho, Helena Edir, Paula Miranda, Débora Rodrigues, Claudia Santos, Fábio Douglas, Ana Muniz, Renata, Sônia Faber, Mariana Aleixo, Everton Pereira, Felipe Reis e Vinícius Azevedo: meu muito obrigada! Longe ou perto vocês estão marcados em minha vida. Um agradecimento especial a(o)s membros do Núcleo de Estudos e Pesquisas sobre Favelas e Espaços Populares (NEPFE), que tornaram possíveis muitos dos dados utilizados nesse trabalho.

À Redes de Desenvolvimento da Maré (Redes da Maré) que possibilitou tanto minha inserção na Maré quanto a criação do NEPFE em 2009, que mais tarde foi levado como núcleo de pesquisa para a Universidade Federal Fluminense (UFF) e vinculado ao Conselho Nacional de Desenvolvimento Científico e Tecnológico (CNPQ).

Ao(à)s companheiros e companheiras da UFF, desde o início no *campus* de Rio das Ostras até o departamento de Serviço Social de Niterói, e do movimento sindical que foram essenciais para eu construir minhas convicções sobre a Universidade e o desafio que é democratizar o ensino superior público sem precarizá-lo. Agradeço muito ao companheiro Wanderson Melo, pela leitura e troca no debate sobre lumpemproletariado em Marx, ao querido Mauro Iasi pelas trocas teóricas e militantes que me auxiliaram muito no eixo do trabalho, ao querido Álvaro Neiva pelas leituras e ao Luiz Fernando pela diagramação e auxílio na entrega do trabalho para a banca à época da defesa da tese, em plena greve da educação superior pública de 2012, em que eu estava como presidente da ADUFF-SSIND. Um agradecimento especial às companheiras que me ensinam e que tem a paciência de compreender minhas angústias, que já haviam sido minhas professoras na graduação e que reencontrei na militância tornando mais saboroso esse momento, como: Sônia Lúcio, Kátia Lima e Marina Barbosa. Em nome dessas lindas professoras e amigas e do querido Juarez Duayer, com quem aprendo muito, agradeço a experiência no movimento sindical docente.

Agradeço ao Programa de Pós-Graduação da Universidade do Estado do Rio de Janeiro (UERJ) e, em especial, à professora Marilda Iamamoto, por ter me aceitado para orientação do doutorado, mesmo com um tema tão diverso dos seus estudos e pesquisas. Ao meu coorientador que, foi capaz de ajudar na elaboração deste trabalho em um campo teórico distinto do seu. Soube ser paciente e respeitar minhas reflexões. A relação com o Jailson Silva mostrou, naquele momento da elaboração da tese, que era possível trabalhar, estudar, partilhar a vida, sonhos e crenças mesmo quando temos diferenças e divergências político-teóricas.

Agradeço a companheira e amiga Eliana Sousa Silva que faz com que o trabalho na Maré seja possível, por sua crença e esperança infindável de que aquele espaço pode ser diferente. Sem ela certamente esse trabalho não teria essa cara. Pessoas como a Eliana demonstram o quão importante os sujeitos são na construção de coletivos. Sua energia e seu trabalho são referências para mim e certamente para todo(a)s aquele(a)s que ousam pensar as favelas a partir de suas potencialidades e de seus sujeitos.

Agradeço de forma muito especial às amigas e companheiras Marina Barbosa e Isabel Cardoso pelo generoso prefácio e por todas as partilhas e vivências.

Agradeço o apoio da Fundação de Amparo à Pesquisa do Estado do Rio de Janeiro (FAPERJ) para a publicação deste livro, à Escola de Serviço Social da UFF, e ao Programa de Pós-graduação em Serviço Social e Desenvolvimento Regional.

Por fim, agradeço ao Arley, meu companheiro de caminhada, com quem divido dores, alegrias e sonhos e com quem tento me reinventar para que a vida seja mais leve, solidária e expressão de um amor que não aprisiona. Por fim, agradecer a minha pequena/grande Sofia, por aguentar minhas ausências e por ser a energia que move minha vida. Te amo!

"Em defesa de todas as favelas do meu Brasil, aqui fala o seu embaixador"
A favela, nunca foi reduto de marginal/ A favela, nunca foi reduto de marginal
Ela só tem gente humilde marginalizada/ e essa verdade não sai no jornal
[...]
Ela só vive lá/ Porque para o pobre, não tem outro jeito
Apenas só tem o direito/ A um salário de fome e uma vida normal.
[...]

MÚSICA: *EU SOU FAVELA*. **BEZERRA DA SILVA**
COMPOSIÇÃO: **SERGIO MOSCA** E **NOCA DA PORTELA**

O ser humano tem "necessidades" de acumular e de esquecer; tem necessidade simultânea ou sucessivamente de segurança e de aventura, de sociabilidade e de solidão, de satisfações e de insatisfações, de desequilíbrio e de equilíbrio, de descoberta e de criação, de trabalho e de jogo, de palavra e de silêncio.

LEFEBVRE, 2008, P.69.

PREFÁCIO

ISABEL CARDOSO
MARINA BARBOSA PINTO

Este é um prefácio inusitado, porque escrito por duas pessoas. Além de escrito no plural é também elaborado com implicação afetiva, profissional e política com a autora. Mas quem conhece a trajetória de Eblin Farage pode imaginar que prefaciar se transforma em ação coletiva, assim como a vida. Então, não estranhamos o convite, ao contrário, reconhecemos, nele, nossa amiga e companheira de profissão e militância política.

O livro que Eblin faz chegar ao público, intitulado Estado, território e cotidiano no conjunto de Favelas da Maré, publicado pela editora Mórula, é sua tese de doutorado defendida no ano de 2012, no Programa de Pós-Graduação em Serviço Social da UERJ. Como Eblin gosta de esclarecer, foi a sua trajetória profissional que a levou a se inserir nos territórios populares das favelas, em particular no conjunto das Favelas da Maré, e a se relacionar com seus sujeitos a partir das dinâmicas e relações da vida cotidiana. Portanto, não foi um encontro forjado a partir da academia, mas pela vida e a insistente vontade de atuar profissional e politicamente com os campos da educação e da formação da classe trabalhadora, desde a condição de estagiária em Serviço Social na UFF. Tal singularidade, antes de apontar para uma espécie de interdição de caminhos contrários, como o da academia para os territórios populares, se entrelaça a outro elemento de destaque em sua trajetória, que é a capacidade de se sentir à vontade nos lugares, nas atividades e com os sujeitos do chamado "trabalho de base". Sobre isso, vale a pena revelar ao público leitor que Eblin, desde cedo, antes mesmo de sua chegada ao Rio de Janeiro e à graduação, participou de processos de educação de base em Minas Gerais, organizados e inspirados a partir da teologia da libertação e da educação popular de Paulo Freire. Foi nessas andanças e trajetórias que Eblin primeiro escutou falar em Marx e na reforma agrária, como ela mesma nos contou. Destacamos esse elemento da memória, não como um dado pitoresco, mas porque acreditamos que o enraizamento no "trabalho de base" percorre e constrói diferentes temporalidades e lugares de sua história nos territórios populares da cidade, na educação, na política, e permite ler o livro como parte de uma práxis, que é coletiva, escrita por muitos sujeitos e experiências de luta. Possibilita, também, compreender a relação obra-autora em uma temporalidade mais alargada e densa de experiências da qual o presente livro é parte e momento histórico. Diríamos, com Paulo Freire, que é essa trajetória de ação-reflexão, e não apenas a obra, que possibilita compreender o aprendizado de pronunciar e mudar o mundo com (e não para) os homens e as mulheres simples da vida cotidiana da classe trabalhadora.

Assim, flagramos um conjunto de instituições e atividades constituidoras da trajetória profissional de Eblin, que dá forma e conteúdo àquela insistente vontade de práxis no campo da educação e da formação popular, aludida anteriormente. Entre essas, destacamos: ONG Centro de Estudos e Ações Solidárias da Maré (CEASM); Divisão de Integração Universidade Comunidade (DIUC) da Pró-Reitoria de Extensão da Universidade Federal do Rio de Janeiro (UFRJ); ONG Redes de Desenvolvimento da Maré; Escola de Serviço Social da UFF.

Sua trajetória também inclui a militância no movimento sindical. Sua inserção como professora se entrelaça com a atuação no movimento docente da UFF, seu lugar de trabalho, e migra para o Sindicato Nacional dos Docentes das Instituições de Ensino Superior (ANDES-SN).

Em sua atuação temos o vigor da ação que prioriza o novo, o fortalecimento do trabalho de base, a formação de novos militantes, o enfrentamento a práticas e conceitos que, ao manter os princípios, precisam ser revisitados a fim de que o Sindicato responda melhor às demandas da categoria e as da luta mais geral da classe trabalhadora. Aqui se imbricam os caminhos apoiados naquela formação política que se mantém ancorada no projeto de construir uma outra sociabilidade apoiada na solidariedade e na vida, sem exploração e opressão.

É possível dialogar de diferentes formas com o livro e seus capítulos. Deixamos a cargo de vocês, leitores e leitoras, descobrirem e escolherem as que preferirem. De nossa parte, gostaríamos de destacar algumas chaves interpretativas oferecidas por Eblin. Podemos destacar a análise apresentada sobre Estado e desenvolvimento desigual e combinado da formação social brasileira, na qual a autora nos brinda com uma síntese interpretativa, fundada em autores importantes do pensamento social crítico brasileiro, mas também em Trotsky e Lenin. Tal análise revela uma concepção não determinista/etapista da história, necessária para a compreensão das relações sociais quando analisadas a partir das diferentes dinâmicas síncronas e diacrônicas do desenvolvimento tempo-espacial do capitalismo e de suas articulações dialéticas e contraditórias em sociedades concretas, como as latino-americanas. O livro expressa, ainda, uma hábil capacidade de compreensão metodológica da categoria totalidade e do movimento da dialética das determinações macro da vida social e suas renovadas contradições estruturais e conjunturais, em diferentes escalas espaciais e temporais da relação entre Estado e classes sociais, notadamente no cotidiano da ação dos sujeitos e no processo desigual, segregador e opressor de formação socioespacial da cidade capitalista no Brasil e dos territórios populares das favelas. Mas nos interessa em especial a reflexão que traz uma forte contribuição ao pensar e fazer profissionais, que se expressa na dimensão territorial de sua perspectiva analítica e na centralidade conferida à vida cotidiana para a compreensão dos territórios populares das favelas.

Não é comum encontrar na produção acadêmica do Serviço Social a consideração teórico-metodológica e prático-sensível do espaço nas análises sobre a realidade social. Somos uma profissão habituada ao manejo crítico da história para a problematização das relações sociais, em especial considerando-se o legado da tradição marxista consolidado na produção bibliográfica do Serviço Social. Contudo, não sabemos exatamente o que fazer com a dimensão espacial da produção e reprodução da vida humana e não humana e suas múltiplas e complexas relações e determinações para a constituição da dialética natureza-cultura, a não ser tratá-la como "pano de fundo" das relações sociais, uma espécie de personagem inerte da história chamado a estar presente "na cena" de nossas análises, mas como mero reflexo das relações sociais. Sob esse registro, o espaço é um espelho.

O livro de Eblin intervém nesse déficit teórico-metodológico de forma a oferecer uma compreensão histórico-espacial da realidade social e das relações sociais que conformam as condições e modos de vida dos segmentos populares da classe trabalhadora, residentes nas favelas da Maré. Para tanto, decide vir em boa companhia teórica e constrói sua análise a partir da interlocução com a geografia crítica de Milton Santos e com os pensadores marxistas Henri Lefebvre e David Harvey.

A partir do plano prático-sensível da vida cotidiana, contando aqui com as contribuições de Lefebvre e Heller, principalmente o primeiro, e saturando-a de determinações materiais e simbólicas, o livro articula diferentes níveis de complexidade das relações sociais e suas sínteses contraditórias, distintas escalas espaciais das relações sociais capitalistas como a local (a favela), a regional (a cidade), a nacional (o Estado) e a internacional (a América Latina) para analisar, no sentido Lefebvriano, a produção social dos territórios populares como parte constitutiva da cidade capitalista em sua forma-conteúdo segregadora, dependente, desigual e combinada. Demonstra, ainda, as relações e dinâmicas dialéticas de universalidade/particularidade/singularidade dos modos de ser heterogêneos e desiguais da classe trabalhadora em seus territórios populares de vida e moradia, como o conjunto de favelas da Maré, a partir da tríade trabalho/educação/cultura.

O quarto capítulo, em especial, ocupa lugar privilegiado no exercício de problematização da referida tríade, a partir da problematização da relação entre Estado, políticas públicas e desenvolvimento desigual da classe trabalhadora e dos territórios populares das favelas da Maré. A análise reivindica partir de sujeitos históricos concretos, territorialmente referenciados como residentes e trabalhadore(a)s nas favelas de estudo, produtore(a)s de práticas contraditórias de territorialização da vida cotidiana, que convivem com horizontes estreitos de sociabilidade e reprodução social, a partir da territorialização de políticas públicas "empobrecidas" para pobres, reprodutoras da segregação socioespacial das favelas e de práticas históricas racistas ininterruptas de violação aos direitos, em especial ao direito à vida. Contudo, o leitor e a leitora são conduzidos pela autora através de caminhos muito mais complexos, que exigem mediações. Essas veredas abertas pela pesquisa mostram mediações necessárias com a práxis da apropriação criadora da vida e do espaço pelos sujeitos, desde a vida cotidiana, até suas ações coletivas e organizativas, mediadas através da política e da cultura, como as ações de organizações criadas por moradores das favelas pesquisadas, como o CEASM, a Redes da Maré e o Observatório das Favelas, que disputam a ordem do sensível e do dizível sobre as representações sociais da favela como lugar violento e de seus moradores como "perigosos" e "matáveis".

Concluímos esse prefácio fortalecendo o convite inicialmente feito aos leitores e às leitoras do Serviço Social e de áreas afins, aos protagonistas de movimentos sociais e de diferentes coletivos e formas de ativismo popular, que constroem a denúncia e a resistência à reprodução das formas de desigualdade, opressão e segregação urbana nas favelas e territórios populares: percorram as veredas do conhecimento que a obra de Eblin nos oferece e deixem-se desafiar pela exigência criadora que a práxis da vida cotidiana convoca-nos a construir nos territórios populares e com os sujeitos desses territórios.

À nossa amiga e companheira, Eblin, agradecemos a confiança reafirmada no convite para a redação do prefácio.

APRESENTAÇÃO

Quando esta pesquisa foi realizada, entre 2008 e 2012, o mundo não imaginava que viveríamos uma pandemia de tal proporção, que nos colocaria em isolamento social levando à morte milhares de pessoas. No Brasil não estava posto a perspectiva da ascensão da extrema direita, mesmo que suas bases já estivessem em construção de forma silenciosa.

Certamente alguns dos temas aqui abordados, se investigados hoje, seriam perpassados pelo debate do fundamentalismo religioso como um dos elementos importantes de sustentação para o projeto político da extrema direita, ou para o que Badaró (2020, p. 77), caracteriza como neofascismo considerando "adaptabilidade, hibridismo e mutabilidade", quando comparado ao fascismo histórico.

O debate sobre o mundo do trabalho ainda estava muito pautado no processo de reestruturação produtiva, e os trabalhadores precarizados — hoje a maior parte da classe trabalhadora —, ainda muito invisibilizados, presos em seu cotidiano de superexploração e algumas vezes de trabalho análogo a escravidão. Hoje a precarização ganha feições mundiais mediadas pelas tecnologias, seja pela simples substituição da força de trabalho ou pelas novas formas de precarização baseadas no que Antunes (2018) denomina o "privilégio da servidão", evidenciando-se o que afirma Badaró (2020, p. 109-110): "que a face fascista do Estado autocrático se faz necessária para que o patamar de superexploração da força de trabalho demandado pelo projeto do capital pudesse ser alçado".

Mesmo que conceitos como necropolítica, cunhado por Mbembe (2018) em 2012, ainda não fossem conhecidos no meio acadêmico brasileiro, pois sua obra só chegou ao Brasil em 2018, sua lógica já estava instalada nas favelas e periferias brasileiras, com o Estado autorizando quem pode e deve morrer. E como afirma Löwy (2019), tendo: "a violência policial/militar como única resposta aos problemas sociais e à criminalidade".

O estado de exceção, nos termos de Agamben (2004, p. 13): "de uma guerra civil legal que permite a eliminação física", seja através da anuência para a permanência e difusão de grupos criminosos armados, como o jogo do bicho, os grupos de justiceiros, o tráfico de drogas, a milícia ou com o próprio braço armado do Estado — a polícia e as forças armadas —, o extermínio de negros/negras e pobres já era uma constante. Entre os muitos casos, os registros dos autos de resistência no estado do Rio de Janeiro evidenciam essa política, assim como as operações de Garantia da Lei e da Ordem (GLO), que utilizam militares para o controle de um determinado território, como foi realizado na Maré.

O poder das igrejas neopentecostais, com base no fundamentalismo religioso, já se vazia presentes no Brasil. No Congresso Nacional, ao lado da bancada do agronegócio e dos representantes das forças de segurança, a chamada bancada da bíblia, passa a fazer história e a ousar voos mais altos. Assim, a bancada BBB (boi, bala e bíblia) imbricada nos poderes locais e territoriais e a partir desses locais, chega ao legislativo e, a partir de 2018, ao executivo do país. A tomada do poder máximo do Planalto Central deve ser compreendida e analisada a partir de um longo e amplo processo de construção da hegemonia, por baixo, que recebeu, nas últimas duas décadas, pouca atenção dos grupos progressistas do país. Como afirma Löwy (2019): "no Brasil as Igrejas neopentecostais, com seu discurso homofóbico e antifeminista ultrarreacionário, tiveram um papel essencial na vitória de Bolsonaro".

O desprezo a uma realidade silenciosa, que só toma a cena política quando ganha a mídia por ações de violência, seja através do assassinato de algum ativista de direitos humanos, de chacinas de trabalhadores rurais, massacres de indígenas e extermínio de jovens negros/negras e pobres, se revela como a necropolítica do capital, que localizada em determinados territórios e sobre determinados corpos, foi invisibilizada durante décadas.

Com dificuldade — de diferentes ordens — de atuar nos territórios, os grupos, movimentos, partidos e organizações progressistas do país foram pouco a pouco perdendo espaço para a lógica e a hegemonia fundamentalista, miliciana e militarizada. A máxima do "bandido bom é bandido morto", dos "direitos humanos para humanos direitos", ganhou mentes e corações, silenciosamente, até se tornar ou se legitimar, como política de Estado.

A construção dessa hegemonia, baseada como afirma Gramsci (2001) na articulação entre consenso e coerção, com base material nas ações dos grupos criminosos armados e de parte das igrejas evangélicas, foi pouco a pouco se naturalizando em ações cotidianas, como algumas apresentadas neste livro. Situações ilustrativas desse processo, como as que expõem a apropriação privada dos espaços públicos e que coloca a vontade de determinados grupos acima das necessidades do conjunto da população, dominam o cotidiano da favela. A ocupação de um coreto público, na praça da Nova Holanda, por uma denominação evangélica, tornando o espaço uma igreja, ou as inúmeras cenas de benção das armas, por parte de pastores, ou a necessária autorização dos grupos criminosos armados para a fixação de propaganda eleitoral na favela, entre tantas outras, são expressão desse processo de criação de consenso e coerção. Esses exemplos demonstram a estreita relação entre a bancada BBB, explicitando que bíblia e bala interagem a partir dos territórios pauperizados do país.

Nesse processo de transformação capitalista evidencia-se, como dizia Carolina Maria de Jesus (2014), que a favela continua a ser o "quarto de despejo", como bem demonstram as ações de político(a)s de direita e da extrema-direita, que tem votações surpreendentes nas favelas. Mesmo quando esse(a)s candidato(a)s, baseiam sua política na distribuição de peixe podre, como já presenciei na Maré, ou na construção de Centros Sociais a doar dentaduras, óculos e telha em troca de votos.

Com o objetivo de trazer algumas dessas inquietações, que nasceram da vivência, por mais de uma década, no conjunto de favelas da Maré, é que ora publico o presente livro. A oportunidade de trazer, de forma mais ampla, a pesquisa realizada no processo de doutoramento veio com muitas dúvidas e incertezas. Questionamentos sobre a necessidade de atualização de dados e informações, as mudanças de uma realidade em constante movimento, assim como o questionamento se as reflexões sobre uma 'fotografia' da realidade que já se alterou na Maré contribuiriam para a conjuntura, permearam a organização deste trabalho. Interessada em fornecer elementos que possam instigar olhares, reflexões e análises sobre a realidade da favela, mesmo que com mudanças conjunturais, decidi publicar o livro sem alteração nos dados e informações construídos para a tese de doutorado defendida em 2012. Tudo devidamente datado, mas nem por isso desatualizado, já que demonstra a invisibilidade produzida sobre trabalhadores e trabalhadoras negligenciados pelo Estado.

Por fim, quero dedicar este livro a Marielle Franco, que conheci ainda muito jovem na Maré, e a tudo que ela representa simbolicamente. Assassinada brutalmente, possivelmente pelas mesmas forças políticas e armadas, que dão forma à extrema-direita no Brasil, sua morte deve continuar a nos inquietar a perguntar: "Quem mandou matar Marielle?". Que sua história, assim como de tantos outros lutadores e lutadoras sociais, defensores dos direitos humanos, socialistas e comunistas, continue a ecoar em nossos corações, em nossas lutas políticas evidenciando a urgência de uma interação real com os segmentos da classe trabalhadora mais pauperizados, mais desassistidos, negligenciados pelo Estado e mais violentamente marcados pela lógica de desenvolvimento desigual e combinado do capitalismo.

EBLIN FARAGE

São Pedro da Serra-RJ
Primavera de 2021

INTRODUÇÃO

Partilhando da análise de que a cidade é fruto da lógica do desenvolvimento capitalista desigual e combinado e que a sociedade é dividida em classes, tendo na propriedade privada o centro da manutenção do poder e da segregação social, compreende-se como importante para explicar a lógica cotidiana construída na favela o estudo das diferentes dimensões da vida cotidiana, como afirmou Martins (2009).

Para Silva e Barbosa (2005), as favelas são vistas como espaço da ausência, da precariedade e da falta de recursos. Nesse sentido, passam a ser consideradas uma "cidade" à parte da cidade formal. Um espaço que se constitui com regras próprias, no qual o Estado não pode intervir. Considerada pelo senso comum como espaço da prostituição, da vagabundagem, da malandragem e da desordem, seus moradores acabam sendo colocados em uma posição de não-sujeitos e não-cidadãos[1].

Essa imagem, construída histórica e culturalmente sobre as favelas cariocas, contribui para a reprodução de estigmas e estereótipos que acabam por afastar seus moradores das oportunidades, serviços e direitos que a cidade oferece aos seus habitantes. Como afirma Paulo

1. Entendendo como cidadão o ser da cidade, da pólis, que pode usufruir de todos os espaços, serviços e direitos.

Lins (2005, p. 15), no prefácio do livro "Favela — alegria e dor na cidade", de Silva e Barbosa (2005): "A favela sofre, ainda, os mesmos males e preconceitos presentes desde a época de seu aparecimento no jogo político de uma sociedade outrora escravista e, agora, racista e egoísta".

Buscar compreender alguns aspectos da vida cotidiana na favela se colocou como central no presente trabalho, como forma de superar visões homogeneizadoras sobre esses territórios e sobre seus moradores. O aprofundamento do cotidiano da favela representa a tentativa de dar visibilidade às contradições e ao movimento presente nas relações sociais aí desenvolvidas. A busca pelo desvelamento das relações sociais e dos sentidos produzidos na vida da favela nos aproxima do universo de representações e dimensões dos segmentos da classe trabalhadora aí residente.

Entende-se que as favelas, historicamente consideradas e por vezes estudadas, como se fossem homogêneas — apesar de expressarem as múltiplas determinações do desenvolvimento capitalista —, guardam singularidades, características da particularidade da formação de cada território na cidade do Rio de Janeiro.

Busca-se com o estudo sobre as formas de organização do cotidiano da favela da Maré, compreender as relações sociais que aí se expressam, tendo como referência a forma de organização da cidade a partir do processo de desenvolvimento capitalista desigual e combinado (HARVEY, 2004). Nessa perspectiva, o estudo busca as conexões existentes entre o desenvolvimento capitalista e sua materialização no espaço intraurbano, considerando a heterogeneidade[2] da constituição do território e de sua população.

2. Segundo Valladares (2005), a favela foi considerada pela primeira vez em sua heterogeneidade, a partir do estudo desenvolvido pela Sociedade de Análises Gráficas e Mecanográficas Aplicadas aos Complexos Sociais (SAGMACS), realizado no final da década de 1950 e publicada pelo jornal "O Estado de São Paulo" em 1960, intitulado "Aspectos humanos da favela carioca". Até essa década todas as ocupações irregulares eram consideradas exatamente iguais e com as mesmas necessidades, desconsiderando os distintos processos de ocupação dos territórios da cidade e as especificidades da população.

A maior parte das pesquisas realizadas nas duas últimas décadas sobre as favelas e os espaços populares tende a generalizar a situação vivida em diferentes territórios favelizados da cidade, assim como a vida cotidiana de seus moradores. Em parte, essa tendência se explica pela dificuldade que parte dos pesquisadores vinculados à academia vêm tendo ao realizar pesquisas empíricas nesses territórios. As dificuldades se concentram em dois eixos centrais: o domínio do território pelos grupos criminosos armados, que dificulta a inserção e a permanência, no espaço das favelas, de pesquisadores e grupos de pesquisas que não façam parte do seu cotidiano; e a resistência dos moradores em conceder entrevistas e\ou ceder informações sobre seu cotidiano sem ter clareza do que será feito com os dados.

Segundo Lefebvre:

> O fenômeno urbano depende, primeiro, dos métodos *descritivos*, eles próprios variados. [...] A descrição empírica enfatiza a morfologia; ela dá conta, com exatidão, do que vêem e fazem as pessoas num contexto urbano, desta ou daquela cidade, de uma megalópolis [...] (LEFEBVRE, 2008, p. 49-50, grifo original).

Porém, como afirma o autor, a descrição dá conta até certo ponto, pois não consegue explicar a complexidade das relações sociais e não desvela os processos produtivos que constituem as classes e a conformação dos sujeitos. Nesse sentido, faz-se necessário ir além da descrição do real considerando a totalidade das relações sociais e os processos históricos que dão origem a vida cotidiana.

Considerando as diferentes interpretações que o cotidiano tem a partir de autores como Lefebvre (1983, 1991), Heller (1994) e outros, entende-se neste trabalho que o cotidiano é mais do que a reificação das relações sociais. Assim como afirma Lefebvre (1983; 1991), o cotidiano é compreendido como o espaço de interação entre as determinações das relações sociais e os sentidos atribuídos pelos sujeitos reais a vida, materializando-se em um movimento de contradições.

O cotidiano dos segmentos da classe trabalhadora residentes na favela materializa-se em um território, considerado não apenas como espaço geográfico e físico, mas, sobretudo como espaço de múltiplas determinações em que diferentes sujeitos constroem e reconstroem seu cotidiano. O território é compreendido como lócus da intervenção estatal, da ação dos grupos criminosos armados e da ação de diferentes instituições assistencialistas e populistas que contribuem na construção das relações sociais locais, assim como produto da ação de seus moradores. Entende-se o território da favela como local de moradia de segmentos da classe trabalhadora histórica e socialmente subalternizados. Segundo Haesbaert (2006, p. 16), o território é analisado em uma perspectiva: "intrinsecamente integradora, que vê a territorialização como o processo de domínio (político-econômico) e/ou de apropriação (simbólico-cultural) do espaço pelos grupos humanos". Nesse sentido, o território é ao mesmo tempo produto e produtor das relações sociais, expressando contradições, disputas, tensões e resistências.

O território da favela é compreendido não como expressão natural da organização social, mas como produto do desenvolvimento desigual e combinado do capital, sendo ao mesmo tempo expressão das relações produtivas desiguais e também produto das relações sociais locais.

Para o desvelamento das múltiplas dimensões do território se faz necessário analisar a multiplicidade de grupos e sentidos produzidos nesse espaço. Busca-se identificar a diversidade presente na dinâmica cotidiana dos segmentos humanos, dos grupos e das instituições que constituem a favela a partir da identificação de elementos que forjam e são forjados no cotidiano dos moradores.

Muitas são as contradições que permeiam o território da favela. A complexidade de constituição e conformação desse território e de seus moradores acaba, por vezes, ficando submerso diante das situações de violência que marcam seu cotidiano e que repercutem de forma sensacionalista na grande mídia, reforçando estigmas e estereótipos sobre esse território.

Para Silva:

> Pela via do processo de sinonímia entre tráfico de drogas e favelas, esses territórios foram sendo, cada vez mais, identificados e representados como definitivamente perigosos e ingovernáveis, afirmando-se a impossibilidade de se estabelecer ali o mesmo padrão de regulação social presente em outras partes da cidade (SILVA, 2009, p. 57).

Identifica-se no espaço da favela a constituição de ações públicas que se caracterizam por sua baixa qualidade, relegando aos moradores desse território a condição de cidadãos de segunda categoria, marginalizados e criminalizados pelo imaginário homogeneizado construído sobre o cotidiano. O estudo do cotidiano da favela contribui para a compreensão da materialização das relações sociais e para visibilizar as expressões da questão social presente, como forma de contribuir para a negação da homogeneização que coloca todos os moradores de favela na condição de criminosos ou de potencialmente criminosos.

Forja-se um determinado olhar sobre os moradores da favela, que permeia a forma como o poder público intervém nesse território, e também a forma como os sujeitos dos demais territórios da cidade percebem a favela. A visão construída sobre os moradores das favelas acaba, por vezes, sendo internalizada pelos próprios moradores, que incorporam estigmas e estereótipos, não se considerando sujeitos de direitos.

No caminho dessa reflexão, a compreensão sobre o Estado e sua função na conformação urbana é central para analisar a conformação da cidade em distintos territórios. O Estado e seus aparelhos privados de hegemonia vão conformando o território e o espaço da favela. Segundo Corrêa (1995, p. 6), o espaço deve ser compreendido "como forma espacial em suas conexões com a estrutura social, processos e funções urbanos", sendo ainda considerado como um "paradigma de consenso e de conflito".

Para Gramsci, o Estado em seu sentido ampliado é formado pela: "sociedade política + sociedade civil, isto é, hegemonia couraçada de coerção" (GRAMSCI, 2001, p. 244-245). Nesse caminho de reflexão busca-se identificar e desvelar as distintas formas construídas pelo Estado e pelos aparelhos privados de hegemonia para manutenção de um determinado ordenamento apassivado dos trabalhadores no território da favela.

A intervenção estatal no território da favela se efetiva como mais uma forma de subalternização dos moradores desse território em relação aos trabalhadores e moradores de outros territórios da cidade. Reforçam-se estigmas e estereótipos histórica e socialmente construídos, que contribuem para a estratificação social e "justificam" uma intervenção diferenciada do poder público. Os moradores da favela passam a ser considerados pela forma como o poder público direciona as políticas públicas nesse espaço, como cidadãos de segunda categoria, para os quais são designadas políticas sociais focalizadas, fragmentadas e assistencialistas de baixa qualidade e eficácia.

Segundo Iamamoto:

> O marxismo clássico já estabelecia as funções que pertencem ao domínio do Estado: criar as condições gerais da produção; controlar as ameaças das classes dominantes ou frações das classes dominantes, através de seu braço repressivo (exército, polícia, sistema judiciário e penitenciário); e integrar as classes dominantes, garantindo a difusão de sua ideologia para o conjunto da sociedade. Essas funções coercitivas se unem às funções integradoras, destacadas pela análise gramsciana, exercidas pela ideologia e efetivadas por meio da educação, cultura, dos meios de comunicação e categoriais do pensamento (IAMAMOTO, 2007, p. 120).

Entender o Estado como um aparelho privado de hegemonia da burguesia pressupõe considerar as disputas inerentes à busca pela hegemonia por determinada classe social. Nesse sentido, considera-se a hegemonia como base para a manutenção dos interesses da classe hegemônica economicamente e do desenvolvimento capitalista, tendo o Estado como estrutura fundamental.

Para Gramsci:

> O fato da hegemonia pressupõe indubitavelmente que sejam levados em conta os interesses e as tendências dos grupos sobre os quais a hegemonia será exercida, que se forme um certo equilíbrio de compromisso, isto é, que o grupo dirigente faça sacrifícios de ordem econômico-corporativa; mas também é indubitável que tais sacrifícios e tal compromisso não podem envolver o essencial, dado que, se a hegemonia é ético-política, não pode deixar de ser também econômica, não pode deixar de ter seu fundamento na função decisiva que o grupo dirigente exerce no núcleo decisivo da atividade econômica (GRAMSCI, 2000, v.3, p. 48).

No processo de conformação da cidade o Estado exerce importante função no atendimento dos interesses do desenvolvimento produtivo capitalista, segundo exigências da industrialização e da urbanização, e, quando necessário, atendendo a algumas das demandas dos trabalhadores, necessárias à sua manutenção como força de trabalho e consumidores por exigência da dinâmica capitalista.

Nesse processo se constituem territórios distintos na cidade e a intervenção do Estado se dá a partir do processo político hegemônico, priorizando os interesses da classe que domina economicamente a partir do exercício da coerção e do consenso na conformação da classe trabalhadora. Nesse processo as favelas se impõem ao espaço urbano carioca como o espaço de moradia da classe trabalhadora exigindo do Estado intervenções públicas que ao mesmo em tempo que buscam o apassivamento e também garantem alguns direitos, impulsionados pela organização dos trabalhadores.

No território das favelas a regulação não se dá da mesma forma como nos demais territórios da cidade, aparentando uma ausência do

Estado — o que é refutado nesse trabalho —, por considerar que, assim como na Maré, nas favelas cariocas, o poder público se faz presente com equipamentos como escolas, postos de saúde, segurança pública etc. Ressalta-se que a ação dos agentes do Estado e dos moradores dos demais territórios da cidade baseia-se em visões estereotipadas e estigmatizadoras reproduzidas pela mídia, quando só mostram as favelas nos momentos de conflito armado, de morte e fechamento de vias expressas, reproduzindo preconceitos, medo e agravando o distanciamento social.

O cotidiano da favela é revelador da aparente "ausência" do Estado como regulador do território. Os espaços públicos da favela são apropriados privadamente. Várias são as situações que retratam a privatização dos espaços da favela. A título de ilustração dessa relação pode ser citada a ocupação do coreto da Praça Pública da comunidade da Nova Holanda por uma igreja evangélica, a partir da autorização do responsável pelo tráfico de drogas local. A referida igreja colocou bancos de igreja no coreto e um portão para impedir a sua utilização fora dos horários dos cultos. Outro exemplo é a pintura de passagens bíblicas no muro da Escola Municipal Nova Holanda, determinada pelo então responsável do tráfico de drogas na comunidade, com a anuência das igrejas evangélicas.

Muitas outras situações ilustram a relação entre a esfera pública e privada estabelecida no cotidiano da favela, como a ocupação das ruas por sucatas de carros que foram roubados e depenados; a ocupação das calçadas públicas por lojas e camelôs; o fechamento cotidiano de ruas por brinquedos infantis privados; o fechamento de ruas para a realização de baile funk; a ocupação do território por grupos juvenis fortemente armados etc.

Como exemplo do efeito não regulador do Estado, temos além do domínio territorial por outros grupos, situações vinculadas diretamente aos direitos sociais, que acabam por ser negados. Nesse âmbito, podemos destacar como ilustrativo da negação de direitos o fato de o horário das escolas públicas da Maré ser reduzido em relação ao horário estipulado pela Secretaria de Educação do município. Também é revelador dessa lógica a não abertura das escolas no horário noturno, dificultando o ensino médio e o ensino de jovens e adultos, assim como a retirada dos equipamentos públicos de assistência social das favelas sob a justificativa de falta de segurança do território, o que será refletido no capítulo 3 deste livro.

Entendemos que a intervenção de baixa qualidade do Estado, assim como o não cumprimento de sua função reguladora, acaba possibilitando o surgimento de grupos que buscam organizar o espaço a partir de uma lógica particular e privatista, contribuindo na conformação do cotidiano nesse território.

Tendo em vista a complexidade das relações sociais que produzem os diferentes territórios da cidade, negando o discurso da cidade partida e da ausência do Estado no território da favela, se faz necessário afirmar o que se entende por favela. Nesta pesquisa o conceito norteador para a análise são os elementos apresentados pelo Observatório de Favelas[3] na caracterização da favela, afirmando esse espaço pelo que é e expressa na conformação urbana.

> 1. Considerando o perfil sociopolítico, a favela é um território onde a incompletude de políticas e de ações do Estado se fazem historicamente recorrentes [...] sem garantias de efetivação de direitos sociais, fato que vem implicando a baixa expectativa desses mesmos direitos por parte de seus moradores.
> 2. Considerando o perfil socie-conômico, a favela é um território onde os investimentos do mercado formal são

3. Organização não governamental, criada em 2001, com sede na Maré e atuação nacional. Caracteriza-se por ser: "uma organização social de pesquisa, consultoria e ação pública dedicada à produção do conhecimento e de proposições políticas sobre as favelas e fenômenos urbanos. O Observatório busca afirmar uma agenda de Direitos à Cidade, fundamentada na ressignificação das favelas, também no âmbito das políticas públicas". Disponível em: www.observatoriodefavelas.org.br. Acesso em: 19 fev. 2012.

precários, principalmente o imobiliário, o financeiro e o de serviços [...]. Há, portanto, distâncias socioeconômicas consideráveis quando se trata da qualificação do tempo/espaço particular às favelas e o das condições presentes na cidade como um todo.

3. Considerando o perfil sócio-urbanístico, a favela é um território de edificações predominantemente caracterizadas pela autoconstrução. Sem obediência aos padrões urbanos normativos do estado [...]. A favela significa uma morada urbana que resume as condições desiguais da urbanização brasileira e, ao mesmo tempo, a luta de cidadãos pelo legítimo direito de habitar a cidade.
4. Considerando o perfil sociocultural, a favela é um território de expressiva presença de negros (pardos e pretos) e descendentes de indígenas, de acordo com região brasileira, configurando identidades plurais no plano da existência material e simbólica [...]. Superando os estigmas de territórios violentos e miseráveis, a favela se apresenta com a riqueza da sua pluralidade de convivências de sujeitos sociais em suas diferenças culturais, simbólicas e humanas (SILVA, BARBOSA, BITETI E FERNANDES, 2009, p. 96-97).

Considerando esses elementos a presente pesquisa desenvolveu seu trajeto buscando analisar a conformação do espaço urbano da cidade do Rio de Janeiro, tendo como foco de análise a complexa conformação histórica, social, econômica, política e cultural do Conjunto de Favelas da Maré, formado por 16 comunidades, com população aproximada de 140 mil habitantes, sendo considerado um dos maiores conjuntos de favelas do Rio de Janeiro e do Brasil.

A pesquisa buscou compreender a constituição do espaço urbano a partir das exigências do desenvolvimento industrial e a conformação das classes em distintos territórios e entendendo a favela como espaço de moradia de segmentos da classe trabalhadora que, mesmo com direitos limitados, criam e recriam o cotidiano na cidade.

A CONSTITUIÇÃO DE DIFERENTES TERRITÓRIOS

—

CLASSES QUE CONFORMAM ESPAÇOS

> O político em ato é um criador, um suscitador, mas não cria a partir do nada nem se move na vazia agitação de seus desejos e sonhos. Toma como base a realidade efetiva: mas o que é está realidade efetiva? Será algo estático e imóvel, ou, ao contrário, uma relação de forças em contínuo movimento e mudança de equilíbrio? Aplicar a vontade à criação de um novo equilíbrio das forças realmente existentes e atuantes, baseando-se naquela determinada força que se considera progressista, fortalecendo-a para fazê-la triunfar, significa continuar movendo-se no terreno da realidade efetiva, mas para dominá-la e superá-la (ou contribuir para isso) (GRAMSCI, 2000, v.3 p. 35).

O capitalismo, como uma forma de organização das relações sociais, pressupõe não apenas uma maneira de produzir mercadorias, mas, sobretudo, uma forma de organizar a vida social dos sujeitos, que vai desde o processo de estruturação social e territorial até a conformação de leis para a manutenção dos interesses inerentes à classe economicamente dominante, tendo como elemento central desse processo de organização e conformação social a dimensão ideológica.

Como afirmou Marx (2007), a classe que domina economicamente também domina política e ideologicamente, construindo relações sociais que conformam os seus interesses de classe e o desenvolvimento da produção capitalista. A dominação dos espaços e dos meios de produção pressupõe uma organização social e territorial que possibilite o desenvolvimento do processo produtivo em suas múltiplas dimensões. Nesse sentido, a segregação territorial urbana conforma espaços distintos de sociabilidade para os distintos segmentos de classe. As relações sociais no modo de produção capitalista desenvolvem uma forma de produzir que privilegia a produção de valores de troca, ao mesmo tempo em que constitui uma determinada sociabilidade.

Como afirmam Iamamoto e Carvalho (1995), o capitalismo gera não apenas um modo de produzir, mas também um modo de pensar, que condiciona a vida dos sujeitos em todas as suas dimensões e não apenas no trabalho. Nessa perspectiva, a produção do urbano é permeada pelas dimensões objetivas e subjetivas que formam o ser social, expressas nas relações sociais de produção. Se é inegável que o urbano é fruto do desenvolvimento capitalista desigual, como afirma Lefebvre o espaço urbano deve ser compreendido como condição essencial para o desenvolvimento capitalista industrial, sendo ao mesmo tempo produto e produtor de sentidos. Como afirma o autor: "sentido e finalidade da industrialização, a sociedade urbana se forma enquanto se procura" (2001, p. 3).

> Para expressar e expor a "problemática urbana", impõe-se um ponto de partida: o processo de industrialização. Sem possibilidade de contestação, esse processo é, há um século e meio, o motor das transformações na sociedade. Se distinguirmos o *indutor e o induzido*, pode-se dizer que o processo de industrialização é indutor e que se pode contar entre os induzidos os problemas relativos ao crescimento e à planificação, as questões referentes à cidade e ao desenvolvimento da realidade urbana, sem omitir a crescente importância dos lazeres e das questões relativas à "cultura" (Ibid).

Para o autor, o espaço urbano como fruto do processo de industrialização está intrinsecamente ligado ao cotidiano, local em que se realizam as:

> Atividades prático-sociais, na medida em que elas se imbricam num espaço complexo, urbano e cotidiano, assegurando até certo ponto a reprodução das relações de produção (relações sociais) (Id., 2008, p. 18).

É no urbano que se desenvolvem as relações sociais que dão sustentação ao modo de produção capitalista, por agregar em seu espaço as classes essenciais e as frações de classe que produzem as relações sociais. Nesse sentido, como afirma Lefebvre (2008), o direito à cidade constitui uma unidade espaço-temporal que não elimina as classes, mas, ao contrário, torna-se o espaço privilegiado de seu confronto e da evidência de suas contradições.

Segundo Villaça (2001), a produção do espaço urbano e sua segregação — no que se refere à ocupação territorial por parte dos moradores da cidade e o desenvolvimento de infraestrutura — seguem as determinações e as necessidades da classe economicamente dominante[4].

> Nossa tese é a de que, para as metrópoles brasileiras — e quase certamente também para as latino-americanas —, a força mais poderosa (mas não única) agindo sobre a estruturação do espaço intra-urbano tem origem na luta de classes pela apropriação diferenciada das vantagens e desvantagens do espaço construído e na segregação espacial dela resultante (Ibid., p. 45).

4. Por classe economicamente dominante compreendemos, assim como Marx e Engels (1997, 2009), a classe e as frações de classe proprietárias dos meios de produção, dos meios de comunicação de massa, dos bancos, os proprietários de terra (latifundiários) etc. Como afirmou Marx (2007), a classe que domina economicamente domina também política e ideologicamente.

Para Villaça (2001), a segregação é produzida como forma de dominação desigual do espaço urbano, fazendo dos territórios intraurbanos[5], o reflexo da desigual conformação das classes sociais. A segregação na cidade produz tanto o desenvolvimento e a apropriação desiguais do território, como dos seus recursos, fazendo com que a cidade se constitua de espaços, locais e equipamentos que ratificam e evidenciam as desigualdades econômicas e sociais. Nesse sentido, a cidade não se constitui como fruto de um processo natural de desenvolvimento industrial e urbano, mas sim como fruto das necessidades do desenvolvimento capitalista.

A cidade que, desde a sua gênese, abriga segmentos populacionais distintos como forma de permitir a produção e a reprodução da sociedade industrial urbana, ao gerar territórios profundamente desiguais passa a conviver com o conflito gerado pelos antagonismos das classes. Como afirma Lefebvre:

> Notadamente, a segregação, a constituição de espaços periféricos e pobres permitindo a reprodução das relações de produção (que são relações de classe), essa segregação constitui uma negação teórica e prática do urbano, mas enquanto tal, ele o revela (LEFEBVRE, 2008, p. 86).

A contradição entre a produção social da riqueza e sua apropriação privada se expressa de forma enfática na conformação do espaço urbano. Segundo Villaça (2001, p. 46): "a segregação é uma determinada

---

5. O espaço intraurbano para Villaça (2001, p. 18) é: "a expressão *espaço urbano*, bem como "estrutura urbana", "estruturação urbana" e outras congêneres, só pode se referir ao intraurbano. Tal expressão deveria ser, pois, desnecessária, em fase de sua redundância. Porém, espaço urbano — e todos aqueles afins — está hoje de tal forma comprometido com o componente urbano do espaço regional que houve necessidade de criar outra expressão para designar o espaço urbano; daí o surgimento e uso de intraurbano". Nesse trabalho, a partir dos estudos do autor, será utilizado para designar os espaços internos da cidade.

geografia, produzida pela classe dominante, e por meio da qual essa classe exerce sua dominação — através do espaço urbano".

Espaço que, para Lefebvre (2008), está ligado a interesses díspares de grupos distintos que encontram unidade no Estado, para o autor: "sendo lugar e meio da prática social na sociedade neocapitalista (isto é, da reprodução das relações de produção), assinala os seus limites" (Ibid., p. 54).

Busca-se uma análise de totalidade que conecte as determinações locais e particulares com o desenvolvimento capitalista desigual e combinado[6], conforme analisado por Lenin (2005), Trotsky (2007) e Harvey (2004). Essa conexão terá como mediação o desenvolvimento do Estado brasileiro, apontado por Fernandes (1975; 1981) como de capitalismo dependente[7], assim como uma reflexão geral sobre a conformação das classes e a estruturação do espaço urbano.

---

6. A categoria desenvolvimento capitalista desigual e combinado tem origem nas reflexões de Lenin (2005), sobre a lei do desenvolvimento desigual, que afirmava que o capitalismo se desenvolve de forma desigual nos diferentes países, combinando fases distintas e por vezes opostas. Segundo o autor, nem todos os países em seu processo de desenvolvimento, passariam pelas mesmas fases, negando a ideia de que para a realização da revolução proletária era necessário anteriormente uma revolução burguesa, opondo-se assim à visão etapista do pensamento "dualista" da II Internacional (1891) e da Internacional Comunista (1919) sobre o processo de desenvolvimento capitalista. A teoria de Lenin foi adensada por Trotsky (2007), com o termo "combinado" dando origem à expressão desenvolvimento capitalista desigual e combinado, que compreende o capitalismo como uma totalidade contraditória, em que as nações mais atrasadas passariam a incorporar elementos das nações mais desenvolvidas sem necessariamente passar pelo mesmo processo de desenvolvimento, constituindo uma historicidade própria, em que coexistem elementos do capitalismo mais avançado com elementos de uma fase pré-capitalista (DEMIER, 2005).

7. Florestan Fernandes (1981; 1975), partindo da reflexão sobre o desenvolvimento capitalista desigual e combinado de Lenin e Trotsky, desenvolve a análise da constituição social brasileira a partir da perspectiva do capitalismo dependente.

A hipótese que norteou a pesquisa é que o Estado exerce um controle indireto sobre o território da favela e seus moradores, que é na aparência entendido como "ausência do Estado". Nesse sentido, refletir sobre o aparente não controle do Estado sobre o território das favelas implica considerar duas dimensões, a saber:

1. A aparente ausência de controle do território da favela por parte do Estado não significa a não contenção de seus moradores. Ao contrário, de forma indireta — seja pela imposição dos grupos criminosos armados[8], seja pelo desenvolvimento de políticas públicas assistencialistas e paliativas[9] ou pelo trabalho de conformação

8. Entende-se por grupos criminosos armados, os grupos denominados como Comando Vermelho (CV), Terceiro Comando (TC), Amigo dos Amigos (ADA) e as Milícias. Todos exercendo papel de controle do território das principais favelas e espaços populares do estado do Rio de Janeiro. Controle exercido pela força armada e simbólica sobre os moradores, tendo como foco central a arrecadação de divisas, seja através da venda direta de drogas aos moradores, seja para a venda de drogas aos bairros nobres da cidade, seja pelo controle de serviços como televisão a cabo, internet, distribuição de gás e transporte alternativo. Todos os serviços citados, nos territórios controlados pelos grupos criminosos armados, pagam "ágio" ao grupo local. As milícias, grupo criminoso armado mais contemporâneo na cidade do Rio de Janeiro, são formadas em sua grande maioria por policiais na ativa e ex-policiais, exercendo o controle de determinados territórios com o mesmo poder opressor do tráfico de drogas, porém sob a aparência de respeito aos moradores. Segundo o relatório da CPI das milícias, presidida pelo deputado estadual Marcelo Freixo (PSOL), o referido grupo tem sua base de sustentação econômica no controle do transporte alternativo (Vans e Kombis), além de se utilizar das mesmas estratégias de "achaque" aos moradores, como a cobrança pelo gás, pela internet e pela televisão a cabo.

9. Por política pública assistencialista e compensatória entende-se programas de transferência de renda como os extintos Bolsa Escola, Bolsa Alimentação e Vale-gás do governo Fernando Henrique Cardoso (FHC), o Programa Cheque Cidadão da Secretaria de Assistência Social do Estado do Rio de Janeiro, no período de 1998 a 2005, o Programa Bolsa Família iniciado no governo do presidente Luiz Inácio Lula da Silva em 2003 e vigente até os dias atuais etc. Para saber mais sobre essa análise, ver: Macêdo (2004), Behring e Boschetti (2006) e Behring (2009).

ideológica desenvolvido pelas igrejas neopentecostais — parcelas significativas da população favelada se encontram apassivadas;

2. Existem funções distintas que o território da favela e seus moradores ocupam na lógica de desenvolvimento urbano e capitalista na contemporaneidade, não se restringindo à manutenção do exército industrial de reserva, mas também como produtores da riqueza e consumidores.

Essas hipóteses serão desenvolvidas ao longo do livro, tendo como referência as reflexões sobre o Estado e sua configuração contemporânea e as frações da classe trabalhadora presentes na favela, tendo como referência o desenvolvimento urbano e a constituição de territórios segregados na cidade.

Como ressalta Kowarick (1993), tradicionalmente as favelas se apresentam como a forma mais viável de sobrevivência de parcelas da classe trabalhadora, por representarem economia no que se refere aos gastos habitacionais e de transporte já que, em sua maioria, elas se encontram localizadas próximas aos centros de emprego. Nesse sentido, entendemos que os moradores das favelas se caracterizam como um segmento da classe trabalhadora contemporânea, produzida pela dinâmica de desenvolvimento e crescimento das cidades, como consequência do desenvolvimento capitalista. Como afirmou Marx (2007, p. 246): "a produção não somente produz um objeto para o sujeito, mas também um sujeito para o objeto". É nessa perspectiva que compreendemos a constituição das favelas, como inerentes e necessárias ao capital.

As relações sociais capitalistas criam e recriam as formas de ser e estar no território das distintas classes sociais. Essa perspectiva é analisada tendo como referência os segmentos da classe trabalhadora residentes em favelas e sua influência na organização social da vida na cidade como fruto das relações sociais. Relações sociais entendidas nessa análise como campo de disputa e contradição, engendradas pelos segmentos de classe, da burguesia e do proletariado contemporâneos.

As classes e suas frações são percebidas em movimento e contradição, como produto e ao mesmo tempo como produtora das relações sociais. Essa dimensão ratifica a análise dos segmentos da classe trabalhadora residentes na favela, como aparentemente controlados, já que em seu cotidiano, recriam de distintas formas a vida na favela e na cidade, não se constituindo grupos passivos e apáticos na dinâmica social.

Os moradores da favela são analisados, a partir de diferentes dimensões de sua vida cotidiana. Dimensões que consubstanciam a lógica do desenvolvimento capitalista contemporâneo. Nessa análise destaca-se sua caracterização como: 1) superpopulação relativa, segundo análise de Marx (2001); 2) de mercado consumidor; 3) classes perigosas, segundo Guimarães (1979); 4) "curral eleitoral"; 5) produtores e reprodutores da indústria religiosa; 6) foco propulsor para a criação de organizações não governamentais. A partir da análise dessas determinantes busca-se compreender os segmentos da classe trabalhadora residentes nas favelas, como parte inerente à lógica de reprodução do capitalismo, já que, como afirmou Marx (2001, p. 738) a: "produção contínua de uma superpopulação relativa de trabalhadores é uma necessidade da acumulação capitalista".

Compreende-se que as favelas cariocas, assim como todo o tecido urbano, sofrem os impactos gerados pelas transformações societárias e pelas relações sociais. Transformações que alguns autores caracterizam como metamorfoses do capitalismo e do mundo do trabalho (ANTUNES, 2007) impondo aos estudiosos das expressões da questão social um olhar mais atento aos impactos na composição, organização e transformação da classe trabalhadora, que acabam por gerar, não apenas uma forma de organização da vida material, mas também uma nova forma de organização e produção da vida espiritual, subjetiva e social.

As relações capitalistas geram uma forma de ser, de agir e de pensar, dando origem a diferentes sujeitos, que são produtores e ao mesmo tempo produto das relações sociais. Criam e recriam a sociedade em suas especificidades e singularidades, incorporando as formas de ser e estar na sociedade. Forma intrinsecamente ligada ao desenvolvimento urbano, levando os moradores dos diferentes espaços da cidade a construírem formas próprias de sociabilidade, e de sobrevivência, sempre buscando a inserção na dinâmica da sociedade de classe.

Como afirma Gramsci, para uma nova organização do modo de produção, faz-se necessário um novo tipo de homem, que deve ser gestado para se adaptar às novas determinações e exigências do sistema. Segundo o autor: "a racionalização determinou a necessidade de elaborar um novo tipo de humano, adequado ao novo tipo de trabalho e de processo produtivo" (2005, p. 248), que precisa de novos aparelhos de construção de hegemonia.

Entende-se que, para compreender as relações sociais contemporâneas e a constituição do espaço urbano, faz-se necessário uma breve análise sobre a história da constituição urbana e suas determinações políticas, econômicas e sociais de país capitalista dependente, assim como do processo que materializa o desenvolvimento desigual e combinado.

O ESTADO E A FORMAÇÃO SOCIAL E URBANA

A compreensão sobre a constituição do espaço urbano requer a análise, mesmo que de forma breve, dos diferentes fatores que influíram em sua formação. A cidade, como consequência do desenvolvimento capitalista e industrial brasileiro, tem como agente central de seu processo de conformação o poder público, direcionado pela condução hegemônica do Estado.

Algumas das análises realizadas sobre a questão urbana carioca, em especial sobre o processo de favelização do Rio de Janeiro, desconsideram ou secundarizam a participação do Estado na conformação do espaço. Nessa perspectiva, ganham repercussão análises como a de Ventura (1994), que considera o Rio de Janeiro como uma "cidade partida[10]", destacando na introdução de sua obra que: "a convivência amena, a obediência civil, a falta de antagonismos de classe e a despreocupação com os problemas sociais" (Id., p. 11) camuflaram a existência de duas cidades. Nesse caminho de reflexão, o autor, ao considerar a existência de duas cidades na mesma cidade, desconsidera a constituição histórica, social, política e econômica do desenvolvimento capitalista, da qual a desigualdade é própria, tendo o Estado como gestor.

Outros autores, como Rocha (2005), em seu livro "Cidade Cerzida", apesar de pontuar a presença do Estado na constituição do espaço urbano, reiteram a dicotomia entre "favela e asfalto" e a lógica da "cidade partida". Nessa perspectiva, traçam a leitura de que os distintos espaços se constituem como processo quase natural da desigualdade social. A favela, nessa análise, é tratada como fruto do "descaso do poder público" (ROCHA, 2005, p. 37), e não como produto inexorável da organização urbana capitalista.

A secundarização da participação do Estado nas análises sobre a conformação do espaço urbano em parte se justifica pela obscurescência do processo de formação social brasileira. Esse se caracteriza, segundo autores como Fernandes (1975; 1981) e Ianni (2004), por um desenvolvimento capitalista dependente. O desenvolvimento dependente, analisado por esses autores, tem por base o processo tardio de industrialização como consequência do lugar que o país ocupava na divisão internacional do trabalho como exportador de produtos agrícolas e importador de produtos manufaturados.

O desenvolvimento dependente do Brasil está intrinsecamente vinculado à "Lei do Desenvolvimento Desigual e Combinado" da sociedade que, segundo Novack (1988, p. 9), se refere: "às distintas proporções no crescimento da vida social [...] à correlação concreta destes fatores desigualmente desenvolvidos no processo histórico", o que acaba por gerar a condição de país subdesenvolvido.

---

10. Cidade Partida, termo cunhado por Zuenir Ventura e que deu nome a seu livro publicado em 1994 pela Companhia das Letras.

Segundo Novack:

> Isto está exemplificado com maior ênfase na evolução do capitalismo e suas partes componentes. O capitalismo é um sistema econômico mundial. Nos últimos cinco séculos se desenvolveu de país a país, de continente a continente, e passou através das fases sucessivas do capitalismo comercial, industrial, financeiro e capitalismo estatal monopolista. Cada país, mesmo que atrasado, foi levado à estrutura das relações capitalistas e se viu sujeito às suas leis de funcionamento. Enquanto cada nação entrou na divisão internacional do trabalho sobre a base do mercado mundial capitalista, cada um participou de forma peculiar e em grau diferente na expressão e expansão do capitalismo, e jogou diferente papel nas distintas etapas de seu desenvolvimento (NOVACK, 1988, p. 33-34).

As bases do processo de desenvolvimento brasileiro se encontram em sua origem de país colonizado e explorado por cerca de 400 anos, no qual foi priorizado o atendimento das demandas do processo de desenvolvimento europeu, tendo por base a expropriação de riquezas e a inviabilização de potencialidades produtivas, criativas e autônomas. As amarras do Brasil colônia tiveram reflexos nos distintos âmbitos da vida do país, em especial na dimensão política, econômica e social. Segundo Novack (1988, p. 34): "o fraco desenvolvimento capitalista nas colônias foi produto e condição do superdesenvolvimento das áreas metropolitanas, que se realizou às custas das primeiras".

Para Ianni (1965), o subdesenvolvimento é a face de um país dependente que, impossibilitado de socializar a produção da riqueza e de mantê-la direcionada ao desenvolvimento interno, se coloca em relação a outros países, em especial aos colonizadores, em uma condição de subalternização.

> O subdesenvolvimento não é apenas um *estado em si*, mas muito mais um modo específico de se relacionar consigo mesmo e com os outros países, com o sistema global no qual a nação se encontra inserida. Não é um *estado em si*, mas para *o outro*, não podendo tornar-se para si. É que

> subdesenvolvimento é um modo de ser devido a um sistema de relações internacionais, de dependência e submissão (IANNI, 1965, p. 51-52, grifo do autor).

Os reflexos de décadas de exploração puderam ser sentidos com a abolição da escravidão em 1888, quando um grande número de negros libertos passa a ter que suprir sua vida através da venda da força de trabalho e a partir do início do processo de industrialização no Brasil. O processo de industrialização ainda incipiente exigia uma força de trabalho mais qualificada e não tinha, à época, condições de absorver todos os trabalhadores livres. Como resultado, o país passa a viver um processo de inchaço das cidades, já que a industrialização deixa à margem do setor produtivo quantidades significativas de trabalhadores, que passam a buscar o trabalho informal como forma de sobreviver.

Segundo Fernandes (1981), o capitalismo dependente define os que se incluem e os que não se incluem na lógica do mercado e de que forma são incluídos. Forjam-se as classes e seus estratos, característicos do processo interno de cada realidade social, a partir do desenvolvimento econômico e social de cada realidade.

Para Fernandes:

> Todos os que passam pelo mercado se classificam positivamente "dentro da ordem"; os que não passam pelo mercado, classificam-se negativamente. Marginalizando-se como "condenados do sistema" (ou suas vítimas necessárias). As relações de trabalho assalariado convertem a proletarização em fator de classificação social, iniciando-se por aí, concomitantemente (ainda que com tempos distintos e ritmos históricos diferentes), a revolução urbana e a crise da agricultura (FERNANDES, (1981, p. 63).

Nesse sentido, Fernandes (1981, p. 11) considera que: "as nações latino-americanas são produtos da "expansão da civilização ocidental", isto é, de um tipo moderno de colonialismo organizado e sistêmico". Para o autor, o desenvolvimento capitalista na América Latina é marcado por quatro fases[11] que, de forma não homogênea, influem no desenvolvimento dependente dos países periféricos, já que tem em comum a exploração desses países pelos de economia central.

> A incorporação ao mercado mundial e às estruturas internacionais de poder numa posição heteronômica envolve uma forma peculiar de integração nacional. Nenhum país possui uma economia homogênea e potencialidades organizadas de desenvolvimento auto-sustentado efetivo. A dominação externa, em todas as suas formas, produz uma especialização geral das nações como fontes de excedente econômico e de acumulação de capital para as nações capitalistas avançadas (FERNANDES, 1981, p. 20).

Passa-se então a constituir as bases do desenvolvimento industrial brasileiro, já em seu início marcado pelas profundas desigualdades

11. Para Fernandes (1981), o processo de desenvolvimento do capitalismo dependente na América Latina é marcado por quatro fases, que são, segundo o autor, a expressão da incapacidade dos países periféricos de reagirem ao domínio colonialista dos países centrais. A primeira fase, marcada pelos interesses das coroas e dos colonizadores se estende do século XVI ao XIX, conhecida como fase colonial, baseia-se na relação de jurídica-militar de dominação das colônias, que tem o papel de produzir produtos primários para o consumo das metrópoles. A segunda fase, que se estende do XVIII ao XIX, chamada de neocolonialismo, surge como produto da "desagregação do antigo sistema colonial" (Fernandes, 1981, p. 14), tornando a dominação externa indireta através do domínio comercial. A terceira fase se desenvolve a partir da quarta ou quinta década do século XIX, como fruto do processo de reorganização da economia mundial, ficou conhecida como fase imperialista e baseou-se na rearticulação das economias periféricas em função das necessidades das economias centrais. Para o autor, essa é a fase que marca o capitalismo dependente na América Latina. A quarta fase, denominada de imperialismo total ou capitalismo monopolista, se expande após a Segunda Guerra Mundial e tem como base a expansão das grandes empresas corporativas nas "esferas comerciais, de serviços e financeira (id, p. 18), que tem nos Estados Unidos seu grande expoente de dominação.

econômicas e sociais geradas pelos séculos de escravidão e de produção agroexportadora. Tem início o ordenamento urbano em que os territórios passam a ser ocupados de acordo com as possibilidades econômicas. Privilegia-se, no caso dos trabalhadores, a proximidade com os locais de trabalho (formal e informal) e, no caso das elites, a proximidade com o centro da cidade, com as belezas naturais da cidade, como praias, montanhas e florestas.

A ordem que se instala a partir da dinâmica de crescimento do capitalismo dependente, além de desigual, se apresenta como competitiva, adaptando-se e fazendo adaptar as estruturas internas às normatizações externas. A organização social daí derivada se origina da busca de adaptação das estruturas internas ao desenvolvimento social, econômico e político do capitalismo, sedimentando estruturas hierárquicas e hegemonizadas pelos interesses da classe e das frações de classe dominantes. Forja-se um Estado capaz de, ao mesmo tempo, hegemonizar os interesses da burguesia e também incorporar algumas demandas da classe trabalhadora, compondo um cenário social propício para o desenvolvimento capitalista.

Nesse processo de ordenamento, o Estado passa a exercer papel relevante, definindo os espaços de ocupação industrial e também de moradia das distintas classes.

Na perspectiva das reflexões produzidas no campo teórico do marxismo o Estado tem como finalidades fundantes:

1. Garantir a propriedade privada dos meios de produção;
2. Organizar a subordinação e controle hierárquico da força de trabalho pelo capital;
3. Manter as relações assalariadas como relações hegemônicas.

A fase de desenvolvimento do capitalismo dependente no Brasil, que tem origem no processo de sua colonização, se evidencia, segundo Fernandes (1975; 1981), a partir do processo da ditadura civil militar do país, a partir de 1964. O Estado passa a condensar a estrutura arcaica e conservadora, com os interesses e as imposições do capital externo.

Como afirma Castelo (2010, p. 242): "trata-se de descrevê-lo e analisá-lo como uma estrutura burocrática de condensação dos interesses dos capitais nacionais e internacionais que opera políticas em favor dessa pequena minoria [...]".

Nesse caminho de reflexão, identifica-se que muitas são as estratégias criadas pelo Estado para o desenvolvimento de sua hegemonia a partir de diferentes aparelhos. Para Marx e Engels (1997; 2009), o Estado moderno, tendo por base a propriedade privada e a divisão social do trabalho, tem por função criar as condições necessárias para o desenvolvimento das relações capitalistas, tanto no âmbito da produção quanto no da reprodução. Nesse sentido, para os autores, o Estado seria o comitê executivo da burguesia, classe que dominando economicamente domina também política e culturalmente.

> O Estado não é, pois, de modo algum, um poder que se impôs à sociedade de fora para dentro; tampouco é "a realidade da idéia moral", nem "a imagem e a realidade da razão", como afirma Hegel. É antes um produto da sociedade, quando esta chega a um determinado grau de desenvolvimento; é a confissão de que essa sociedade se enredou numa irremediável contradição com ela própria e está dividida por antagonismos irreconciliáveis que não consegue conjurar. Mas para que esses antagonismos, essas classes com interesses econômicos colidentes não se devorem e não consumam a sociedade numa luta estéril, faz-se necessário um poder colocado aparentemente por cima da sociedade, chamado a amortecer o choque e a mantê-lo dentro dos limites da "ordem". Este poder, nascido da sociedade, mas posto acima dela se distanciando cada vez mais, é o Estado (ENGELS, 1963, p. 135-136).

Nessa perspectiva o Estado no capitalismo, para Marx e Engels (1963), teria como função central garantir o sistema político, interagindo no sentido de influir para a superação das crises cíclicas do capital, privilegiando os interesses da burguesia em detrimento dos interesses do proletariado. Ciente de que o domínio ideológico é fundamental para o controle das frações de classe subalternizadas, o autor salienta que em determinados momentos o poder político absorve determinadas demandas da classe trabalhadora como forma de controle.

Para Engels (2002), o Estado se organiza, aparentemente, como uma força fora da sociedade, porém sua origem está na contradição das relações sociais que geram as classes antagônicas. Segundo o autor, há momentos em que o equilíbrio da luta de classes impulsiona a uma aparente independência diante das classes.

> Como o Estado nasceu da necessidade de conter o antagonismo das classes, e como, ao mesmo tempo, nasceu em meio ao conflito delas, é, por regra geral, o Estado da classe mais poderosa, da classe economicamente dominante, classe que, por intermédio dele, se converte também em classe politicamente dominante e adquire novos meios para a repressão e exploração da classe oprimida. Assim, o Estado antigo, foi, sobretudo, o Estado dos senhores de escravos para manter os escravos subjugados; o Estado feudal foi o órgão de que se valeu a nobreza para manter a sujeição dos servos e camponeses dependentes; e o moderno Estado representativo é o instrumento de que se serve o capital para explorar o trabalho assalariado (ENGELS, 2002, p. 205).

Para o autor italiano Antônio Gramsci (2001), o Estado em sua concepção ampliada, ou seja, sociedade política mais sociedade civil, se organiza sobre as bases da coerção e do consenso. Constituindo-se a partir de múltiplas determinações e, portanto, como espaço de tensões, contradições e disputas, o Estado ganha forma não como ente, mas através de distintos aparelhos e segmentos que compõem um amplo campo de disputas que transitam entre os interesses das classes.

> O Estado é concebido como organismo próprio de um grupo, destinado a criar condições favoráveis à expansão máxima desse grupo, mas este desenvolvimento e esta expansão

> são concebidos e apresentados como força motriz de uma expansão universal, de um desenvolvimento de todas as energias 'nacionais', isto é, o grupo dominante é coordenado concretamente com os interesses gerais dos grupos subordinados e a vida estatal é concebida como uma contínua formação e superação de equilíbrios instáveis (no âmbito da lei) entre os interesses do grupo fundamental e os interesses dos grupos subordinados, equilíbrios em que interesses do grupo dominante prevalecem, mas até um determinado ponto, ou seja, não até o estreito interesse econômico-corporativo (GRAMSCI, 2000, v.3 p. 41-42).

No caminho dessa análise, refuta-se a definição liberal[12] de Estado, que o considera como neutro e acima dos interesses de classe. Na perspectiva gramsciana, o Estado encontra-se em disputa por forças políticas distintas materializadas, de forma genérica, nas classes essenciais e pelas frações de classe que compõem a sociedade capitalista, ou seja, burguesia e proletariado. Porém, nessa disputa, a hegemonia é exercida pela classe que domina economicamente, mesmo que tensionada pelas reivindicações da classe trabalhadora.

Identifica-se que a hegemonia exercida por uma classe acaba por instituir uma determinada ordem, de forma decisiva na conformação social. Segundo Dias (2000, p. 55): "uma ordem é, por exemplo, burguesa ou proletária. E é o predomínio de uma dessas classes que determina o apagamento do 'bom direito' da outra".

Na análise proposta por Gramsci, o Estado é compreendido como espaço ampliado de disputas, constituindo-se como tal por conta do desenvolvimento capitalista, que amplia seus antagonismos trazendo para o campo da disputa pelo poder, inicialmente restrito às frações da classe burguesa, segmentos das classes trabalhadoras. O Estado, segundo Fontes (2005, p. 182), passa a ter que: "defrontar-se não apenas

12. Sobre a concepção liberal de Estado, ver Weffort (2004, v. 1 e 2) e Gruppi (1980).

com os conflitos internos às frações das classes dominantes, mas também com as reivindicações e pressões dos grupos subalternos".

A ampliação das disputas internas[13] ao Estado e também nos seus aparelhos de hegemonia, como a escola, a igreja, a mídia, as organizações comunitárias, os partidos etc., não elimina o seu caráter de classe. Ao contrário, sinaliza para a hegemonia construída pela classe dominante e que passa a ser disputada por segmentos da classe trabalhadora. Ressalta-se que esse movimento não vem se traduzindo, pelo menos no último século, por uma diminuição no caráter de classe do Estado. Ao contrário, em seu desenvolvimento e para sua manutenção, hegemonizado pelos interesses das diferentes frações da burguesia, o poder estatal tem sido forçado a incorporar algumas das demandas dos segmentos da classe trabalhadora como um importante mecanismo de criação de consensos.

Para Fernandes (1981, p. 102): "o sistema de poder, inerente à sociedade de classes, é altamente complexo", o que requer para a compreensão do papel do Estado uma análise também complexa, considerando não apenas as determinações históricas, mas essencialmente o movimento das classes e suas frações. Segundo o autor, o sistema de poder: "requer diferentes formas de dominação e de liderança, que operam em vários níveis de ação e das relações sociais" (ibid.).

Segundo Gramsci (2001), nenhum poder pode se manter exclusivamente pela coerção por muito tempo; por isso, é fundamental que alie aos mecanismos repressivos ações de construção de consensos,

---

13. Na perspectiva gramsciana o Estado, enquanto força política, se constitui a partir das diferentes frações de classe. Considerando que as classes essenciais, ou seja, burguesia e proletariado, não são homogêneas, compreende-se que também no interior da organização política do Estado, assim como nos aparelhos privados de hegemonia, existem disputas não apenas entre as classes, mas também entre as frações de uma mesma classe.

que contribuem para a criação de um estado de apassivamento[14] e de aparente conciliação entre os interesses de classe. A supremacia de um grupo social pode se manifestar pela força (coerção) ou como direção moral e intelectual (consenso). Nesse sentido, apesar do Estado assumir papel central na direção do processo social, não o faz apenas pela força e pela violência; ao contrário, cria e recria formas distintas de consensos. Dessa relação entre coerção e consenso, que move as relações sociais, advém o fato de que um grupo dominante não é sempre dirigente, nem o grupo dominado é sempre subalterno. Ao contrário, na luta cotidiana, apesar de hegemonizada pelas classes economicamente dominantes, ambas as classes — burguesia e proletariado — exercem distintas influências sobre o aparelho do Estado.

Como afirma Engels:

> Na maior parte dos Estados históricos, os direitos concedidos aos cidadãos são regulados de acordo com as posses dos referidos cidadãos, pelo que se evidencia ser o Estado um organismo para a proteção dos que possuem contra os que não possuem (ENGELS, 2002, p. 206).

A incorporação das reivindicações da classe trabalhadora, por parte do Estado e das classes dominantes economicamente, tendo como instrumento a concessão de direitos, se realiza a partir da organização

---

14. Entende-se como apassivamento, segundo Gramsci (2001), o processo de contenção dos diferentes segmentos da classe trabalhadora, exercido pelo Estado e pela classe economicamente dominante. Processo que se dá a partir da incorporação de reivindicações e da garantia de direitos dos trabalhadores, que em última análise, apesar de terem efeito real na vida dos subalternizados, não os tira dessa condição e nem socializa a riqueza produzida. Essa tendência se intensifica a partir da década de 1990 no Brasil, com o processo de refluxo dos movimentos sociais classistas e autônomos ligados à classe trabalhadora, tendo como propulsor a política neoliberal, e como foco a desmobilização, a cooptação de lideranças, a repressão e a criminalização dos movimentos organizados.

dos trabalhadores em movimentos coletivos, exigindo a incorporação dos direitos no âmbito das esferas públicas e governamentais.

Esse processo se evidencia na questão social, definida por Iamamoto (2007, p. 125): "como mais do que as expressões da pobreza, miséria e "exclusão". Ela condensa a banalização do humano, que atesta a radicalidade da alienação e a invisibilidade do trabalho social — e dos sujeitos que o realizam — na era do capital fetiche", e nesse sentido também representa a organização e a resistência de amplos segmentos da classe trabalhadora, ou seja, desigualdade e luta. Dessa feita, a conformação da cidade expressa a forma como o Estado se relaciona com os distintos interesses das classes, constituindo espaços em que se valoriza a vida em suas múltiplas dimensões, desde os sentidos mais simbólicos e culturais até a vida física e outros espaços em que o cotidiano expressa apenas formas simples de sobrevivência.

Segundo Fontes:

> Estado ampliado supõe, em primeiro lugar, uma acomodação complexa dos interesses das diferentes frações das classes dominantes, o que se realiza espraiando-se numa crescente articulação entre o Estado e as formas associativas que os próprios grupos dominantes empreendem ("aparelhos privados de hegemonia"). Essa "ampliação" implica a produção de uma autonomia peculiar do Estado diante de cada uma dessas frações, sem a perda, entretanto, do seu caráter de classe; ao contrário, fortalece o caráter de classe do Estado, ao permitir que as medidas por ele encaminhadas revistam-se de uma caracterização como "interesse geral" ou "nacional". Essa ampliação atinge também os grupos subalternos, na medida em que o Estado passa a conter em seu seio demandas provenientes dos grupos sociais dominados, em estreita relação com sua capacidade de organização e de solidez de suas associações. Esse processo traduz-se na introdução de elementos de democratização — esparsos e tendencialmente subalternizados — e, por que não, de alguma dimensão pública, no âmbito do Estado" (FONTES, 2005, p. 182).

A relação construída entre classe economicamente dominante e classe trabalhadora, por meio da criação de consensos, em momentos de organização e contestação por parte dos trabalhadores se orienta pelo exercício da força, repressão e violência; ou seja, pela coerção. As formas de dominação sobre os diferentes segmentos da classe trabalhadora ora exigem, por parte da classe hegemônica no Estado, o uso da força e da violência (coerção), ora exige a criação de meios de conformação e adaptação (criação de consenso).

Com esse duplo caráter, o Estado se relaciona com os segmentos da classe trabalhadora residente nos territórios de favelas. Por um lado, o Estado, impulsionado pela luta e organização histórica da classe, dá respostas a algumas de suas demandas. Por outro, como forma de manter o território sobre controle e seus moradores apassivados, desenvolve mecanismos como a criação de políticas públicas assistencialistas, a utilização da repressão como política de segurança pública e a implantação de políticas públicas (saúde, educação, saneamento etc.) de baixa qualidade.

No caminho dessa reflexão, alguns outros elementos são importantes para a compreensão da relação estabelecida entre Estado e segmentos de classe na conformação do espaço urbano. Assim como Gramsci (2001), compreende-se que a sociedade política e a sociedade civil, que constituem o Estado, são elementos estritamente ligados, não sendo possível compreender um sem analisar o movimento do outro.

Para Gramsci:

> Por enquanto, podem fixar dois grandes "planos" superestruturais: o que pode ser chamado de "sociedade civil" (isto é, o conjunto de organismos designados vulgarmente como "privados") e o da "sociedade política ou Estado", planos que correspondem, respectivamente, à função de "hegemonia" que o grupo dominante exerce em toda a sociedade e àquela de "domínio direto" ou de comando, que se expressa no Estado e no governo "jurídico" (GRAMSCI, 2000, v.2, p. 20-21).

Segundo Gruppi (1980), considerar o Estado uma superestrutura não significa destituí-lo de seu papel central na conformação das relações sociais e nem mesmo secundarizar sua importância. Ao contrário, marca sua ação na construção da hegemonia das classes que dominam economicamente e que se encontram na base da sociedade civil. Reflexão que se vincula às formulações de Marx (2007, p. 45), no "Prefácio à Contribuição à Crítica da Economia Política", quando aponta que, sobre a base econômica se constitui uma "superestrutura jurídica, política e à qual corresponde determinadas formas de consciência social".

Categoria central no paradigma marxista, evidencia-se, no trecho acima citado, que a superestrutura não constitui apenas a política e formas legais de manutenção das relações sociais, mas também materializa formas de consciência social, que no capitalismo são hegemonizadas pela ideologia dominante através dos aparelhos privados de hegemonia.

Analisar o Estado, a conformação das relações sociais e a constituição urbana como produto dessas relações, pressupõe considerar os elementos ideológicos apontados por Marx (2001; 2007), assim como os elementos culturais analisados por Gramsci (2001).

Para Marx, a ideologia é compreendida sempre com: "uma conotação crítica e negativa, mas o conceito só aplica as distorções relacionadas com o ocultamento de uma realidade contraditória e invertida" (BOTTOMORE, 2001, p. 185). Ou seja, como uma consciência superficial dos fatos e das relações sociais em processo. Nesse sentido, a construção de equipamentos e instituições, assim como a realização de ações que contribuam no escamoteamento da realidade social e obscureçam suas contradições, tornam-se essenciais para a expansão capitalista, pois permitem as condições para a instauração de níveis diversos de consensos.

Para Gramsci, ideologia não tem o sentido negativo identificado na concepção marxiana, propondo uma diferenciação entre "ideologias arbitrárias" e "ideologias orgânicas", refletindo que:

> Um elemento de erro na consideração sobre o valor das ideologias, ao que me parece, deve-se ao fato (fato que, ademais, não é casual) de que se dê o nome ideologia tanto à superestrutura

> necessária de uma determinada estrutura, como às elucubrações arbitrárias de determinados indivíduos. O sentido pejorativo da palavra tornou-se exclusivo, o que modificou e desnaturou a análise teórica do conceito de ideologia. O processo deste erro pode ser facilmente reconstruído: 1) identifica-se a ideologia como sendo distinta da estrutura e afirma-se que não são as ideologias que modificam a estrutura, mas sim vice-versa; 2) afirma-se que uma determinada solução política é "ideológica", isto é, insuficiente para modificar a estrutura, enquanto crê poder modificá-la se afirma que é inútil, estúpida etc.; 3) passa-se a afirmar que toda ideologia é "pura" aparência, inútil, estúpida etc. (GRAMSCI, 2001, v. 1, p. 237).

A criação de consensos, elemento fundamental para a manutenção das relações sociais na era do capital, tem como pilar a construção ideológica, contribuindo para a adaptação dos segmentos da classe trabalhadora à estrutura capitalista.

No fortalecimento da perspectiva de mundo da burguesia e para a manutenção de sua hegemonia e do capitalismo, o Estado desenvolve uma função "educadora", através de seus distintos aparelhos privados de hegemonia. A ideologia, que representa o interesse de manutenção do *status quo* da subordinação aos interesses do capital e da manutenção da estrutura social vigente é forjada como "natural", busca constituir a ditadura do pensamento único[15].

---

15. Pensamento único é a forma que o capitalismo busca para construir consensos e sobrepor às resistências, construindo a imagem de que no mundo globalizado todos pensam, produzem e se organizam igualmente. A constituição do pensamento único permeia as diferentes dimensões da vida social, permeando aspectos culturais, políticos, sociais e ideológicos. Segundo Chauí (2000 *apud* Maricato, 2008, p. 72): "não há no país, a tradição do debate democrático, ao contrário, há uma tradição da versão única e dominante sobre a realidade. As versões "do pensamento único", conceito criado pelo jornal Le Monde diplomatique, a propósito do consenso forçado, construído e disseminado pelos neoliberais sobre a chamada globalização, repetem uma tradição brasileira de instituir um pensamento autoritário como resultante de construção coletiva".

Destaca-se o processo de construção do pensamento único baseado nos interesses do capital, ou, como afirma Anderson (1995), na vitória não esperada do neoliberalismo. Ele é caracterizado, basicamente, pela prevalência da ideia de que tudo sempre foi assim e, portanto, continuará a ser. Apesar disso, segmentos da classe trabalhadora reagem e se organizam. Diante das inúmeras tentativas, em sua maioria, bem-sucedidas, por parte do Estado e das classes economicamente dominantes de apassivamento da classe trabalhadora, também se identificam resistências e construção de ações contra-hegemônicas ou, segundo Gramsci, de ações que apontam para a construção de uma contra-hegemonia[16].

Constitui-se uma relação contraditória e também antagônica entre Estado e classe trabalhadora. O que se evidencia na constituição de políticas públicas desenvolvidos pelas instâncias governamentais, em especial no âmbito da seguridade social, que acabam por ser o fio condutor de uma política que ao mesmo tempo garante parcos direitos e subordina parcelas da classe trabalhadora.

Como afirmou Marx (2001, p. 748): "o pauperismo faz parte das despesas extras da produção capitalista, mas o capital arranja sempre um meio de transferi-las para a classe trabalhadora e para a classe média inferior". A arrecadação do Estado deriva em parte da mais-valia[17] extraída da classe trabalhadora que se travestem de impostos pagos pelos donos dos meios de produção, assim como dos impostos diretamente pagos pelos trabalhadores como consumidores.

---

16. Para Gramsci (2001) é necessário que se constituam ações e espaços de construção de uma contra-hegemonia, como forma de fazer frente ao poder hegemônico constituído pelas relações sociais capitalistas. Segundo o autor, o germe da nova sociedade, ou seja, da organização societária que superará o capitalismo, deve se constituir ainda nessa sociedade.

17. A mais-valia, segundo Marx (2001), é o valor produzido pelo trabalhador a mais do que o pago pela sua força de trabalho e apropriado pelo capitalista. Sobre mais-valia, ver Marx (2001, v. 1).

O estudo das políticas sociais deve considerar sua múltipla causalidade, as conexões internas, as relações entre suas diversas manifestações e dimensões. Do ponto de vista histórico, é preciso relacionar o surgimento da política social às expressões da questão social que possuem papel determinante em sua origem (e que, dialeticamente, também sofrem efeitos da política social). Do ponto de vista econômico, faz-se necessário estabelecer relações da política social com as questões estruturais da economia e seus efeitos para as condições de produção e reprodução da vida da classe trabalhadora (BEHRING; BOSCHETTI, 2006, p. 43).

Nesse sentido, o Estado, por meio dos segmentos governamentais, acaba constituindo-se como agente central na conformação das políticas públicas e sociais. Dessa forma, ele contribui para o processo de reprodução ampliada do capital[18] através dos custos assumidos para a reprodução de importantes segmentos da classe trabalhadora. Destaca-se ainda a dimensão ideológica das políticas públicas e sociais que, em sua maioria, reafirma uma perspectiva assistencialista, fortalecendo laços eleitoreiros e populistas[19].

18. Sobre reprodução ampliada do capital e trabalho pago, ver Marx (2001, v. 2).

19. Conforme Ianni (1965, p. 40): "o populismo é um fenômeno urbano ligado ao aparecimento das classes média e proletária. Como estas classes ainda não se acham estruturadas a ponto de poderem propor projetos próprios, independentes, os grupos burgueses formularam o populismo, que é uma versão transitória de política para os assalariados em geral. Partidos e políticos populistas são os burgueses que falam uma linguagem inteligível pelo povo; são aqueles que se fazem entender pelos homens sem cultura e sem instrução. Mas falam abstrações. Não falam ou realizam os interesses do povo. Não abordam os reais problemas das classes operária e média. Discorrem vagamente sobre o "desamparo" do trabalhador, a "insuficiência" da rede escolar, o nível de vida "insatisfatório", sobre o "abandono" em que se acha o homem do campo, as "injustiças sociais"; falam em "levar conforto" aos que "nada possuem" etc. Mas nunca a fraseologia abstrata aborda temas concretos, que estão na base das condições de vida dos assalariados. E, depois de eleitos, os populistas abandonam ou reduzem os seus contatos com o povo; ocupam-se com seus negócios".

Segundo Behring e Boschetti:

> A produção é o núcleo central da vida social e é inseparável do processo de reprodução, no qual se insere a política social — seja como estimuladora da realização da mais-valia socialmente produzida, seja como reprodutora da força de trabalho (econômica e política) (BEHRING; BOSCHETTI, 2006, p. 43).

Assim, o Estado acaba por exercer importante função na execução e manutenção da lógica de reprodução do capital e especialmente na lógica de manutenção e reprodução do segmento da classe que produz socialmente a riqueza.

No caminho dessas reflexões, refuta-se a tese de que existe um desinteresse ou uma incapacidade do Estado em organizar a vida social nas favelas, pois compreende-se que esses territórios, necessários à produção e reprodução do capital, são foco de distintas ações estatais. Compreende-se, ainda, que a aparente não-intervenção também se expressa como uma estratégia contemporânea de controle desses segmentos da classe trabalhadora. Controle de trabalhadores que se dá pelo controle dos territórios, necessário, por abrigarem trabalhadores, produtores e consumidores de mercadorias industrializadas, consumidores de serviços, usuários de políticas públicas assistencialistas, força de trabalho barata, ou seja, por se constituírem como superpopulação relativa.

O aparente não-controle do Estado sobre esses territórios dá-se pelo fato de utilizar formas distintas de controle, como a constituição de políticas públicas assistencialistas, a constituição de centros sociais ligados a políticos, a cooptação sobre lideranças comunitárias por parte do poder público e até mesmo o não controle do território possibilitando o domínio armado pelos grupos criminosos. Na prática, se apresenta como uma forma eficaz de manter os moradores sobre um determinado controle e de alimentar um forte esquema de corrupção, envolvendo desde os grupos criminosos armados até membros da política nacional e o tráfico internacional de drogas e armas.

Leeds e Leeds (1978, p. 40), em sua análise sobre o Estado e a relação com o espaço urbano, destacam que seus objetivos são dois: "primeiro, a coordenação pública, administração e manutenção da ordem em toda a sociedade, e segundo, sua própria manutenção como um grupo de interesse especial, geralmente uma classe dominante e seus representantes".

A forma como as favelas se organiza acaba por cumprir um importante papel na contenção de um segmento da classe trabalhadora que ainda tem função na lógica de organização do capitalismo, seja como exército industrial[20] de reserva, ou como público-alvo de políticas públicas populistas e assistencialistas que garantem a reprodução de uma lógica eleitoreira (seja para a direita tradicional, para a extrema direita ou mesmo para partidos do campo progressista que se incorporaram a ordem).

A contenção dessa fração da classe trabalhadora se dá pelo fato de sua insatisfação diante da precariedade das condições de sua existência significar, em certa medida, uma possibilidade de organização comunitária, assim como ocorreu nas décadas de 1970 e 1980 nas favelas cariocas com a criação de instituições de organização dos favelados. Como afirmou Castro (1984, p. 14): "enquanto metade da humanidade[21] não come, a outra metade não dorme, com medo da que não come", é nesse sentido que se constituem formas de contenção dos trabalhadores como forma de conter uma possível ameaça à ordem instituída pelo capital.

---

20. Para Marx (2001, p. 740): "a condenação de uma parte da classe trabalhadora à ociosidade forçada, em virtude do trabalho excessivo da outra parte, torna-se fonte de enriquecimento individual dos capitalistas e acelera ao mesmo tempo a produção do exército industrial de reserva, numa escala correspondente ao progresso da acumulação social".

21. Castro, em sua obra, afirma que existe um exagero ao considerar que a metade da humanidade não come, mas escreveu como forma de chamar atenção para o assunto. Para o autor: "a fome no Brasil, é consequência, antes de tudo, do seu passado histórico, com os seus grupos humanos sempre em luta e quase nunca em harmonia com os quadros naturais" (1984, p. 24).

A transformação de uma sociedade tipicamente rural e agrária em uma sociedade urbano-industrial gera avanços e desenvolvimento, mas também novas contradições e problemas, como é próprio a qualquer processo de transformação econômico-político-social.

A favela, como fruto contemporâneo do Brasil urbano-industrial, contribui para uma nova configuração do espaço urbano, que passa necessariamente pelo debate e pela reflexão sobre o lugar que um significativo segmento da classe trabalhadora ocupa na conformação da cidade e na vida produtiva.

As transformações sociais e o desenvolvimento, oriundos do processo de industrialização, trazem para o país e para as cidades possibilidades novas de revigoramento do cotidiano, com um maior número de recursos, técnicas e tecnologias para a melhoria da qualidade de vida. Por outro lado, trazem, de forma contraditória, pauperismo, pobreza, intensificação da exploração, expropriação etc. Segundo Ianni (1965, p. 13): "ao começar a abandonar o horizonte restrito e pobre de uma existência colonial, o povo brasileiro alarga a sua vida econômica, política e cultural", sem, no entanto, corresponder a uma socialização dessas conquistas.

Produz-se a segregação que, segundo Villaça (2001), gerada como forma de dominação desigual do espaço urbano, faz dos territórios intraurbanos o reflexo da desigual conformação das classes sociais. A segregação na cidade produz o desenvolvimento e a apropriação desigual do território e de seus recursos, fazendo com que a cidade se constitua de espaços, equipamentos e classes sociais que ratificam e evidenciam as desigualdades econômicas e sociais.

Segundo Iamamoto (2007, p. 120): "o Estado tem o papel-chave de sustentar a estrutura de classes e as relações de produção", como forma de garantir a reprodução capitalista. Nesse sentido, a cidade não se constitui como fruto de um processo natural de desenvolvimento industrial e urbano, mas como fruto dos projetos e das necessidades do desenvolvimento capitalista. Sob essa perspectiva, os distintos territórios da cidade acabam por assumir uma função social que responda às demandas e às necessidades de cada época, consoantes com os interesses do capital. As favelas, que acabam por se constituir como local de moradia de segmentos da classe trabalhadora, ocupam o cenário urbano a partir de uma estética que destoa da perspectiva hegemônica de desenvolvimento, tornando-se estranhas na cidade.

A seguir, será analisado o processo de industrialização e a constituição urbana carioca, com ênfase na formação das favelas.

O PROCESSO DE INDUSTRIALIZAÇÃO E A SEGREGAÇÃO ESPACIAL

Refletir sobre as favelas cariocas, seja pelo domínio do território pelos grupos criminosos armados, pela proliferação e influência das igrejas — em especial as neopentecostais —, ou pela forma que o Estado desenvolve suas ações nesses espaços, é fundamental para que se possa compreender a complexidade das relações expressas na realidade urbana. Porém, esses fenômenos mais contemporâneos que conformam o espaço das favelas das grandes cidades brasileiras não são suficientes em si para explicar a constituição e desenvolvimento desses territórios. É necessária uma digressão sobre a constituição do espaço urbano, no que tange ao seu processo de segregação espacial, econômica, social e cultural, oriundo do próprio processo de industrialização do país.

Compreende-se que a organização e a divisão espacial dos territórios no Rio de Janeiro — a exemplo do que ocorreu nas grandes capitais brasileiras no período de industrialização, conforme aponta Villaça (2001) — tiveram por base critérios objetivos para atender à demanda do crescimento econômico, tendo como foco a adaptação da força de trabalho às necessidades da produção. Com o desenvolvimento do processo de industrialização, intensificado no início do século XX, criou-se a demanda de alocação dos trabalhadores próximos aos polos industriais, já que a cidade ainda não dispunha de uma extensa rede de transporte público, o que acabou por dar origem às Vilas Operárias[22].

O espaço intraurbano é ocupado, em grande medida, pelo menos no final do século XIX e início do século XX, a partir das condições de infraestrutura da cidade. A precariedade dos transportes e das vias públicas dificultava o afastamento entre local de trabalho e local de moradia dos trabalhadores. A proximidade entre a moradia e o local de trabalho era elemento *sine qua non* ao desenvolvimento industrial.

Segundo Corrêa (1995, p. 39): "verifica-se uma certa sincronia entre o emergir do capitalismo em sua fase plenamente industrial e o aparecimento da área Central. Processo, forma e também as funções estão assim conectados". Nesse sentido, para se compreender o processo de segregação espacial e intraurbano que gera e ao mesmo tempo é gerada pela sociedade capitalista contemporânea, é necessário ter como referência a origem do processo de constituição das cidades e o seu desenvolvimento como produto, e, ao mesmo tempo, como produtora do processo de desenvolvimento industrial.

22. As Vilas Operárias surgem no final do século XIX e início do século XX no Rio de Janeiro, incentivadas pelo Estado imperial e construídas por industriais, como forma de resolver ou amenizar o problema habitacional dos operários. O objetivo era fixar os trabalhadores próximos ao seu local de trabalho, evitando a locomoção entre bairros distantes, possibilitando uma comodidade para que o trabalhador trabalhasse mais satisfeito e com menor custo aos empresários. Segundo Vaz (1994), para a construção das vilas, o Estado autorizava os empresários a desapropriarem prédios, além de garantir isenção de impostos. As primeiras vilas cariocas se localizaram em áreas, como Jardim Botânico, Botafogo, Catete etc., que mais tarde se tornaram bairros nobres. Fato que impulsionou a especulação imobiliária gerando um processo de expulsão dos trabalhadores dessas localidades. Atualmente algumas poucas vilas, não mais com perfil operário, ainda se localizam em bairros da zona sul da cidade do Rio de Janeiro. Para saber mais sobre o assunto consultar Vaz (1994).

> A grande cidade capitalista é o lugar privilegiado de ocorrência de uma série de processos sociais, entre os quais a acumulação de capital e a reprodução social têm importância básica. Estes processos criam funções e formas espaciais, ou seja, criam atividades e suas materializações, cuja distribuição espacial constitui a própria organização espacial (CORREA, 1995, p. 36).

Na gênese do processo de industrialização no Rio de Janeiro, as fábricas se localizavam em áreas consideradas centrais, e em áreas que posteriormente passaram a ser consideradas nobres, como por exemplo, os bairros do Jardim Botânico, Botafogo e Copacabana que, por abrigarem fábricas, tornaram-se locais de moradia da classe trabalhadora.

Assim como Villaça (2001, p. 142), entende-se que a: "segregação é um processo segundo o qual diferentes classes ou camadas sociais tendem a se concentrar cada vez mais em diferentes regiões gerais ou conjunto de bairros [grifo original] da metrópole".

A constituição da sociedade urbana brasileira está baseada na extrema desigualdade de condições de acesso a bens e produtos, o que inclui o solo urbano, fragmentando os moradores da cidade a partir de sua condição econômica, social e cultural.

> A industrialização baseada em baixos salários determinou muito do ambiente a ser construído. Ao lado do grande contingente de trabalhadores que permaneceu na informalidade, os operários empregados do setor industrial não tiveram seus salários regulados pelas necessidades de sua reprodução, com a inclusão dos gastos com moradia, por exemplo. A cidade ilegal e precária é um subproduto dessa complexidade verificada no mercado de trabalho e da forma como se processou a industrialização (MARICATO, 2008, p. 41).

Segundo Santos (2008, p. 20), a evolução das cidades: "vai depender da conjunção de fatores políticos e econômicos, e o próprio desenho urbano, importado da Europa, vai ser modificado", na medida em que o desenvolvimento industrial e capitalista vai se consolidando no Brasil.

A trajetória rural brasileira será perpassada pelo desenvolvimento industrial e pelo processo de mecanização do campo, provocando a necessidade de uma nova reconfiguração do local de moradia e centralização da classe trabalhadora. Se a demanda por força de trabalho cresce predominantemente longe da área rural, então se começa a viver um incremento dos espaços de moradia longe do campo, ou seja, nas cidades ainda em seu estágio incipiente.

Conforme apontado por Santos (2008, p. 27): "após os anos 1940-1950, os nexos econômicos ganham enorme relevo, e impõem-se às dinâmicas urbanas na totalidade do território". Junto com o processo de intensificação da industrialização impõe-se não apenas uma forma de organizar o trabalho, mas, sobretudo, uma forma de organizar a vida social e as relações sociais. A industrialização traz consigo a necessidade de conformação da classe trabalhadora a uma nova forma de produzir e reproduzir a vida cotidiana, que passa pela organização do trabalho, pela organização do tempo livre do trabalhador e pelo controle das diferentes esferas de sua sociabilidade.

> A partir dos anos 1940-1950, é essa lógica da industrialização que prevalece: o termo industrialização não pode ser tomado, aqui, em seu sentido estrito, isto é, como criação de atividades industriais nos lugares, mas em sua mais ampla significação, como processo social complexo, que tanto inclui a formação de um mercado nacional, quanto os esforços de equipamento do território para torná-lo integrado, como a expansão do consumo em formas diversas, o que impulsiona a vida de relações (leia-se terceirização) e ativa o próprio processo de urbanização (SANTOS, 2008, p. 30).

Compreender o papel central que o processo de urbanização tem para impulsionar o processo de industrialização é fundamental para dimensionar a função que os diferentes segmentos de classe ocupam na produção e reprodução da vida material e social no capitalismo. Como afirma Villaça:

> Tanto para o exercício imediato do trabalho como para a reprodução da força de trabalho, a localização urbana é determinada então por dois atributos. São eles:
> — uma rede de infraestrutura: vias, redes de água, esgotos, pavimentação, energia;
> — possibilidades de transporte de produtos de um ponto a outro, de deslocamento de pessoas e de comunicação (VILLAÇA, 2001, p. 23).

A indústria não sobrevive sem trabalhadores, não se desenvolve sem avanço tecnológico, nem se mantém sem infraestrutura urbana que permita a chegada das matérias primas, o acesso dos trabalhadores e o escoamento da produção. A montagem das indústrias acaba por exercer um movimento de atração da população demandando a urbanização, o que pressupõe a criação de serviços públicos, infraestrutura viária, saneamento, edificação, comércio etc.

> A estruturação do espaço intra-urbano é dominada pelo deslocamento do ser humano, enquanto portador da mercadoria força de trabalho ou enquanto consumidor [mais do que pelo deslocamento das mercadorias em geral ou do capital constante] (VILLAÇA, 2001, p. 21).

Compreende-se a produção do espaço urbano, segundo afirmam Lefebvre (2008) e Villaça (2001), como produto e ao mesmo tempo produtor do processo de industrialização. No entorno da necessidade de produzir mercadorias, desenvolve-se uma complexa teia urbana, que envolve infraestrutura, saneamento, meios de comunicação e transporte, moradia, organização política e social, lazer, cultura etc. A intensidade com que essas dimensões da vida social vão ser desenvolvidas vai depender, em certa medida, da classe social a qual se destina. Identifica-se que não existe um desenvolvimento urbano ou intraurbano igualitário, já que a cidade não é apropriada dessa forma por todos os seus moradores. Compreende-se a constituição dos espaços das favelas como territórios intraurbanos destinados à moradia de amplos segmentos da classe trabalhadora, desprovidos de condições materiais para ocupar espaços citadinos mais desenvolvidos no que tange a infraestrutura, fazendo com que se alojem em espaços precarizados.

Como afirmaram Marx e Engels (1997, p. 9): "a história de toda a sociedade que existiu até agora é a história da luta de classes". Nesse sentido, importa destacar que as classes e seus segmentos não se conformam territorial, política, social e economicamente sem embates e contradições; ao contrário, as relações sociais são interpeladas por disputas e tensões que conformam a vida em sociedade. Dessa maneira, mesmo que a cidade se constitua de distintos espaços, vinculados à situação de classe dos seus moradores, esse processo não se dá sem resistências. A constituição das favelas no Rio de Janeiro aponta para a resistência de segmentos populacionais em residirem distantes dos núcleos centrais da cidade, da oferta de emprego etc.

A industrialização incipiente tem a necessidade de manter a classe trabalhadora próxima ao local de trabalho, evitando custos ao processo produtivo do capital. Custos esses relacionados não apenas ao deslocamento dos trabalhadores (transporte), mas essencialmente à perda de tempo gasto para esse fim, o que certamente representa danos, tais quais: atraso na produção, cansaço físico do trabalhador, atrapalhando sobremaneira o rendimento produtivo, além do *stress* e das doenças daí advindas.

A constituição da classe trabalhadora assalariada, fruto do processo de industrialização, revela a necessidade que o processo capitalista de produção tem de produzir os elementos necessários ao seu pleno desenvolvimento tendo em vista a garantia da acumulação e a busca incessante pelo lucro. Para abrigar a classe trabalhadora assalariada é necessário pensar uma organização — intraurbana, social, cultural e ideológica que os insira de forma excludente, controlada e adaptada às necessidades da acumulação capitalista. Nesse processo de constituição e legitimação das classes essenciais à produção, os trabalhadores se encontram subordinados e subsumidos à lógica do capital. Sua "adaptação" conta com elementos de coerção, mas essencialmente com a criação de consensos.

Como afirmou Engels (2008, p. 69), a classe trabalhadora: "se tem a sorte de encontrar trabalho, isto é, se a burguesia lhe faz o favor de enriquecer à sua custa, espera-a um salário apenas suficiente para o manter vivo". Os trabalhadores brasileiros do início do processo de industrialização, a princípio, ávidos por uma alocação no recém-formado mercado de trabalho na indústria, pouco questionavam sua condição de "classe que vive do trabalho" (ANTUNES, 2007). A partir da necessidade que o trabalhador tinha de vender sua força de trabalho como forma de garantir sua sobrevivência e de sua família, constituiu-se um trabalhador em busca de adaptação para poder se inserir no mercado. Porém, as péssimas condições de vida a ele oferecidas, fruto dos baixos salários e da exploração extremada por parte do capital, aliadas à influência organizativa dos trabalhadores europeus, foram a mola propulsora para o início do processo de organização operária.

Ressalta-se que as relações sociais estabelecidas entre as classes e seus fragmentos, historicamente não se deram de forma harmoniosa, ao contrário, são relações que se constituem de forma contraditória permeada por tensões de diferentes ordens, no qual se inclui a ocupação do espaço urbano.

O processo de organização dos trabalhadores inicialmente não terá como centro de suas reivindicações as condições de moradia, mas sim os baixos salários e suas péssimas condições de trabalho. A cidade ainda não é vista como território de desfrute e de direito, apenas como local dormitório e de sobrevivência da grande maioria dos trabalhadores proletários.

> A relação entre o industrial e o operário não é uma relação humana: é uma relação puramente econômica — o industrial é o "capital", o operário é o "trabalho". E quando o operário se recusa a enquadrar-se nessa abstração, quando afirma que não é apenas "trabalho", mas um homem que, entre outras

> faculdades, dispõe da capacidade de trabalhar, quando se convence que não deve ser comprado e vendido enquanto "trabalho" como qualquer outra mercadoria no mercado, então o burguês se assombra. Ele não pode conceber uma relação com o operário que não seja a da compra — venda; não vê no operário um homem, vê mãos (hands), qualificação que lhe atribui sistematicamente (ENGELS, 2008, p. 308).

O local de moradia começa a ser um questionamento da classe trabalhadora a partir do momento em que as intervenções públicas passam a deslocá-la para longe do seu local de trabalho e do centro da cidade. As áreas que antes eram referência para a produção passam, gradativamente, a ser moradia da burguesia e da classe média, já que são, em sua maioria, áreas de grande privilégio natural, próximas a praias, matas etc. Quando a área rural deixa de ser o local de moradia privilegiado da burguesia, inicia-se uma busca por locais agradáveis, bonitos e próximos ao desenvolvimento comercial para que possam estabelecer sua residência. É exemplo desse processo de desenvolvimento urbano a cidade de Olinda em Pernambuco, em que as casas ocupando ladeiras, na verdade, não pertencem aos trabalhadores, mas sim, à nobreza da época que, em busca de conforto, constroem-nas próximas ao mar.

Corrêa (1995, p. 8) salienta que o: "espaço urbano é simultaneamente fragmentado e articulado, e que esta divisão articulada é a expressão espacial de processos sociais". Aponta para o processo de ocupação urbana ser fruto histórico das relações de classe travadas na sociedade moderna como reflexo social do processo de desenvolvimento capitalista. A cidade constitui-se de forma desigual, atendendo às demandas e aos interesses das classes essenciais, assim: "os bairros são os locais de reprodução dos diversos grupos sociais" (Idem, p. 9).

> Fragmentada, articulada, reflexo e condicionante social, a cidade é também o lugar onde as diversas classes sociais vivem e se reproduzem. Isto envolve o quotidiano e o futuro próximo, bem como as crenças, valores e mitos criados no bojo da sociedade de classe e, em parte, projetadas nas

> formas espaciais: monumentos, lugares sagrados, uma rua especial etc. O espaço urbano assume assim uma dimensão simbólica que, entretanto, é variável segundo os diferentes grupos sociais, etários etc. (ibidem).

Há necessidade de manutenção da classe trabalhadora sob controle seja através do seu local de moradia próximo às fábricas, ou ainda pela dependência da venda de sua força de trabalho, para atender às necessidades de produção e à extração da mais-valia. Para isso, o capital tem a necessidade de desenvolver o capital constante, manter os salários rebaixados, produzindo um exército industrial de reserva, como forma de manter os trabalhadores subordinados aos interesses do capital. Segundo Marx: "ao progredir a produção capitalista, desenvolve-se uma classe trabalhadora que, por educação, tradição e costume, aceita as exigências daquele modo de produção como leis naturais evidentes" (MARX, 2001, p. 851).

Segundo Corrêa:

> O espaço de uma grande cidade capitalista constitui-se, em um primeiro momento de sua apreensão, no conjunto de diferentes usos da terra justapostos entre si. Tais usos definem áreas, como o centro da cidade, local de concentração de atividades comerciais, de serviços e de gestão, áreas industriais, áreas residenciais, distintas em termos de forma e conteúdo social, de lazer e, entre outras, aquelas de reserva para futura expansão. Este complexo conjunto de usos da terra é, em realidade, a organização espacial da cidade ou, simplesmente, o espaço urbano, que aparece assim como espaço fragmentado (CORRÊA, 1995, p. 7).

A segregação é produzida no processo de constituição das cidades, sendo o espaço urbano fruto do processo de desenvolvimento social, consequência de um processo histórico que, ao mesmo tempo em que produz sentido, também é produto dos sentidos produzidos pelas relações sociais. Por isso, é ao mesmo tempo: "fragmentado, articulado, reflexo, condicionante social, cheio de símbolos e campo de lutas" (CORRÊA, 1995, p. 11). Nessa perspectiva, para Corrêa (1995), o espaço urbano é constituído por diferentes agentes, que em seu cotidiano fazem e refazem a cidade, dos quais se destacam: "a) os proprietários dos meios de produção, sobretudo os grandes industriais; b) os proprietários fundiários; c) os promotores imobiliários; d) o Estado; e) os grupos sociais excluídos" (Ibid., p. 12).

No campo de tensões forjado pela contradição existente entre os interesses antagônicos das classes, evidenciado pelo processo de produção capitalista e pelo ordenamento espacial das cidades, é que pouco a pouco vai se constituindo a identidade da classe trabalhadora.

Segundo Maricato:

> O crescimento urbano sempre se deu com exclusão social, desde a emergência do trabalhador livre na sociedade brasileira, que é quando as cidades tendem a ganhar nova dimensão e tem início o problema da habitação. Quando o trabalho se torna mercadoria, a reprodução do trabalhador deveria, supostamente, se dar pelo mercado. Mas isso não aconteceu no começo do século XX, como não aconteceu até o seu final (MARICATO, 2008, p. 22).

A reprodução do trabalhador livre a partir da venda de sua força de trabalho não garantiu, em nossa curta história de país independente e industrial, a sobrevivência dos trabalhadores e de suas famílias. A exploração da força de trabalho através da extração da mais-valia e do rebaixamento dos salários atinge em países como o Brasil patamares elevados, submetendo a força de trabalho a condições precárias de sobrevivência que incluem parcas moradias, alimentação deficitária e acesso a precárias políticas públicas na área da saúde, educação, assistência, transporte etc.

O processo de industrialização no Brasil é marcado pela organização dos trabalhadores no espaço da fábrica. Organização que pouco a pouco foi sendo realizada também nos locais de moradia dando origem a movimentos sociais[23] de caráter reivindicatório.

Na década de 1930, no período da chamada República Nova, a "questão social" no Brasil passa a ser considerada "caso de política"[24], caracterizando o reconhecimento dos trabalhadores enquanto classe social e sua inserção no cenário político, como descrito por Iamamoto e Carvalho:

---

23. A precarização das condições de vida, a pauperização e as desigualdades no campo e na cidade, motivam a organização dos trabalhadores. Os diferentes segmentos da classe trabalhadora se organizam de forma distinta, através de movimentos sociais rural e urbano, movimento sindical, movimento estudantil e partidos políticos. Nem sempre a resistência de um segmento da classe se expressa na organização de um movimento social, como foi o caso no início do século XX com a remoção dos cortiços e as reformas urbanas que atingiram os trabalhadores mais pobres. Com o passar do tempo se constituíram alguns movimentos urbanos por reivindicações específicas e também gerais, como a Sociedade de Amigos da Cidade (na década de 1930), a Sociedade dos Amigos do Bairro (na década de 1940), as Comissões de Moradores de Favelas (na década de 1940), as Comunidades Eclesiais de Base (na década de 1960), a Federação das Associações de Favela do Estado do Rio de Janeiro (na década de 1970), o Movimento dos Trabalhadores Sem Teto (na década de 1990). A organização dos moradores de favela, segundo Santos (2011), tem seu marco em meados de 1940, com a criação da primeira Comissão de Moradores de Favelas do Pavão-Pavãozinho, Cantagalo e Babilônia, contra a remoção dos seus moradores para os Parques Proletários. Para saber mais sobre Movimentos Sociais e Movimentos Urbanos, ver: Burgos (2004), Santos (2011) e Doimo (1995).

24. A literatura sobre o tema ressalta a alteração na forma como o Estado passa a tratar a "questão social" a partir da década de 1930 do século XX, deixando de ser considerada como caso de polícia para ser considerada caso de política. Merece destaque o fato de que em nenhum momento da história do século XX e início do século XXI o Estado deixou de tratar de forma violenta a organização dos trabalhadores. Nesse sentido a história de organização e reivindicação da classe trabalhadora brasileira é marcada pelo alto grau de repressão e violência com que o Estado através de seu "braço armado" (a polícia e as forças armadas), trata a organização dos diferentes segmentos da classe trabalhadora.

> Expressão do processo de formação e desenvolvimento da classe operária e de seu ingresso no cenário político da sociedade, exigindo seu reconhecimento como classe por parte do empresariado e do Estado. E a manifestação, no cotidiano da vida social, da contradição entre o proletariado e a burguesia, a qual passa a exigir outros tipos de intervenção, mais além da caridade e da repressão (IAMAMOTO; CARVALHO, 1995, p. 77).

A transição de uma sociedade agroexportadora para uma sociedade semi-industrial no Brasil vai marcar o desenvolvimento do capitalismo, e por consequência, o antagonismo entre burguesia e proletariado, dando origem à "questão social" e suas diferentes expressões. A classe operária em formação é obrigada a vender sua única mercadoria (a força de trabalho), para garantir a sua subsistência e a de sua família. Como os salários são muito baixos, torna-se necessária a inserção de mulheres e crianças no mercado de trabalho.

Diante de um grau desmedido de exploração da força de trabalho, que vai desde jornadas de 14 horas, a precárias condições de trabalho, falta de segurança e ausência de garantias ou benefícios, o operariado é impulsionado a se organizar e a reivindicar direitos. A organização do operariado e a influência do anarquismo e das ideias socialistas e comunistas levam a burguesia nascente a começar a se preocupar com a "ameaça" que pode significar aos seus "mais sagrados valores, a moral, a religião e a ordem pública" (IAMAMOTO; CARVALHO, 1995, p. 128). Daí decorrendo, a "necessidade do controle social da exploração da força de trabalho" (ibidem).

Um conjunto de fatores faz eclodir, nas duas primeiras décadas do século XX, uma série de manifestações, reivindicações e greves operárias. São elas: as péssimas condições de trabalho no interior das fábricas, os baixíssimos salários, a necessidade da entrada de mulheres e crianças no mercado, as longas jornadas de trabalho e a completa falta de assistência aos trabalhadores por parte da burguesia e do Estado. Segundo Iamamoto e Carvalho (1995), todas as formas de organização do operariado serão duramente reprimidas. Sua luta reivindicatória terá como base central:

- A defesa do poder aquisitivo dos salários;
- Redução da jornada de trabalho;
- Proibição do trabalho infantil;
- Regulamentação do trabalho de mulheres e menores;
- Direito a férias;
- Seguro contra acidentes e doenças;
- Contrato coletivo de trabalho;
- Reconhecimento de suas entidades organizativas.

Não passava pela reivindicação dos trabalhadores do início do século a luta por condições dignas de moradia e nem mesmo o direito à cidade. As primeiras reivindicações da classe trabalhadora estavam ligadas a condições imediatas de sobrevivência, e só mais tarde o direito à moradia passa a compor a pauta de reivindicações da classe trabalhadora.

Durante todo o período da Primeira República (ou República Velha)[25], o Estado agroexportador não reconhece a questão social, realizando tímidas medidas que favoreçam o operariado, através dos decretos de 1891, 1911 e 1917, que regulamentam questões sanitárias das empresas industriais e trabalho de mulheres e menores. Essas medidas carecem de fiscalização, e por sua ausência acabam não tendo repercussões concretas na vida dos trabalhadores.

Em 1919 é criada a primeira medida ampla de legislação social, que responsabilizava as empresas pelos acidentes de trabalho. Na segunda metade da década de 1920 (1926, 1927 e 1928), são aprovadas leis que cobram a chamada "proteção ao trabalho", que incluía:

- Lei de férias;
- Lei de acidente de trabalho;
- Código de menores;
- Trabalho feminino;
- Seguro doença etc.

---

25. A Primeira República ou República Velha se estende da Proclamação da República em 1889 até 1930 com a tomada do poder por Getúlio Vargas.

Negando-se a reconhecer a questão social e a classe operária enquanto classe espoliada, o Estado vai reagir sempre com repressão e força a qualquer tipo de organização dos trabalhadores e seus movimentos reivindicatórios, como forma de controle social e manutenção da acumulação capitalista.

O processo tardio de urbanização das cidades brasileiras, cinco séculos depois do início do processo de desenvolvimento das cidades europeias, produz um processo de expulsão de trabalhadores. Expulsão provocada por fatores econômicos e sociais, que levam ao deslocamento de grandes contingentes de trabalhadores, seja de suas terras nas regiões menos desenvolvidas do Brasil, provocando o chamado êxodo rural, seja dos locais de moradia centrais da cidade, em nome da reforma urbana e do desenvolvimento social.

Relegados à sua própria sorte, os trabalhadores oriundos das regiões Norte e Nordeste, assim como os escravos libertos a partir de 1888, formaram grandes contingentes populacionais concentrados nos centros urbanos recém-constituídos. Aglomeram-se em habitações precárias, com poucas condições de higiene, sem emprego e sem organização, ficando subalternizados pelo poder econômico, político e ideológico do capital.

Assim como afirmou Marx (2001, p. 839): "o século XVIII não reconhecia ainda, na mesma extensão que o XIX, a identidade entre riqueza nacional e pobreza do povo". O século XX não reconheceu que a constituição das favelas é fruto inconteste do desenvolvimento urbano e industrial desigual. Conformam-se territórios distintos para os desiguais, adequando os espaços urbanos às diferentes frações de classe, dividindo a cidade em distintos territórios sociais.

Qual a memória social que temos das remoções realizadas na primeira metade do século XX, retirando os moradores dos cortiços do centro da cidade do Rio de Janeiro e levando-os para áreas distantes? Sob a justificativa do desenvolvimento urbano e territorial e da higienização da cidade, os trabalhadores começam a ser removidos para habitações situadas na periferia dos centros urbanos, dando origem às favelas. Grandes segmentos da classe trabalhadora resistentes à retirada das áreas centrais da cidade, em especial pela dificuldade de acesso ao local de trabalho, passam a ocupar morros situados nas regiões centrais, o que em parte explica a exacerbação da mescla contrastante entre bairros ricos e pobres da cidade do Rio de Janeiro.

A aceleração do processo de industrialização a partir da década de 1930 provoca a aceleração do processo de desenvolvimento urbano, colocando os espaços de moradia da classe trabalhadora na pauta da discussão política de ordenamento da cidade.

A convivência forçada entre moradores de diferentes classes gerou, desde o início do processo de urbanização carioca, insatisfações, evidenciando o desenvolvimento urbano desigual, que produz classes com direitos e deveres distintos, conformando uma cidade com territórios desiguais.

> A conclusão *espacial*, ou melhor, a conclusão sobre o efeito do espaço sobre o social, a nosso ver importante, é que uma certa geografia, uma certa *configuração espacial* (a segregação) se faz necessária para viabilizar aquela dominação e aquela produção ideológica. Sem essa configuração, seria talvez impossível — ou extremamente difícil — a dominação e a desigual apropriação (VILLAÇA, 2001, p. 46).

O desenvolvimento urbano desigual se expressa de forma enfática na constituição dos territórios na cidade do Rio de Janeiro, tendo na constituição das favelas uma das suas principais expressões, como será tratado a seguir.

A CONSTITUIÇÃO URBANA CARIOCA E A FORMAÇÃO DAS FAVELAS

Retomando a História do Brasil em sua transição do período colonial para o período republicano, encontramos a gênese do processo que mais tarde dará origem às primeiras favelas cariocas. Os moradores dos cortiços do final do século XIX e início do século XX, assim como os primeiros moradores dos morros cariocas, têm sua origem em diferentes dinâmicas sociais e conflitos que marcaram a história de desenvolvimento do país.

A população excedente do Rio de Janeiro tem sua origem na abolição da escravidão de 1888, que libera a força de trabalho escrava. Não incorporada em sua totalidade nos processos produtivos em curso no país, seja na agricultura ou na indústria incipiente, vai pouco a pouco se incorporando às precárias condições de vida da cidade. Outro segmento que engrossou a população pobre no Rio de Janeiro foi o dos combatentes da Guerra de Canudos[26], militares do então Distrito Federal, que foram enviados para a batalha, e ao retornarem foram se alojando em precárias moradias situadas no Morro da Favella[27], à espera do pagamento dos soldos de guerra prometidos pelo governo. Além dos ex-escravizados e dos soldados, engrossaram as ocupações os pobres da então capital da República, imigrantes europeus atraídos pelo processo de industrialização, em especial no início do século XX.

---

26. A Guerra de Canudos, que aconteceu no período de 1896 a 1897, foi um conflito militar entre os moradores do Arraial de Canudos, liderados por Antônio Conselheiro e o governo do estado da Bahia, pelo fato dos primeiros recusarem a pagar impostos e seguir as diretrizes do governo. O conflito terminou na terceira tentativa de ataque das forças armadas do estado, reforçadas por militares enviados pelo governo federal. A Guerra de Canudos, segundo o autor, significou a resistência das populações marginalizadas do sertão nordestinos às injustiças sociais da época (MONIZ, 1987).

27. Existem controvérsias sobre a origem do nome Favela. Segundo Valladares (2005), o termo é proveniente da vegetação rasteira típica da região de Canudos onde os militares ficaram alojados na Guerra de Canudos. Essa hipótese é contestada por Zylberberg (1992), que considera pouco provável que a mesma vegetação fosse encontrada em áreas tão distintas. Importa salientar que o termo Favela se torna substantivo a partir do início do século XX, segundo Zaluar (1999), pelo fato da população reconhecer semelhança entre os barracos existente no Morro da favela e os barracos existentes em outros morros da cidade.

Segundo Abreu:

> Só a partir do século XIX é que a cidade do Rio de Janeiro começa a transformar radicalmente a sua forma urbana e a apresentar verdadeiramente uma estrutura espacial estratificada em termos de classes sociais. Até então, o Rio era uma cidade apertada, limitada pelos morros do Castelo, de São Bento, de Santo Antônio e da Conceição. [...] Era também uma cidade em que a maioria da população era escrava. Quase que uma cidade de mercadorias (ABREU, 2008, p. 35).

Os escravizados recém-libertos, assim como os migrantes vindos das regiões Norte e Nordeste do país, inicialmente passaram a residir nos cortiços[28], estalagens precárias e muito comuns no final do século XIX e início do XX na cidade do Rio de Janeiro. O cortiço mais famoso, pela sua dimensão, foi o denominado de Cabeça de Porco[29]. Segundo especialistas, estima-se que chegaram a residir nesse espaço cerca de 4 mil pessoas. Há controvérsias sobre os números, mas há consenso sobre suas condições de higiene e sobre o perfil de seus moradores. Segundo Valladares (2005, p. 24): "era local de moradia tanto para

28. Segundo Valladares (2005, p. 24), "definido como um verdadeiro "inferno social", o cortiço carioca era visto como antro da vagabundagem e do crime, além de lugar propício às epidemias, constituindo ameaça à ordem social e moral. Percebido como espaço propagador da doença e do vício, era denunciado e condenado através do discurso médico e higienista, levando à adoção de medidas administrativas pelos governos da cidade." Segundo Vaz (1994), os cortiços se tornaram fonte de investimento especulativo, já que eram construídos por proprietários e arrendatários de imóveis. Os aluguéis eram considerados exorbitantes pelas condições, já que parte das dependências era de uso comum, como banheiro, pátio etc.

29. O Cabeça de Porco, segundo Valladares (2005) e Monteiro (2004) foi considerado um dos maiores cortiços da cidade do Rio de Janeiro. Derrubado em 26 de janeiro de 1893, por determinação do prefeito Barata Ribeiro, seus moradores foram ocupar o morro próximo, que mais tarde ficou conhecido como Morro da Favela.

trabalhadores quanto para vagabundos e malandros, todos pertencentes à chamada 'classe perigosa'".

A constituição e posterior remoção dos cortiços, que começam a surgir no Rio de Janeiro no final do século XIX e início do século XX, juntamente com a industrialização e o desenvolvimento do capitalismo no país, formaram a gênese da favela carioca.

> A partir da proibição do tráfico negreiro em 1850, e por força da capitalização do boom cafeeiro e da expansão econômica que ocorre até 1875, progressivamente crescem os centros urbanos mais desenvolvidos e populosos novos tipos de habitações coletivas, verdadeiras senzalas urbanas, focos de doenças endêmicas para abrigar os novos habitantes: os cortiços e as cabeças-de-porco, que serviam de moradia para 4% da população do Rio por volta de 1869 e chegaram a 25% nos primeiros anos da República (FINEP/GAP, 1985, p. 26).

Esse período é marcado pelas primeiras intervenções públicas de combate às habitações pobres na cidade. Os cortiços, considerados como local da malandragem e da falta de higiene passam a ser alvo da intervenção pública. Segundo Vaz (1994), há de considerar o posicionamento e dois outros agentes sociais que, nesse período, contribuíram para impulsionar a ação estatal. Em primeiro lugar, os empresários nascentes do setor imobiliário, que propunham uma nova forma arquitetônica de organização da cidade, introduzindo um novo padrão de edificação; e em segundo, os médicos higienistas e engenheiros sanitaristas, que apontavam os cortiços como espaços de degradação da saúde da população, além de considerarem esses espaços como de promiscuidade e depravação.

Em 1903, o Decreto Municipal nº 391, determina a proibição dos cortiços na cidade do Rio de Janeiro. Porém o mesmo decreto indica a possibilidade de construção de habitações pobres nos morros que ainda não estivessem habitados. O prefeito Pereira Passos[30] autoriza os moradores a retirarem pedaços de madeiras da demolição do cortiço para a construção de suas futuras acomodações. O comunicado oficial do prefeito afirma que: "o Estado vai facultar à gente pobre que habitava naquele recinto a retirada das madeiras que podiam ser aproveitadas" (GONÇALVES, 2009). Segundo o decreto, a construção de barracões toscos era permitida, em caráter de exceção nos morros que ainda não tinham habitações, o que aponta para a permissão e incentivo do poder público para as construções nos morros cariocas do início do século.

Segundo Valladares (2005), quando o Brasil inicia o seu processo de transformação de uma economia agroexportadora para uma economia industrial, marca-se o início da constituição das favelas cariocas. A abolição da escravatura, em 1888, e o início do processo de industrialização colocam os centros urbanos em evidência pelo florescimento das atividades comerciais e industriais e das mudanças que resultaram da disseminação das chamadas forças progressistas.

A ocupação dos territórios na cidade do Rio de Janeiro ocorre gradativamente pelo processo de industrialização em curso desde o final do século XIX. Segundo Abreu (2008), as atividades industriais do início do século XX se concentravam basicamente no centro da cidade e ao seu redor, "caracterizando-se pela predominância de pequenos estabelecimentos dedicados à fabricação de calçados, chapéus, confecções, bebidas e mobiliário" (ABREU, 2008, p. 54). Por

---

30. Pereira Passos foi prefeito da então capital federal, a cidade do Rio de Janeiro, no período de 1902 a 1906. Engenheiro de formação, participou da construção da malha ferroviária brasileira do final do século XX. A reforma urbana, conhecida como "bota abaixo", realizada em sua gestão como prefeito, marca a história da organização territorial da cidade no início do século, deixando marcas nas décadas seguintes. Seu projeto de urbanização, inspirado em Haussmann — prefeito de Paris que também provocou reformas significativas na cidade —, baseava-se na remoção de cortiços e casarões antigos das áreas centrais, alargamento de ruas, saneamento do centro, ordenação da malha viária etc. (ABREU, 2008).

ser uma indústria incipiente de baixa tecnologia, exigia a inserção de um grande número de trabalhadores para a efetivação do processo produtivo, o que contribui para a aglomeração de moradores nos arredores da região central, já que à época a cidade não dispunha de um sistema eficaz de transporte urbano.

A primeira favela do Rio de Janeiro é datada de 1897. Há divergências em relação à sua localização: para alguns autores é o Morro da Providência, e para outros, o Morro de Santo Antônio. Já no início do século começam as preocupações por parte dos governantes em relação aos moradores desses espaços, seja em função de questões habitacionais, de higiene ou pela necessidade de contenção da delinquência.

A história das favelas no Rio de Janeiro é marcada por iniciativas que buscavam amenizar o "problema" que se evidenciava e que desde cedo preocupava a burguesia: o agravamento contínuo da questão social, que tem na constituição das favelas uma de suas expressões.

A cidade passa a ser considerada por grandes segmentos populacionais como condição essencial para obtenção dos meios necessários à reprodução da vida do trabalhador e de sua família, acelerando o reordenamento territorial da cidade.

Segundo Vaz:

> As obras de saneamento e embelezamento da cidade (ou "bota abaixo" na linguagem da época) eliminaram as condições de habitação popular que havia no centro antigo, expulsando grande contingente de moradores. As classes populares se dispersaram pelos subúrbios, pelas casas de cômodos do entorno imediato e pelas favelas, que passaram a fazer parte da imagem urbana carioca num contraponto à modernização (VAZ, 1994, p. 586).

Importa compreender a constituição, legitimação e manutenção das favelas no Rio de Janeiro, a partir de uma visão que não homogeneíze a complexidade de realidades que distinguem as diferentes favelas, mas que compreenda esse processo no que ele tem de universal, sem desconsiderar suas particularidades.

Nesse sentido é importante destacar o papel que o Estado e a administração pública municipal e estadual exercem na constituição do espaço urbano. O desenvolvimento da indústria capitalista não seria possível sem a cooperação central do poder político, já que esse tem caráter fundamental no processo de ordenamento espacial no que se refere ao atendimento das necessidades do processo produtivo, englobando os aspectos de infraestrutura e os aspectos econômicos. Como afirma Villaça:

> Se todos vêm sendo produzidos num mesmo país, pela mesma formação social, num mesmo momento histórico — os últimos 150 anos —, sob um mesmo modo de produção, através das mesmas relações sociais e sob o mesmo Estado, deve haver muito em comum entre esses espaços (VILLAÇA, 2001, p. 11).

Como afirmou Marx:

> As relações jurídicas, bem como as formas do Estado, não podem ser explicadas por si mesmas, nem pela chamada evolução geral do espírito humano; essas relações têm, ao contrário, suas raízes nas condições materiais de existência (MARX, 2007, p. 45).

Por condições materiais de existência, Marx define a produção social da vida, tendo por base o modo de produção. Portanto, na perspectiva marxiana, o Estado é entendido como produto e produtor das relações materiais estabelecidas na sociedade. Nesse sentido, entende-se que a produção dos espaços intraurbanos se constitui a partir das necessidades da base econômica. Tendo como pressuposto a produção e a reprodução material e espiritual da vida, os homens estabelecem relações sociais que lhes são socialmente impostas, em sua maioria, como trabalhadores, vendedores da força de trabalho.

Já no começo do século XX tem início uma série de iniciativas públicas com o intuito de "tratar" a questão das favelas, um importante marco na história urbana do Rio de Janeiro. Conhecida como Reforma Pereira Passos (1902-1906), as transformações urbanas buscam um reordenamento da cidade a partir da expulsão dos segmentos mais pobres residentes nas áreas centrais da cidade.

O Rio de Janeiro iniciava uma nova era, tendo como anseio a negação da recente época colonial e a modernização da cidade. A base do processo de reforma estava pautada nas teorias higienistas[31], no movimento do Estado em fortalecer as bases para o processo de modernização, na preparação da cidade para o processo de industrialização e a construção da cidade como espaço do progresso e da ordem.

A Reforma representa uma nova fase na constituição do território enquanto cidade. Através da transformação dos espaços, com a expulsão de determinados segmentos populacionais e a abertura para receber novos segmentos, a cidade passa a ser o elo fundamental de consolidação do Estado Nacional, construída a partir da ideia de civilização, noção estratégica para o projeto político das elites em ascensão. Segundo Gonçalves (2009 p. 6): "o ideal de modernização, desenvolvimento e construção da nacionalidade serão os principais temas e darão caráter distintivo sobre o urbano no Brasil".

A primeira década do século é inaugurada a partir da perspectiva da modernização, tendo como eixo a adaptação da cidade às necessidades da acumulação capitalista, que já nesse tempo se dava de forma mais independente da economia agroexportadora. O acelerado

31. Segundo Junior (2000), as teorias higienistas, pregadas por médicos do início do século XX e incorporadas por políticos e administrações públicas, pregavam a limpeza urbana como forma de sanar as doenças infectocontagiosas típicas desse período. Segundo os seguidores dessa teoria, a doença era o maior problema do país e se constituía como um obstáculo ao desenvolvimento. As péssimas condições de vida geradas pela falta de saneamento, hospitais públicos e as precárias acomodações habitacionais, eram locais de proliferação de epidemias e contágios. Segundo Abreu (2008), Pereira Passos em nome da higienização combateu a mendicância e proibiu os vendedores ambulantes, além do conhecido combate aos cortiços da cidade.

crescimento da economia brasileira, assim como a intensificação de sua atividade industrial e da relação estabelecida com o capital internacional, passa a exigir mudanças no ordenamento espacial da capital do país. Nesse sentido, a cidade do Rio de Janeiro passa a ser foco de profundas transformações, tendo como meta seu enquadramento no circuito nacional e internacional da produção e do consumo.

Para Abreu, a Reforma Pereira Passos foi a: "maior transformação já verificada no espaço carioca até então, um verdadeiro programa de reforma urbana" (2008, p. 60). Segundo o autor, a reforma tinha por objetivo resolver as contradições existentes na conformação do espaço urbano carioca, visando adaptá-lo ao processo de exportação/importação em curso, integrando a cidade ao circuito internacional evidenciando sua importância de capital do maior país produtor de café do mundo.

O adensamento do processo industrial, com a ampliação das fábricas e a requisição de locais de moradias para a burguesia industrial nascente, evidencia o problema de moradia da cidade. Se por um lado era necessária a manutenção dos trabalhadores próximos ao seu local de trabalho, por outro, esses espaços também deveriam ser ocupados pelas famílias de classe média e alta, que se deslocavam para a cidade, em busca de maior conforto e proximidade com o comércio e os serviços.

Os morros ao entorno do centro da capital passam a ser a maneira mais viável dos trabalhadores residirem. Removidos dos cortiços[32] e de casas precárias por conta do processo de urbanização promovida pela Reforma, os trabalhadores, na busca de se alojarem próximos ao seu local de trabalho e das possibilidades de trabalho, passam a ocupar os morros da Providência, Santo Antônio, São Carlos etc. O adensamento de construções precárias, com sobras dos escombros e utilização de telhas de zinco, que marcavam desde 1897 as habitações

32. Segundo Abreu (2008), nem todos os removidos dos cortiços ocuparam os morros do entorno do centro do Rio, muitos foram se alojar nos subúrbios, dando início à ocupação desses territórios.

do Morro da Providência — reconhecido como Morro da Favela — passa a ser reconhecido nos demais morros da cidade, transformando o nome próprio desse morro em substantivo, que passa a designar essas moradias como Favelas.

Segundo Vaz:

> A provisão da moradia para os trabalhadores por parte dos patrões era uma prática comum até o início do século. A tradicional unidade trabalho/moradia ainda não havia sido totalmente rompida pela modernização. Isso significa que grande parte dos trabalhadores morava em seus locais de trabalho (VAZ, 2004, p. 588).

Nesse contexto surge a proposta das Vilas Operárias, construídas pelos industriais e pelos empresários do mercado imobiliário, tendo em comum o fato de serem residências designadas para trabalhadores. Essas construções são priorizadas pelos donos das fábricas até a década de 1920. A partir dessa década deixa de ser ação desencadeada para manter os trabalhadores próximos às fábricas. A partir desse momento, as vilas operárias passam a ser priorizadas pelo setor imobiliário, não mais com o foco na proximidade com o local de trabalho, mas com o foco no território em que fosse possível que o trabalhador pagasse por sua moradia. O desinteresse dos industriais da época por construir moradias operárias próximas ao trabalho se dá, segundo Vaz (2004), por três razões essenciais: primeiro pela ampliação do número de trabalhadores excedentes; segundo pela organização cada vez maior dos trabalhadores, gerando conflitos e reivindicações; e terceiro pela disponibilidade de outras alternativas de moradia para os trabalhadores geradas pela construção civil.

A construção de moradias passa a ser uma fonte rentável no início do século, motivadas pelo investimento público em infraestrutura e serviços. A emergente camada social de maior poder aquisitivo passa a demandar residências nas áreas nobres da cidade, assim consideradas pela sua proximidade com os serviços públicos e pela proximidade com as belezas naturais da cidade, como praias, matas, montanhas etc.

Esse processo, caracterizado por Villaça (2001), como conformação intraurbana, vai pouco a pouco dando novos contornos à cidade do Rio de Janeiro. Se por um lado as classes economicamente dominantes da época buscavam locais de moradia central, essas mesmas classes não poderiam renunciar aos trabalhadores, o que em certa medida justifica o convívio forçado com os pobres que intensificaram a ocupação dos morros.

O processo de industrialização acelerado após a década de 1930 impulsiona o processo de desenvolvimento urbano. Evidenciam-se os problemas gerados pela não incorporação da força de trabalho ao mercado formal de trabalho e pressiona-se o poder público a tratar as expressões da questão social, exigindo-se respostas para a questão da moradia e do adensamento das favelas.

Segundo Valladares (2005), mesmo com algumas diferenças na interpretação histórica, a maior parte dos autores e estudiosos sobre a favela considera seis principais fases na relação entre Estado e favelas no Rio de Janeiro. Nesse sentido, a maior parte dos estudos segue as seguintes etapas:

> 1º) anos 1930 — início do processo de favelização do Rio de Janeiro e reconhecimento da existência da favela pelo Código de Obras de 1937; 2º) anos 1940 — a primeira proposta de intervenção pública correspondente à criação dos parques proletários durante o período Vargas; 3º) anos 1950 e início dos anos de 1960 — expansão descontrolada das favelas sob a égide do populismo; 4º) de meados dos anos 1960 até o final dos anos de 1970 — eliminação das favelas e sua remoção durante o regime autoritário; 5º) anos 1980 — urbanização das favelas pelo BNH (Banco Nacional da Habitação) e pelas agências de serviços públicos após o retorno à democracia; 6º) anos 1990 — urbanização das favelas pela política municipal da cidade do Rio de Janeiro, com o Programa Favela-Bairro (VALLADARES, 2005, p. 23).

Essa sistematização do processo histórico que marca a constituição e o adensamento das favelas cariocas demonstra, em certa medida, a dispersão sobre as informações e o processo histórico urbano anterior a 1930. Segundo Vaz (1994), são poucas as informações disponíveis e os estudos sistematizados sobre o período conhecido como República Velha. Porém, não há como negar que o período posterior à década de 1930 passa a ser o marco no reordenamento urbano moderno, com o adensamento das relações sociais, tendo por base as configurações sociais para o desenvolvimento do capitalismo.

O período compreendido entre os primeiros anos do século XX e a década de 1930 ficou marcado como momento de remodelamento da cidade em busca de adaptá-la aos novos preceitos de ordenamento espacial e social impostos pelo desenvolvimento capitalista industrial. Ao mesmo tempo em que se tem uma expulsão das parcelas pobres das zonas centrais, deslocando-as para os morros e para o subúrbio, tem-se também a ocupação desses territórios pela classe média e alta e a expansão dos limites da cidade. A expansão dos limites de ocupação da cidade marca, por sua vez, a consagração dos subúrbios como local de residência de parcelas da classe trabalhadora. Destaca-se que a intervenção estatal não se deu de forma homogênea, concentrando investimentos e esforços de urbanização e adaptação da cidade nas áreas centrais e relegando os territórios para os quais se deslocaram os pobres sem investimentos.

A intensificação do processo de favelização do Rio de janeiro passa a exigir respostas mais contundentes do poder público. Esse período, de certa forma, inaugura o "mito da cidade partida" (apesar de o termo só ter sido cunhado na década de 1980), na medida em que institui uma série de iniciativas e de formulações teóricas e políticas que tratam as favelas como espaços estranhos no âmbito da cidade. Nesse sentido, são consideradas áreas desconectadas dos demais bairros e não um espaço constitutivo da cidade, gerado a partir da existência de grande desigualdade social. Segundo essa lógica, as favelas passam a ser tratadas como um problema de saúde pública e de higiene, ao invés de uma expressão da questão social.

A década de 1930 inaugura no Brasil um novo momento de sua trajetória política, econômica e social. A ascensão de Getúlio Vargas[33] ao poder e sua permanência por quinze anos, marca o processo de intensificação da industrialização no país, exigindo adaptações e conformações urbanas e, sobretudo, sociais para o atendimento das necessidades de desenvolvimento capitalista, tanto no que tange ao urbano quanto à força de trabalho.

O governo Vargas, caracterizado por ações de cunho populista e assistencialista, passa a ser um marco na trajetória da classe trabalhadora brasileira. As ações de sua gestão foram marcadas pela dicotomia entre acolher reivindicações históricas da classe trabalhadora, como férias, carteira de trabalho etc., e a repressão a todo e qualquer tipo de organização autônoma e independente dos trabalhadores.

Segundo Iamamoto e Carvalho:

> A partir desse momento, uma política econômica que se coloca nitidamente a serviço da industrialização, procurando reverter para esse polo os mecanismos econômicos naturalmente voltados para a sustentação da agroexportação. O Estado busca de diversas formas incentivar as indústrias básicas — tornando-se última instância produtor direto através de empresas estatais e de economia mista — que viabilizem a expansão do setor industrial, organizando o mercado de trabalho, assim como, a partir das políticas financeira e cambial, apoiar a capitalização e acumulação desse setor. A participação direta da burguesia industrial — principal beneficiária dessa política — na gestão do Estado aparece no quadro corporativo através de suas entidades representativas, que indicam delegados para as principais agências que têm a seu cargo planejar e implementar as políticas estatais (IAMAMOTO; CARVALHO, 1995, p. 241-242).

33. Getúlio Vargas assume o poder político do país em 1930 a partir de um golpe de Estado que ficou conhecido como "Revolução de 30". Sua gestão se dividiu nas seguintes fases: de 1930 a 1934 governo provisório; de 1934 a 1937 como governo constitucional; de 1937 a 1945 como Estado Novo (IAMAMOTO; CARVALHO, 1995; NETTO, 1994, MESTRINER, 2001).

Nota-se que o direcionamento dado pela política desenvolvida no governo Vargas, em certa medida, apontava para dar continuidade aos interesses das elites da época. Nesse sentido, a população empobrecida, apesar de aparentemente ter a centralidade da ação populista do governo, era gerenciada de forma a se manter sob controle e produtiva ao sistema econômico vigente.

Como parte da estratégia de contenção da classe trabalhadora, a incorporação de direitos e o reconhecimento de sua cidadania passam necessariamente pela afirmação dos trabalhadores como força motriz do processo produtivo, necessário e fundamental à acumulação capitalista. Necessitam estar preparados para a condição de exploração imposta pelo ritmo e pelas condições do processo produtivo desse período. Esse período é marcado, segundo Iamamoto e Carvalho (1995), por uma adaptação das relações sociais tendo como foco sua adequação às demandas advindas do processo produtivo.

Várias são as formas para buscar o controle e a adaptação dos segmentos da classe trabalhadora: o controle dos sindicatos, a repressão aos movimentos autônomos, a instituição da legislação trabalhista, e o reconhecimento da questão social como caso de política, inaugurando uma nova fase na esfera da assistência social.

Nesse contexto de busca de controle dos diferentes segmentos da classe trabalhadora, inauguram-se ações voltadas especificamente para a inserção nas favelas. Exemplo desse direcionamento político é a criação da Fundação Leão XIII, em 1946, com o objetivo de trabalhar com os moradores das favelas, que à época, já eram considerados uma expressão da questão social, merecendo maior intervenção do poder público. A instituição deveria "trabalhar pela recuperação das populações das favelas do Distrito Federal", tendo em vista "a extrema precariedade material e moral" (IAMAMOTO; CARVALHO, 1995, p. 289).

Para além das formas tradicionais de serem concebidas e "enfrentadas", as favelas passam a ser consideradas como um "problema habitacional", conforme se observa nos documentos da referida instituição, que apresenta como "solução ideal do problema de uma favela", as seguintes fases:

> 1ª fase: conhecimento da favela (levantamento estatístico, classificação das famílias e dos indivíduos, estudo da comunidade);
> 2ª fase: tratamento das famílias: serviço social, educação, saúde, organização social da comunidade;
> 3ª fase: extinção da favela: medidas preliminares (demolição dos barracos e fiscalização dos terrenos) e medidas construtivas: urbanização das favelas ou transferência das famílias para conjuntos residenciais e colônias agrícolas (FUNDAÇAO LEÃO XIII *apud* PARISSE, 1969, p. 126).

Restringindo o problema das favelas à questão habitacional, desconsidera-se a situação de vida dos moradores e as origens desse fenômeno, o que acaba por responsabilizar os indivíduos por sua situação precária.

> Os assim chamados problemas habitacionais, entre os quais a própria favela, devem ser entendidos no âmbito de processos sócio-econômicos e políticos abrangentes, que determinam a produção do espaço de uma cidade e refletem sobre a terra urbana a segregação que caracteriza a excludente dinâmica das classes sociais (KOWARICK, 1993, p. 83).

A situação habitacional e social da cidade do Rio de Janeiro vai se complexificando com o impulso que a industrialização toma nos anos que antecedem a década de 1950. O investimento na industrialização atrai, a cada ano, um contingente maior de moradores. Intensifica-se o fluxo migratório do Nordeste para o Sudeste com a construção da Rodovia Rio-Bahia na década de 1940. A II Guerra Mundial contribui para o processo de incremento da industrialização brasileira, o que ocasionou, segundo Abreu (2008), um processo de ocupação das áreas de subúrbio pelas indústrias, com o objetivo de melhor adequar o espaço físico às demandas produtivas.

Até o final da década de 1940, não existiam dados estatísticos sobre as favelas do Rio de Janeiro, o que em parte, dificultava as intervenções específicas nesses territórios, assim como a caracterização de sua população. Segundo Abreu (2008) e Valladares (2005), os primeiros estudos estatísticos sobre favelas foram realizados pela prefeitura da cidade do Rio de Janeiro em 1948, como forma de anteceder ao Censo demográfico de 1950 que, pela primeira vez, iria recensear as favelas como população específica desse território. Datam desse período os primeiros dados estatísticos sobre as favelas cariocas, assim como sobre sua dimensão no cenário urbano.

A partir da década de 1950, as favelas passam a ser um dos principais problemas da cidade do Rio de Janeiro, exigindo a intensificação das respostas por parte do poder público, como nos mostra a reportagem de fevereiro de 1952, do jornal "O Globo": "observamos e analisamos... a doença, a vergonha e o crime que são as favelas... Clamamos e insistimos certos de que não há na Capital do país problema que sobreleve em gravidade o das favelas" (*apud* PARISSE, 1969, p. 129).

Nessa época, começam a ser explicitadas as primeiras visões estereotipadas sobre as favelas do Rio de Janeiro. Pautadas por uma lógica homogeneizadora, todas as favelas são consideradas iguais, caracterizadas pela ausência de serviços públicos e de condições básicas de estrutura existentes nos bairros tradicionais, o que em parte se justifica pela ausência de dados. A definição do Censo demográfico de 1950 sobre as favelas da então capital do país, realizado pelo Departamento de Geografia e Estatística da Prefeitura do Distrito Federal, é reveladora desses sentidos.

> São consideradas favelas todos os aglomerados urbanos que possuam, total ou parcialmente, as seguintes características: Proporções mínimas: agrupamentos prediais ou residenciais formados com unidades de número geralmente superior a 50.
>
> TIPO DE HABITAÇÃO: predominância, no agrupamento, de casebres ou barracões de aspecto rústico, construídos principalmente de folhas de flandres, chapas zincadas, tábuas ou materiais semelhantes.
>
> CONDIÇÃO JURÍDICA DE OCUPAÇÃO: construção sem licenciamento e sem fiscalização, em terrenos de terceiros ou de propriedade desconhecida.

MELHORAMENTOS PÚBLICOS: ausência, no todo ou em parte, de rede sanitária, luz, telefone e água encanada.

URBANIZAÇÃO: área não urbanizada, com falta de arruamento, numeração ou emplacamento (IBGE, 1950).

O crescimento das favelas passa a ser acompanhado pelo poder público através de estatísticas, que são construídas a partir dos primeiros dados coletados a partir de 1940, quando representava 7% da população do Rio de Janeiro, passando para 19% da população carioca no ano 2000.Tratadas como "aglomerados subnormais"[34] e marcadas pelo discurso da ausência, como afirma o geógrafo Jailson de Sousa e Silva, as favelas passam a ser designadas por aquilo que não são, pela sua negatividade. Essa percepção vai se disseminando na mídia e nas definições acadêmicas, contribuindo assim para reforçar os estereótipos e os estigmas que pairam sobre esses espaços e, em especial, sobre seus moradores, os chamados favelados.

Da década de 1950 e até os dias atuais, persiste a visão de que as favelas são locais sujos, de grande aglomeração populacional dominada pela violência bárbara entre os moradores, e onde proliferam as doenças, a marginalidade e a delinquência. Essa visão homogeneizada sobre todas as favelas vem contribuindo para reforçar a lógica da "cidade partida". É como se no mesmo espaço geográfico que constitui a cidade do Rio de Janeiro coexistissem duas cidades, a do "morro" e a do "asfalto", que não podem conviver "harmoniosamente", pois a primeira vive a ameaçar a segunda.

A alusão à "cidade partida" na construção teórica considerada nesta análise nos parece uma caracterização imprecisa, visto que na mesma cidade se expressam faces diferentes da realidade social. Essas diferenças são conformadas pela organização capitalista, que divide a sociedade em classes sociais distintas e antagônicas, representadas centralmente pela oposição entre burguesia e proletariado.

34. Terminologia designada pelo IBGE.

Ao considerar real a existência de uma "cidade partida" afirma-se a diferença entre a realidade social do "asfalto" e do "morro". Porém, ao analisarmos a realidade e a constituição geográfica do Rio de Janeiro, verificamos que a cidade é formada por bairros nobres, favelas e uma imensidão de bairros populares (periféricos ou de subúrbios), nos quais se concentra uma população maior que a das favelas, como demonstram os gráficos abaixo. Esse cenário nos remete à necessária leitura da realidade atravessada pela constituição e ação das classes sociais.

Outro ponto importante a ser observado é que o discurso da "cidade partida", com sua constante oposição entre "morro" e "asfalto", baseada em uma ameaça de levante, gera um singular medo fundado no perigo de o "morro ocupar o asfalto" e assim alterar a rotina de vida das classes média e alta. Esse medo é alimentado pelo mito da pobreza violenta, ou seja, da constituição social dos pobres como bandidos em potencial. Nessa perspectiva, o Estado se faz presente junto às classes subalternas de forma repressiva, utilizando a polícia como instrumento de coação e repressão através da violência, montando um verdadeiro equipamento de guerra, como é o caso do "Caveirão". Essa perspectiva analítica camufla o real sentido da constituição das favelas e da pobreza do Brasil como parte inerente à própria acumulação capitalista, o que faz das favelas um dos espaços de moradia da classe trabalhadora.

É relevante destacar uma tendência em curso na rede social da cidade, que parece generalizar o medo gerado pela violência e pelo crime organizado a todo e qualquer morador de favela, considerado como um bandido em potencial. A massificação construída, em especial pela mídia, criminalizando os moradores de espaços populares, em especial os moradores de favelas, recria no imaginário social dos moradores da cidade, a representação da violência ligada à pobreza. Essa construção social serve para justificar posições altamente conservadoras, como a proposta de diminuição da maioridade penal, o isolamento das favelas por muros etc. bem como diversas iniciativas no âmbito do assistencialismo e da caridade.

E preciso decifrar o mito da "cidade partida" a partir da dinâmica do capitalismo nos países periféricos, como o Brasil. Os precursores do neoliberalismo, implantado a partir da década de 1990 no Brasil, já afirmavam, segundo Perry Anderson (1995, p. 10) "que a desigualdade era um valor positivo — na realidade imprescindível em si", para a manutenção e o desenvolvimento do capitalismo. Para que o capitalismo se desenvolva e continue a gerar lucros, é necessário entre outras coisas que se crie e mantenha a divisão da sociedade em classes, a desigualdade social e a subjugação de uma classe por outra.

> A periferia como fórmula de reproduzir nas cidades a força de trabalho é consequência direta do tipo de desenvolvimento econômico que se processou na sociedade brasileira das últimas décadas. Possibilitou, de um lado, altas taxas de exploração de trabalho e, de outro, forjou formas espoliativas que se dão no nível da própria condição urbana de existência a que foi submetida a classe trabalhadora (KOWARICK, 1993, p. 42-43).

É importante analisar o crescimento das parcelas da classe trabalhadora não inseridas no mercado formal de trabalho. Autores como Nun (1978; 2000) as denominam de "massa marginal"[35], partindo do pressuposto que elas não teriam nenhuma importância para o atual estágio do capitalismo. Marx já as caracterizava como "superpopulação relativa"[36], parte consubstancial da lógica de dominação do capitalismo, que aparece já no período da acumulação primitiva do capital.

35. Para Nun (1978; 2000), existe uma parcela da população, considerada por ele como massa marginal, que não exerce nenhuma função para a lógica do desenvolvimento capitalista, podendo ser descartada, já que o processo produtivo prescinde de sua existência.

36. Para Marx (2001, p. 744): "a superpopulação relativa existe sob os mais variados matizes. Todo trabalhador dela faz parte durante o tempo em que está desempregado ou parcialmente empregado. As fases alternadas do ciclo industrial fazem-na aparecer ora em forma aguda, nas crises, ora em forma crônica, nos períodos de paralisação. Mas, além dessas formas principais que se reproduzem periodicamente, assume ela, continuamente, as três formas seguintes: flutuante, latente e estagnada."

Além disso, sua existência é necessária para a manutenção material e ideológica da subalternização das classes trabalhadoras, em especial das parcelas inseridas no mercado formal de trabalho.

> Ao progredir a produção capitalista, em seu pleno desenvolvimento, quebra toda a resistência; a produção contínua de uma superpopulação relativa mantém a lei da oferta e da procura de trabalho e, portanto, o salário em harmonia com as necessidades de expansão do capitalista sobre o trabalhador (MARX, 2001, p. 851).

No atual estágio de desenvolvimento, a "superpopulação relativa" tende a ser controlada pelas classes que detêm a hegemonia do Estado, através da força e do assistencialismo: uma nova sociabilidade é construída, a partir de novas formas de subordinação e submissão das classes trabalhadoras.

As condições de vida das classes trabalhadoras estão diretamente ligadas à sua forma de inserção nas relações sociais de produção. Com o aumento do desemprego, grandes contingentes de trabalhadores passam a sobreviver precariamente através do trabalho informal, dos biscates, da caridade, da filantropia e dos escassos programas de assistência. Para eles resta apenas como alternativa de moradia viver nas favelas e subúrbios.

> As condições de vida dependem de uma série de fatores, da qual a dinâmica das relações de trabalho é o ponto primordial. Não obstante tal fato, é possível fazer uma leitura dessas condições através da análise da expansão urbana, com seus serviços infra-estrutura, espaços, relações sociais e níveis de consumo, aspectos diretamente ligados ao processo de acumulação do capital (KOWARICK, 1993, p. 33).

Na presente análise, considera-se que a constituição da favela não pode ser compreendida e nem analisada sem considerar os fatores sociais, econômicos e políticos que conformam a cidade a partir dos interesses do desenvolvimento capitalista, nem tão pouco, desconsiderar o papel do Estado nesse processo. São esses pressupostos que nortearam as reflexões que se seguem.

FAVELAS E ESPAÇOS POPULARES

—

A CONSTITUIÇÃO DE TERRITÓRIOS SEGREGADOS NA CIDADE

A CONSTITUIÇÃO DA CIDADE E O DESENVOLVIMENTO DESIGUAL E COMBINADO

Como explicitado no capítulo primeiro, o desenvolvimento econômico na América Latina e no Brasil, foi marcado pelo que Fernandes (1981), Harvey (2004), Ianni (2004) e outros chamam de desenvolvimento capitalista desigual e combinado. Desenvolvimento desigual e combinado porque integra, ao mesmo tempo, o avanço e a modernização provocada pela expansão capitalista em suas diferentes fases — especificamente em sua fase monopolista industrial — com elementos sociais arcaicos e conservadores.

Na combinação entre o moderno e o arcaico, entre o desenvolvido e o pré-desenvolvido, são criadas marcas internas e externas aos países, com desdobramentos na conformação urbana. A vida social se organiza a partir do processo combinado entre polos desenvolvidos e polos em desenvolvimento, em um movimento de inter-relação e dependência mútua, na qual a riqueza e o desenvolvimento dos países centrais se dão a partir da exploração e da geração de riqueza dos e nos países periféricos.

O processo de desenvolvimento desigual e combinado tem sua origem, no processo de colonização, já na primeira fase da globalização[37], como caracterizada por Santos (2008), ao se referir à expansão marítima do século XVI. Compreende-se que o capitalismo, como um processo mundial de consolidação de relações sociais, constrói formas necessárias à sua expansão. Nesse sentido, a universalização do mundo começa já no período da expansão comercial ou mercantil, desenvolvendo, potencializando e amadurecendo ao longo das fases do desenvolvimento capitalista, até chegar ao final do século XX com a globalização tecnológica articulada ao desenvolvimento do neoliberalismo[38].

No período da colonização, os territórios[39] são organizados de forma distinta, sem rigor na forma e na organização social, marcando o surgimento das primeiras cidades brasileiras. Presididas inicialmente

---

37. Para Santos (2008, p. 23) a: "globalização é, de certa forma, o ápice do processo de internacionalização do mundo capitalista. Para entendê-la, como, de resto, a qualquer fase da história, há dois elementos fundamentais a levar em conta: o estado das técnicas e o estado da política". Segundo o autor, os elementos que permitem compreender o processo de globalização em curso são "a unicidade da técnica, a convergência dos momentos, a cognoscibilidade do planeta e a existência de um motor único na história, representada pela mais-valia globalizada. Um mercado global utilizando esses sistemas de técnicas avançadas resultam nessa globalização perversa (SANTOS, 2008, p. 24). Para ver mais sobre o assunto Harvey (2004), Santos (2008) e Netto e Braz (2006).

38. Segundo Harvey (2008, p. 12): "o neoliberalismo é em primeiro lugar uma teoria das práticas político-econômicas que propõe que o bem-estar humano pode ser melhor promovido liberando-se as liberdades e capacidades empreendedoras individuais no âmbito de uma estrutura institucional caracterizada por sólidos direitos à propriedade privada, livres mercados e livre comércio". Para ver mais sobre neoliberalismo Netto e Braz (2006) e Anderson (1995).

39. Segundo Haesbaert (2007, p. 45): "um marxista, dentro do materialismo histórico e dialético, irá defender uma noção de território que: i) privilegia sua dimensão material, sobretudo no sentido econômico, ii) está historicamente situada e iii) define-se a partir das relações sociais nas quais se encontra inserido, ou seja, tem um sentido claramente relacional".

pelo desenvolvimento do comércio e, mais tarde pelo desenvolvimento industrial, é apenas no século XX que as cidades começam a se consolidar. Segundo Maricato (2008), é o advento do trabalhador livre, da industrialização e da República que impulsionam a organização das cidades.

> As reformas urbanas, realizadas em diversas cidades brasileiras entre o final do século XIX e início do século XX, lançaram as bases de um urbanismo moderno "à moda" das periferias. Realizavam-se obras de saneamento básico para eliminação das epidemias, ao mesmo tempo em que se promovia o embelezamento paisagístico e eram implantadas as bases legais para um mercado imobiliário de corte capitalista. A população excluída desse processo era expulsa para os morros e franjas da cidade. Manaus, Belém, Porto Alegre, Curitiba, Santos, Recife, São Paulo e especialmente o Rio de Janeiro são cidades que passaram por mudanças que conjugaram saneamento ambiental, embelezamento e segregação territorial, nesse período (MARICATO, 2008, p. 17).

As cidades, como fruto do processo de desenvolvimento, acabam por ser a expressão mais tangível do espaço urbano, tornando-se, em alguns momentos, sinônimo do urbano. Porém vale destacar, que a cidade, apesar de ser o símbolo do processo de urbanização, não representa, de forma autônoma e independente o espaço urbano. A cidade, ao se constituir de distintos territórios, passa a evidenciar a conformação desigual do espaço urbano, que se expressa não na geografia natural dos territórios, mas em suas intervenções sociais e urbanísticas.

O espaço urbano, definido por Corrêa (1995, p. 10), como o "conjunto de diferentes usos da terra justapostos entre si", revela a apropriação desigual do solo — que se torna uma importante mercadoria na sociedade capitalista contemporânea — e a distribuição desigual da riqueza socialmente produzida, traduzida não apenas pelas construções imobiliárias, mas também pela distribuição dos equipamentos públicos e privados.

A desigualdade gerada na apropriação e ocupação do solo urbano conforma distintos territórios na cidade, em especial a partir do processo de industrialização, que se tornou um marco no desenvolvimento da cidade. Os países outrora agrários e escravocratas pouco a pouco passam a se tornar urbanos e industriais, gerando a necessidade de distintas adaptações e transformações.

As cidades se alteram a partir da conformação de novas relações sociais, que deixam de se basear na produção agrícola e passam a ter como foco central da produção da riqueza a indústria. Essas relações dispõem de um novo tônus propulsor e impõem uma nova configuração na apropriação do espaço, incluindo desde o redimensionamento do local de moradia dos trabalhadores e dos donos dos meios de produção, como a constituição viária, a colocação de equipamentos públicos etc.

As grandes cidades brasileiras passaram por esse processo de forma emblemática a partir do final do século XIX, intensificado a partir do século XX. Segundo Corrêa (1995), as cidades passaram a ser divididas em área central, área de lazer, área cultural etc.

> Eis o que é espaço urbano: fragmentado e articulado, reflexo e condicionante social, um conjunto de símbolos e campo de lutas. É assim a própria sociedade em uma de suas dimensões, aquela mais aparente, materializada nas formas espaciais (CORRÊA, 1995, p. 9).

O desenvolvimento da malha urbana carioca acontece no mesmo sentido que o da maior parte das cidades brasileiras. Inicia sua expansão a partir da proximidade com os núcleos centrais, que se formam para acessar os bens produzidos, facilitar a troca e a circulação. Nesse sentido, conforme expressa Corrêa (1995), o centro das cidades se forja a partir do desenvolvimento do comércio, da indústria, do transporte e da infraestrutura social, cultural etc., constituindo-se a partir de uma necessidade em comum, o acesso a serviços, bens e mercadorias, a cidade se desenvolve de forma extremamente desigual, em especial nos países periféricos. Desigualdade marcada pela diferença entre cidades de países distintos, entre cidades do mesmo país e entre territórios de uma mesma cidade. Como afirma Corrêa (1995, p. 7): "é simultaneamente fragmentado e articulado: cada uma de suas partes mantém relações espaciais com as demais, ainda que de intensidade muito variável".

A variedade na constituição das cidades e do espaço urbano deriva, entre outros fatores, dos seguintes elementos:

- Desenvolvimento dependente dos países periféricos;
- Ação do Estado na conformação do espaço que coadune com os interesses sociais e econômicos das classes economicamente dominantes;
- Fragmentação dos territórios que constituem a mesma cidade a partir da constituição dos locais de moradia de segmentos da burguesia e de segmentos da classe trabalhadora;
- Distribuição desigual de equipamentos públicos, áreas de lazer, vias viárias, espaços culturais etc.

A década de 1930[40] marca o que Fernandes (1975), denominou de revolução burguesa no Brasil[41], impactando de forma peculiar e enfática

---

40. A década de 1930 se constitui como importante marco na organização social brasileira por se caracterizar como a fase de transição entre a República Velha e a Nova República. Sua relevância também decorre da singular gestão do então presidente da república, Getúlio Vargas, que ficou no poder de 1930 a 1945 e retornou mais tarde em 1950 ficando até 1954, quando se suicida. A era Vargas, como ficou conhecida, foi indelével, no âmbito das discussões e efetivações de alguns direitos historicamente reivindicados pela classe trabalhadora. Também é um marco sobre o trato da questão social, que passa então, a ser considerada como caso de política, como afirma Iamamoto (1995) e Behring e Boschetti (2006).

41. Para Fernandes (1975, p. 203) a: "Revolução Burguesa denota um conjunto de transformações econômicas, tecnológicas, sociais, psicoculturais e políticas que só se realizam quando o desenvolvimento capitalista atinge o clímax de sua evolução industrial. Há, porém, um ponto de partida e um ponto de chegada, e é extremamente difícil localizar-se o momento em que essa revolução alcança um patamar histórico irreversível, de plena maturidade e, ao mesmo tempo, de consolidação do *poder burguês e da dominação burguesa*. A situação brasileira do fim do Império e do começo da República, por exemplo, contém somente os germes desse poder e dessa dominação" (grifos originais).

a ordem social e o ordenamento urbano em processo. Impulsiona-se a industrialização nacional com o objetivo de diminuir a importação e concluir a transição de uma economia agroexportadora para uma economia industrial. Nessa transição, uma nova classe social se constitui como hegemônica, a burguesia industrial. Apesar de constituir novas relações, não rompe efetivamente com o conservadorismo dos antigos segmentos dominantes, pelo menos na primeira fase da transição. A década de trinta é um importante marco na constituição urbana, pois constrói as bases para impulsionar a industrialização, e, portanto, para preparar a cidade para uma nova forma de produzir. Entende-se que o espaço urbano não se delineia de forma autônoma e nem tampouco pelos contornos naturais. Mas ele é impulsionado pelas relações sociais de produção instituídas pelas determinações gerais do desenvolvimento capitalista nacional e internacional.

Nesse sentido, o espaço urbano se constitui como produto das ações presentes do Estado e da iniciativa privada, mas também como produto de ações passadas que deixam marcas em sua constituição. A cidade, além de produto do desenvolvimento desigual e combinado do capital, também passa a ser produtora de sentidos, desejos, valores e identidades junto aos moradores dos distintos territórios.

Os territórios são espaços nos quais se desdobram as relações sociais, a partir da construção da vida cotidiana. Nesse sentido, Lefebvre (2008) e Santos (2008) afirmam que o espaço é construído, não nasce pronto, acabado. E como afirma Harvey (2004), não pode ser definido apenas pelas dimensões geográficas. Coloca-se como desafio a compreensão das distintas dimensões que conformam as relações sociais produtoras de sentidos, identidades e relações que produzem os sujeitos sociais nos territórios. Sujeitos materializados em classes sociais, mesmo que não desenvolvam tal consciência, limitando-se a uma posição superficial de compreensão e posicionamento na sociedade.

A desigualdade como característica própria do atual desenvolvimento econômico se expressa na cidade a partir da constituição de distintos territórios, que se organizam ou não, como bairros. Assim a cidade capitalista, seja nos países periféricos, seja em parte dos países centrais, se constitui de áreas nobres, de áreas medianas e de espaços populares[42], que abrigam diferentes segmentos de classe.

Os territórios se constituem a partir da dinâmica econômica e também a partir da identidade de seus moradores. Em um movimento dialético, os territórios são construídos pelos sujeitos reais que aí se fixam, com suas identidades, valores, perspectivas. Ao mesmo tempo em que se organizam enquanto espaço, produzem novas identidades[43] e subjetividades. Nessa perspectiva, a cidade não é e nem está estática; ao contrário, está em constante processo de mutação, na medida em que é produto e produtora de identidades, subjetividades e sentidos para a vida urbana.

Segundo Santos (2007, p. 13): "o território é o lugar em que desembocam todas as ações, todas as paixões, todos os poderes, todas as forças, todas as fraquezas, isto é, onde a história do homem plenamente se realiza a partir das manifestações da sua existência". Nesse sentido, os territórios da cidade são também fruto das disputas e das contradições próprias das relações sociais, como espaços que corporificam a existência dos sujeitos.

Para o autor (ibid.), o território não pode ser considerado apenas solo urbano, mas espaço no qual se desenvolvem relações, conflitos,

---

42. Os espaços populares são entendidos nesse trabalho como áreas que abrigam diferentes segmentos da classe trabalhadora economicamente, socialmente e culturalmente com menor acesso aos diferentes recursos que a vida cotidiana demanda, como os subúrbios e as favelas. Esses territórios se distinguem, porém, ambos são marcados pela precariedade dos serviços e equipamentos urbanos em geral. As favelas se diferenciam por ter o território controlado pelos grupos criminosos armados e/ou pelo jogo de bicho.

43. O conceito de identidade vem sendo discutido desde a antiguidade, não tendo apenas uma definição, já que cada área de conhecimento a define a partir de determinados parâmetros. Neste trabalho a identidade é considerada como o conjunto de características presentes nas relações sociais de um determinado grupo considerando aspectos sociais, econômicos, culturais e territoriais que forjam sua cotidianidade.

tensões, disputas; e, nessa condição, espaços no qual se forjam identidades e sujeitos. No caminho dessa reflexão, é possível identificar que o *ser social* forjado nas relações sociais inerentes ao território, também é expressão das relações sociais mais globais. Logo, em que pese suas particularidades locais, as relações sociais sempre expressam e, ao mesmo tempo, são expressões da conformação social em sua totalidade.

> O território não é apenas o conjunto dos sistemas naturais e de sistemas de coisas superpostas; o território tem que ser entendido como o *território usado*, não o território em si. O território usado é o chão mais a identidade. A identidade é o sentimento de pertencer àquilo que nos pertence. O território é o fundamento do trabalho; o lugar da residência, das trocas materiais e espirituais e do exercício da vida [...]. Aliás, a própria ideia de nação, e depois a ideia de Estado nacional, decorrem dessa relação tornada profunda, porque um faz o outro, à maneira daquela célebre frase de Winston Churchill: "Primeiro fazemos nossas casas, depois nossas casas nos fazem". Assim é o território que ajuda a fabricar a nação, para que a nação depois o afeiçoe (SANTOS, 2007, p. 14, grifo do autor).

Para Marx (2001), a sociedade, no marco das relações sociais capitalistas, afirma-se como produtora e acumuladora de mercadorias, desenvolvendo estratégias de mercantilização, tendo como foco atingir os potenciais consumidores. Nesse sentido, a organização da cidade capitalista não apenas transforma o próprio solo urbano em mercadoria, mas todos os demais equipamentos, serviços e estruturas necessários ao desenvolvimento da vida cotidiana.

Mesmo que em sua aparência a cidade já expresse desigualdades oriundas da lógica de produção e apropriação da riqueza, sua conformação não desnuda por si, as relações sociais estruturantes. A cidade, a partir da configuração de distintos territórios, camufla a desigualdade e também a luta de classes, inspirando uma sensação de convivência harmoniosa entre pobres e ricos, que só é alterada quando os pobres se marginalizam.

O entendimento sobre a pobreza ganha distintas interpretações, que transitam entre análises profundas sobre a estrutura econômica e social até afirmação de juízos superficiais, que culpabilizam os indivíduos por sua condição. A compreensão da pobreza como fruto da desigualdade social produzida pela lógica de organização das relações sociais, ou seja, pela contradição entre capital x trabalho[44], não ganha visibilidade suficiente entre os moradores da *polis* a ponto de evidenciar a questão social. Invisibilizada a desigualdade estruturante do capital, os sujeitos, frutos desse processo, também acabam por ser invisibilizados, mesmo constituindo-se como a classe que gera a riqueza e atende ao setor de serviços e do comércio. Ou seja, são produtores da vida na cidade e essenciais ao seu desenvolvimento.

Nesse contexto, a cidade passa a ser vista e compreendida de forma predominante pela sua aparência e não por sua essência. Aparência que impulsiona a análise da cidade fragmentada, que qualifica os distintos territórios como processos naturais do desenvolvimento urbano, fruto do esforço diferenciado dos segmentos de classe. A cidade, nessa análise, é considerada como produto do desenvolvimento capitalista desigual e combinado. Seus distintos territórios são analisados considerando os segmentos conservadores, como fruto do trabalho individual e como produto da incapacidade estatal em prover toda a *polis*. Como afirma Haesbaert (2007), os territórios carregam uma enorme força simbólica, sendo um dos principais responsáveis pela construção das identidades.

Para Martins:

---

44. A relação capital x trabalho, essência das relações de produção capitalista, expressa a contradição existente entre donos dos meios de produção (burguesia) e donos da força de trabalho (proletariado). Relação que, como já caracterizado nesse trabalho, se expressa na produção social da riqueza e em sua apropriação privada, impulsionadora da desigualdade intrínseca à lógica de organização capitalista. Para saber mais ver Marx (2001), Antunes (2008) e Fontes (2005).

> Nesse processo, uma certa "racionalidade" segregadora, invocada para ordenar o espaço, acaba ratificando a expulsão dos considerados incômodos, inconvenientes, ou mesmo ameaçadores, enfim, os esbulhados de sempre para as periferias desurbanizadas (MARTINS, 2008, p. 10).

Lefebvre (2008) defende a tese de que o processo de industrialização que gerou a urbanização, e que por tempos foi priorizada como a questão central no debate sociológico sobre a cidade, se desloca, na contemporaneidade, para a problemática urbana. Segundo o autor, a urbanização, rapidamente, se torna um problema maior do que a própria industrialização, trazendo contradições e consequências para a sociabilidade, já que se constitui ainda como um processo não acabado. Refletindo sobre a cidade[45], Lefebvre define-a como um conjunto de conceitos, no qual destaca:

> a. A cidade é um objeto espacial ocupando um sítio e uma situação que é preciso estudar, enquanto objeto, com diferentes técnicas e métodos [...];
> b. Nesse sentido, a cidade é uma mediação entre uma ordem próxima e uma ordem distante. A ordem próxima é aquela do campo circundante que a cidade domina, organiza e explora, extorquindo-lhe sobretrabalho [...];
> c. A cidade é uma obra no sentido de uma obra de arte. O espaço não é apenas organizado e instituído. Ele também é modelado e apropriado por este ou aquele grupo, segundo suas exigências, sua ética e sua estética, ou seja, sua ideologia [...] (LEFEBVRE, 2008, p. 82).

45. Para Lefebvre (2008, p. 84): "o urbano se distingue da cidade precisamente porque ele aparece e se manifesta no curso da explosão da cidade, mas ele permite reconsiderar e mesmo compreender certos aspectos dela que passaram despercebidos durante muito tempo: a centralidade, o espaço como lugar de encontro, a monumentalidade etc. O urbano, isto é, a sociedade urbana, ainda não existe e, contudo, existe virtualmente; através das contradições entre o habitat, as segregações e a centralidade urbana que é essencial à prática social, manifesta-se uma contradição plena de sentido."

Ao passo que o processo de industrialização, em especial em sua fase fordista[46], imprimiu um ritmo homogeneizado da vida urbana, a cidade na contemporaneidade e na fase da produção flexível[47] prima pelas desigualdades. Diferenciações que se dão pelo local de moradia e a forma da moradia, pela maneira de se vestir, pelos hábitos, pelo transporte utilizado e pelos produtos consumidos (mercadorias de distintos tipos, desde produtos industrializados até cultura e lazer), etc. Essas diferenciações se expressam nos territórios da cidade, distinguindo pessoas e classes.

Nesse sentido, o processo de expansão das cidades é orientado pela segregação socioespacial, econômica e cultural, que se concretiza de forma quase "natural" e sob a dimensão ideológica, constitui a cidade como a expressão da desigualdade nas relações sociais, cuja consequência na vida dos sujeitos, é marcada pela degradação da qualidade de vida.

Assim vai se constituindo o espaço urbano, como um produto ainda não acabado do desenvolvimento capitalista e com forte tendência à constante transmutação. Nesse sentido, não se espera um modelo final de cidade, mas sim, uma conformação que seja capaz de adaptar-se

46. O Fordismo se caracteriza por ser uma fase do desenvolvimento capitalista de produção que dá início a uma nova forma de produzir mercadorias. Forma essa baseada na produção em massa para um consumo em massa, de mercadorias padronizadas. Esse modo de produzir, segundo os autores, impõe também uma forma de organizar a força de trabalho a partir de gerências hierarquizadas, de difusão ideológica etc. Para ver mais sobre o tema: Harvey (1999), Gramsci (2001), Antunes (2007, 2008) e Pinto (2010).

47. O Toyotismo ou Acumulação Flexível, caracteriza-se por ser uma fase do modo de produção capitalista que organiza a produção de mercadorias a partir do processo de reestruturação produtiva, baseada em novas formas de gerenciamento, diminuição da estrutura hierárquica, fragmentação da produção, terceirização, acúmulo de funções (trabalhador polivalente), baixos estoques etc. Para ver mais sobre o tema, ver: Harvey (1999), Gramsci (2001), Antunes (2007; 2008) e Pinto (2010).

às novas exigências do crescimento econômico. A transformação permanente do espaço pode ser considerada a partir das necessidades capitalistas, mas também a partir das resistências construídas pelos segmentos de classe, que vão sendo segregados nesse processo. A cidade passa a ser alvo do desejo de todos os citadinos, independente da classe social.

A cidade gradativamente passa a ser o centro do poder político e torna-se alvo de disputas, já que o capital não tem mais como prescindir de sua existência. Foco da geração de lucro, seja através da produção direta de mercadorias capitalistas, seja pela prestação de serviços e pelo comércio, a cidade vai sendo adaptada aos interesses em ebulição do capital.

> Hoje as classes dominantes se servem do espaço como de um instrumento. Instrumento para vários fins: dispersar a classe operária, reparti-la nos lugares prescritos, organizar os fluxos diversos subordinando-os a regras institucionais; subordinar, por conseguinte, o espaço ao poder; controlar o espaço e reger, tecnocraticamente, a sociedade inteira, conservando as relações de produção capitalistas (LEFEBVRE, 2008, p. 160).

Ao ser adaptado às necessidades do capital, o espaço da cidade adapta também seus moradores, conformando espaços de moradia, de lazer, de cultura e de trabalho para as diferentes classes. Forja-se o espaço, esse mais que território geográfico, inclui os sentidos produzidos pelos sujeitos sociais nele inseridos. Nesse sentido, torna-se fundamental apreender a cidade em sua essência e não apenas em sua aparência, ou seja, desvelar as complexas relações sociais produtoras e produzidas pelas classes. Ao se constituir distintos espaços direcionados pelos interesses e pelas possibilidades de cada classe social, constroem-se valores, visões de mundo e formas de se posicionar no mundo. Essas, na maioria das vezes, se revelam antagônicas, porém são camufladas pela negação da existência de classes antagônicas.

A cidade vai se conformando de forma contraditória e antagônica, na medida em que o monopólio político e econômico por determinados segmentos da burguesia significa a negação de direitos de amplos segmentos da classe trabalhadora. Além dos antagonismos, a cidade envolve polos que competem entre si, tendo como uma de suas expressões mais singulares a projeção do medo de parte dos segmentos da burguesia e da classe média em relação aos segmentos da classe trabalhadora. O medo que outrora foi gerado sobre as classes economicamente favorecidas pela organização dos trabalhadores[48] e pala constituição de uma identidade de classe, ganhando expressão na organização sindical, na organização partidária e política, hoje é transmutada pelo medo ao pobre e "marginal". Assim, torna-se o produto mais contundente da constituição contemporânea das cidades capitalistas. Segmentos da burguesia e da classe trabalhadora se relacionam de forma desigual: a primeira não tem como prescindir da existência do segundo, impondo uma relação, que tem por base a exploração e

48. Desde o início do século XX quando os trabalhadores começam a se organizar em sindicatos, partidos e movimentos sociais, despertam nas frações de classe economicamente privilegiadas o medo da insurreição, da revolta e até da revolução. Todos os movimentos foram historicamente reprimidos, porém continuaram a se organizar e crescer, tornando-se uma "ameaça" a ordem social burguesa estabelecida. O marco central da repressão a organização dos trabalhadores foi a ditadura militar, no período de 1964 a 1985, que com a forte repressão sobre os movimentos organizados, contribui para a desmobilização. Na década de 1990, com o desenvolvimento das políticas neoliberais no Brasil, os movimentos sociais se inserem em novo momento de refluxo, sendo combatidos não apenas pela coerção, mas, sobretudo, pela criação de consenso.

a subalternização dos trabalhadores. Subalternização[49] que acontece tanto pela construção de consensos quanto pela coerção.

Segundo Batista (2003, p. 23): "a hegemonia conservadora na nossa formação social trabalha a difusão do medo como mecanismo indutor e justificador de políticas autoritárias de controle social". Nessa perspectiva, a constituição de uma política pública de segurança baseada na repressão e na criminalização da pobreza, assim como a fragmentação das políticas públicas e sociais, dá o tom da contemporaneidade.

As políticas de segurança pública se autonomizam do restante da vida social, como se a violência não fosse consequência das relações sociais e produto da desigualdade e da segregação socioespacial. Vale destacar que, além da violência real, também são produzidos medos, a partir da mistificação sobre os espaços populares, sua população e a ação dessas sobre os demais territórios da cidade. A produção do medo, parte integrante da lógica de produção da indústria da segurança, é espetacularizada pelos meios de comunicação de massa, contribuindo para a proliferação do medo[50] e para a ampliação da apartação social.

---

49. Vale destacar que o processo de subalternização da classe trabalhadora não acontece sem resistências. Nesse processo, diferentes segmentos da classe trabalhadora se organizam e buscam reagir às ações repressoras e a exploração da burguesia. As reações dos trabalhadores se dão de formas distintas, por vezes pouco orgânicas e, nas últimas décadas, em especial nas duas últimas décadas, de forma lenta e fragmentada, devido ao processo de refluxo dos movimentos organizados.

50. Para Batista (2003, p. 19): "a ideia de trabalhar o medo no Rio de Janeiro apareceu a partir da experiência vivida na administração de uma conjuntura de pânico na cidade durante o ano de 1994. Num ano eleitoral, em que um projeto hegemônico "global" usava todas as suas armas para aprofundar no Brasil um modelo radical de mercado com que Adam Smith nem sonhara, o Rio de Janeiro viveu uma onda de medo gerada pela fabricação de uma "crise de segurança pública". Em 1992, um arrastão, uma coreografia realizada por jovens pretos e pobres no caminho para os desfrutes da Zona Sul é levado ao ar, para todo o Brasil, como indicador da implantação do caos, do governo da desordem no coração do país".

A violência também se torna produto não apenas pela produção direta da indústria da segurança, que permeia a cidade de câmeras, carros blindados e seguranças privados. Mas também se torna mercadoria a ser vendida e espetacularizada pela imprensa. A cidade do Rio de Janeiro é cenário de muitos eventos em que a violência é "vendida". São exemplos dessa mercantilização os arrastões de 1993, o sequestro do ônibus 174 (que foi transformado em documentário e posteriormente em filme), as intervenções do Batalhão de Operações Especiais (BOPE) e, recentemente, as ocupações policiais[51] para implantação das Unidades de Polícia Pacificadora[52] (UPP) nas favelas cariocas a partir de 2010.

51. A ocupação pelas forças armadas e pela polícia carioca (BOPE, Polícia Civil e Militar), do Conjunto de Favelas do Alemão, recebeu da mídia especial atenção, com a suspensão da programação regular de várias emissoras, entre elas a Rede Globo e a Globo News, para a transmissão ao vivo da ocupação. Foram mais de doze horas ininterruptas de transmissão da ação que, nos termos do poder público, devolveria o Alemão aos moradores e à cidade do Rio de Janeiro.

52. As UPP tiveram início em 2008, com a inauguração de sua primeira unidade em 19 de dezembro na favela Santa Marta na Zona Sul da cidade do Rio de Janeiro. Segundo o site da Polícia Militar: "a Unidade de Polícia Pacificadora é um novo modelo de Segurança Pública e de policiamento que promove a aproximação entre a população e a polícia, aliada ao fortalecimento de políticas sociais nas comunidades. Ao recuperar territórios ocupados há décadas por traficantes e, recentemente, por milicianos, as UPPs levam a paz às comunidades [...]. As UPPs representam uma importante 'arma' do Governo do Estado do Rio e da Secretaria de Segurança para recuperar territórios perdidos para o tráfico e levar a inclusão social à parcela mais carente da população. Criadas pela atual gestão da secretaria de Estado de Segurança, as UPPs trabalham com os princípios da Polícia Comunitária. A Polícia Comunitária é um conceito e uma estratégia fundamentada na parceria entre a população e as instituições da área de segurança pública". Disponível em: www.policiamilitar.rj.gov.br. Acesso em: 19 de fev. 2012. Há época da entrevista junto aos presidentes das associações de moradores, a Maré estava sob a perspectiva de implantação da UPP, o que gerava um clima tenso e de receio sobre a forma como a polícia entraria e dos possíveis conflitos com os grupos criminosos armados.

Também são exemplos da mercantilização e espetacularização da pobreza e da violência os filmes "Cidade de Deus", lançado em 2002 e os filmes "Tropa de Elite I e II", lançados respectivamente em 2007 e 2010. São exemplos de uma divulgação estereotipada da favela, que contribui para acirrar a apartação e a fragmentação entre as classes e os territórios da cidade, assim como aguça no senso comum o sentimento de vingança e de consentimento à punição violenta dos considerados "fora da ordem".

Como afirma Gramsci:

> O exercício "normal" da hegemonia, no terreno tornado clássico do regime parlamentar, caracteriza-se pela combinação da força e do consenso que se equilibram de modo variado, sem que a força suplante em muito o consenso, mas, ao contrário, tentando fazer com que a força pareça apoiada no consenso da maioria, expresso pelos chamados órgãos da opinião pública — jornais e associações —, os quais, por isso, em certas situações, são artificialmente multiplicados (GRAMSCI, 2000 v. 3, p. 95).

Para Maricato (2008, p. 31): "um dos indicadores mais expressivos e definitivos da piora nas condições de vida urbana é o aumento da violência a taxas antes nunca vividas pelas metrópoles brasileiras". Ressalta-se, porém, que apesar da violência tornar-se um importante elemento da vida cotidiana nas metrópoles, as reflexões sobre sua superação ainda circulam em uma análise superficial, centrada nos efeitos e não nas causas.

> A violência social sempre foi característica das zonas rurais, consideradas atrasadas diante do universo urbano, que se pretende moderno. Dadas suas dimensões, trata-se de um fenômeno inédito na sociedade brasileira e desconhecido anteriormente aos anos 80. É justamente no início dessa década que ele ganha expressão significativa, coincidindo com o primeiro impacto recessivo das décadas perdidas, o que levou o país a mergulhar no desemprego (MARICATO, 2008, p. 31).

Nesse sentido, o medo se torna um produto da cidade no atual estágio do desenvolvimento do capital, capaz de movimentar montantes consideráveis, a partir da indústria da segurança (armas, seguranças privados, carros blindados, câmeras etc.). A relação desigual entre as classes, além da subordinação dos trabalhadores as relações sociais capitalistas, gera uma forma ainda mais sofisticada e muito contemporânea de obter lucro. Assim como os demais investimentos da cidade, também a indústria da segurança se desenvolve de forma localizada, apenas em alguns territórios. Pelo menos no que se refere à indústria legal da segurança, já que nas favelas, conta-se com uma segurança informal, ilegal e insegura, do qual são expressão, os grupos criminosos armados, sejam os tradicionais grupos ligados ao tráfico de drogas, sejam os contemporâneos grupos criminosos milicianos.

Naturaliza-se o desenvolvimento desigual da cidade em todos os aspectos, desde a ocupação dos territórios, passando pela distribuição dos equipamentos e serviços até a segurança. Nesse sentido, como afirma Maricato (2008), a modernização da sociedade brasileira não acontece no ritmo esperado de superação do arcaico; ao contrário, recria novas formas de atraso, dos quais são exemplos à produção do medo e os grupos criminosos armados.

Segundo Gramsci:

> O que se chama de "opinião pública" está estreitamente ligado à hegemonia política, ou seja, é o ponto de contato entre a "a sociedade civil" e a "sociedade política", entre o consenso e a força. O Estado, quando quer iniciar uma ação pouco popular, cria preventivamente a opinião pública adequada, ou seja, organiza e centraliza certos elementos da sociedade civil (GRAMSCI, 2000, v.3, p. 265).

Nesse contexto, os moradores das favelas invisibilizados passam a ser visibilizados, mesmo que de forma genérica, homogeneizadora, estereotipada e representativa. Os "invisíveis", tornam-se "visíveis", pelo medo que produzem nos moradores da cidade formal. Visibilidade que não se dá pela sua conformação de sujeito, mas pelo lugar de "classe perigosa", que passa a ocupar na organização social, tendo por base a repressão e a negação de direitos.

Segundo Pedrazzini:

> Nas grandes cidades, os bairros pobres são estigmatizados e seus habitantes considerados como grupos bárbaros equipados para atacar o cidadão honesto. Essas representações sociais negativas, presentes em todas as cidades do mundo, foram reconstruídas sob o plano conceitual nos últimos vinte anos, especialmente através da mídia, do cinema e dos pesquisadores, contribuindo para a elaboração de políticas públicas que envolvem os setores de segurança, policiamento e urbanismo (PEDRAZZINI, 2006, p. 100).

A representação construída sobre amplos segmentos da classe trabalhadora, a partir do processo de criminalização da pobreza e dos pobres, ganha maior destaque nas duas últimas décadas reforçando o hiato construído pelo desenvolvimento desigual e combinado do capital. Nesse sentido, apesar de residirem em sua maioria, na favela, amplos segmentos dos trabalhadores circulam e trabalham nos demais territórios da cidade, sem, contudo, fazer parte como sujeitos do seu processo de ordenamento.

As necessidades dos segmentos subalternizados, assim como seus desejos, são incorporadas de forma parcial e também subalternizadas no ordenamento da cidade. A definição de espaços, não apenas de moradia, mas de cultura, lazer etc., são marcados pelo processo contraditório das relações sociais, reforçando um *apartheid* urbano.

Se no início do processo de ocupação das terras, ainda no período colonial, a terra valia pelo seu valor de uso, com a vida material se impondo ao resto da vida social, como afirma Santos (2007), a partir do processo de urbanização tem-se a mercantilização do solo. A terra não vale apenas pelo seu valor de uso, mas essencialmente pelo seu valor de troca. Na medida em que ao solo urbano vão se agregando outros valores, ligados, em sua maioria, à melhoria da condição de vida e ao bem-estar dos sujeitos que podem usufruir de bens e serviços, mais mercantilizadas se tornam as relações sociais na cidade, agravando o fosso originário do sistema produtivo.

As identidades, representações, sentidos e símbolos, dos territórios também alimentam o poder. Na análise dos espaços populares, sejam das favelas ou dos subúrbios, a constituição de distintos poderes se evidencia no ordenamento territorial embasado em organizações legais e ilegais. Além do poder do Estado, geralmente evidenciado pelo seu braço armado — a polícia, e das instituições públicas (escolas, postos e assistência social), também se formam poderes não legais, que acabam por ordenar os territórios com mais efetividade do que o próprio poder legal do Estado. Nesse sentido, identifica-se nos espaços populares, o poder das igrejas evangélicas, dos centros sociais, do jogo de bicho, de grupos criminosos armados, de organizações sociais entre outros.

Vale destacar que dos poderes citados acima, apenas os Centros Sociais não são encontrados em áreas de maior poder econômico; todos os demais estão presentes em quase todas as partes da cidade, porém com intensidade e poder distinto. Os grupos criminosos armados se concentram territorialmente nas favelas, mesmo que sua ação se desdobre e atinja bairros de classe média e alta da cidade, em especial com a venda de drogas no varejo. Da mesma forma identifica-se nos bairros nobres a presença das igrejas evangélicas e do jogo do bicho, porém sem nenhum poder de ordenamento espacial, como o exercido nas favelas e na região metropolitana do Rio de Janeiro.

Os poderes que se constituem na cidade, de forma distinta nos diferentes territórios, evidenciam o desenvolvimento da cidade. A cidade ilegal se distancia cada vez mais da cidade legal, mantendo o fosso existente entre entes de uma mesma produção social. Como afirma Maricato (2008), é impossível definir os espaços, independente da sociedade que os produzem: "De fato, ele (o ambiente construído) reflete as relações sociais além de participar ativamente de sua reprodução. Nesse sentido, é objeto e agente de permanências e de mudanças sociais" (Ibid., p. 50).

A constituição desigual da cidade, além de produto inerente à lógica de organização social capitalista, também reflete o crescimento não planejado das cidades, o que resulta na cidade fragmentada. O discurso do universal se contrapõe a prática focalizada de desenvolvimento da cidade. Como afirma Ianni (2004, p. 107): "as crescentes diversidades sociais estão acompanhadas de crescentes desigualdades sociais".

A partir do discurso universalista, que aparentemente trata os desiguais de forma igual, constitui-se um imaginário da cidade, que não se evidencia na constituição real do espaço urbano. O discurso universalista homogeneiza e generaliza a cidade, assim como os espaços populares. A cidade passa a ser vista a partir de dois polos centrais; de um lado, os bairros centrais de classe média e alta, de outro, os bairros pobres. Nessa leitura da realidade social, todos os pobres são iguais, assim como todos os seus espaços de moradia e sua forma de sociabilidade. Não se admite diferenças, a homogeneização caracteriza a pobreza e a favela.

Porém, com a gradativa ocupação das favelas pelos grupos criminosos armados, começa-se a diferenciar a pobreza. Os pobres dos subúrbios não se identificam com os pobres da favela e em certa medida, recebem por parte do poder público tratamento diferenciado, com o maior investimento em equipamentos públicos. Assim passa-se a diferenciar os "bons" pobres, moradores dos subúrbios, dos "maus" pobres moradores das favelas. E dentro da própria favela também se estratificam os moradores, já que o mesmo território abriga diferentes segmentos da classe trabalhadora.

Constrói-se o mito da cidade ideal, símbolo do progresso e do desenvolvimento, produto mercantilizado do desenvolvimento do capital. Constitui-se assim a cidade empresa contemporânea, em que a unidade político territorial deve se adaptar ao processo de globalização em curso, elevando-se ao nível das megacidades mundiais. Essa passa a ser o norte condutor da política urbana das últimas décadas nas grandes cidades brasileiras, que se evidenciam na cidade do Rio de Janeiro. A cidade empresa, foco de investimentos nacionais e internacionais, tem que ser preparada para a recepção de megaeventos esportivos — como é o caso da Copa do Mundo e das Olimpíadas — e deve seguir os padrões internacionais de civilidade e de ordenamento territorial e adaptar de forma definitiva os inadaptados urbanos.

Diante da inviabilidade de remover todos os pobres das áreas centrais da cidade, vão se constituindo novas estratégias contemporâneas de apassivamento social. Já que a convivência é obrigatória, que seja sob determinadas diretrizes. Nesse sentido, o poder público vem sendo eficaz na construção de um ordenamento urbano que privilegia a construção de novas moradias, despoluindo um pouco a paisagem urbana, do qual é exemplo o Programa de Aceleração para o Crescimento[53] e o Programa Minha Casa Minha Vida[54], ambos do Governo Federal. Outro exemplo emblemático são as UPPs, desenvolvidas como política de segurança pelo governo do estado do Rio de Janeiro.

---

53. O Programa de Aceleração do Crescimento (PAC), é um programa do governo federal, lançado em 2007, que previa para os quatro anos seguintes investimentos de infraestrutura nas áreas de habitação, saneamento e transporte, prioritariamente. Além dessas áreas também previa recursos para estimular o crédito e financiamentos, além de melhorias na área ambiental, desoneração tributária e medidas fiscais de longo prazo. Disponível em: www.brasil.gov.br\pac. Acesso em: 19 mai. 2012.

54. O Programa Minha Casa Minha Vida, faz parte do PAC 2, inaugurado pelo governo em 2010. Além desse programa, o PAC 2 propõe investimento nos seguintes projetos: energia, cidade melhor, comunidade cidadã, água e luz para todos. Disponível em: www.brasil.gov.br\pac. Acesso em: 19 mai. 2012.

Essas ações vão ao encontro da necessidade de preparar o ambiente urbano para a recepção dos megaeventos esportivos[55], que vêm sendo amplamente debatidos, por conta de suas consequências discriminatórias e excludentes, aos quais estão sendo submetidos os moradores pobres da cidade do Rio de Janeiro. Os megaeventos são uma forma contemporânea de imprimir o ritmo da cidade empresa, apontando para um processo de urbanização que, como ocorreu historicamente, privilegia os ricos e o capital, intensificando a segregação territorial e social.

A preparação das cidades para os megaeventos tem se baseado em quatro pontos centrais, a saber:

1. Na abertura irrestrita ao capital financeiro para as reformas de adaptação da cidade;
2. Na intensificação da especulação imobiliária. Nas favelas pacificadas, o aluguel subiu drasticamente, assim como nos bairros nobres do entorno das favelas da Zona Sul do Rio de Janeiro;
3. Na intensificação da expulsão dos moradores pobres das áreas mais valorizadas da cidade, o que acontece de forma violenta, arbitrária com a derrubada de casas sem mesmo os moradores retirarem seus móveis e utensílios e com indenizações irrisórias;
4. Na intensificação da repressão aos movimentos sociais e aos pobres como estratégia de "limpeza social".

No caminho dessa reflexão identifica-se que os megaeventos são apenas mais uma das estratégias contemporâneas de revigorar o capitalismo e preparar as cidades para a especulação.

---

55. São considerados megaeventos sediados no Brasil, que começam com a Jornada Mundial da Juventude em 2013, passando por eventos esportivos mundiais como a Copa do Mundo de 2014 e os Jogos Olímpicos de 2016. Esses eventos foram analisados na esteira do legado pouco positivo deixado pelos Jogos Pan-Americanos no Rio de Janeiro em 2007, no qual se criou uma expectativa por mudanças estruturantes que favorecessem a população das periferias da cidade, o que acabou por não se concretizar.

Como afirma Santos:

> Lógicas individuais necessitam de uma inteligência geral, e essa inteligência geral não pode ser confiada aos Estados porque estes podem decidir atender aos reclames das populações. Então são esses governos globais representados pelo Fundo Monetário Internacional, pelo Banco Mundial, pelos bancos internacionais regionais, como o BID, pelo consenso de Washington, pelas universidades centrais produtoras de ideias de globalização e pelas universidades subalternas que aceitam reproduzi-las (SANTOS, 2007, p. 19).

As determinações mais contemporâneas da urbanização em processo incluem desde ações violentas e repressoras por parte do Estado para seu controle, a criminalização da pobreza, a criação de mecanismos de aceitação da lógica da cidade empresa, integrando de forma subalternizada as cidades dos países de capitalismo tardio a lógica mundial globalizada. Como afirma Harvey (2006, p. 65) o "capitalismo cria espaços novos para a acumulação", de forma contínua e incessante.

Segundo Santos:

> Cabe lembrar que a economia e a sociedade, a produção e as condições de produção, o capital e o trabalho, a mercadoria e o lucro, o pauperismo e a propriedade privada capitalista reproduzem-se reciprocamente. O pauperismo não se produz do nada, mas da pauperização. O desemprego e o subemprego são manifestações dos fluxos e refluxos dos ciclos dos negócios. A miséria, a pobreza e a ignorância, em geral, são ingredientes desses processos (SANTOS, 2008, p. 112).

A cidade que, na lógica da mercantilização, não é considerada como um direito de todos, sendo construída a partir da ordem estabelecida e na perspectiva de manutenção do *status quo*, agrava as expressões da questão social. Nesse sentido, a vida urbana passa a ser expressão de processos contraditórios, conflitos e encontros, entre os diferentes segmentos de classe. Segundo Lefebvre (2001, p. 25): "esboça-se uma estratégia global", que impõe produtos a serem consumidos e formas de consumo, impondo valor de troca à cidade e seus equipamentos.

Notadamente, os segmentos da classe trabalhadora constroem estratégias para a garantia de sua existência, que passam necessariamente pela construção de sociabilidades construídas no cotidiano.

OS SUJEITOS DOS TERRITÓRIOS SEGREGADOS: FRAÇÕES DA CLASSE TRABALHADORA NA FAVELA

No século XIX, Marx e Engels (1997) definem como classes essenciais do modo de produção capitalista, a burguesia e o proletariado. A primeira se caracteriza por ser dona dos meios de produção e do dinheiro e a segunda por ser dona da força de trabalho, evidenciando a contradição básica da relação capital x trabalho na sociedade de classe.

Como vemos na tradição marxista, a definição de classe pressupõe sua inserção na produção, da renda gerada pela venda de mercadorias e da consciência que se gera a partir das relações sociais de produção nas suas múltiplas determinações, como ideologia, cultura, política etc.

Além de se referirem às classes essenciais, em algumas obras Marx (2001) e Engels (1997; 2009), discorrem sobre as frações[56] que

56. As frações são caracterizadas pelos distintos acessos que os segmentos que constituem uma classe, possuem no que se refere a inserção nas relações produtivas e ao acesso cultural e educacional. A burguesia pode ser caracterizada como industrial, financeira, latifundiária, comercial etc., mesmo que na fase capitalista monopolista, algumas frações se inseriam em diferentes ramos produtivos. Assim também se diferenciam os trabalhadores, que podem ser divididos em distintas frações, como os operários, trabalhadores do ramo de serviços, trabalhadores desempregados etc. No caso dos trabalhadores, além da forma como se inserem nas relações de produção, ou seja, do lugar que ocupam no sistema produtivo e de sua remuneração, também é fator importante na diferenciação entre as frações, o acesso a bens culturais (educação, cultura *stricto sensu* etc.).

essas classes desenvolvem, demonstrando que não são homogêneas. Nesse sentido, o desafio para uma análise dialética da realidade social consiste em identificar, nos distintos momentos do desenvolvimento capitalista, as frações de classe que se forjam.

Considerando que o reordenamento espacial e urbano é fruto das relações sociais de produção identifica-se, que não apenas os territórios são constituídos a partir das necessidades, demandas e conflitos entre as classes, mas também, novos segmentos de classe.

Na perspectiva de compreender os moradores das favelas como um segmento da classe trabalhadora, torna-se relevante a análise de alguns elementos do seu cotidiano, das formas de sociabilidade por eles construídas, assim como, suas estratégias de sobrevivência e o lugar que ocupam no ordenamento do capital. Entende-se que os moradores de favela como parte da classe trabalhadora, estão inseridos de forma distinta nas relações sociais de produção, como trabalhadores formais e informais, como exército industrial de reserva e como lumpemproletariado, sendo esse último uma parte ínfima dos moradores da favela, representados em especial pelos dependentes químicos de crack[57].

Nesse sentido, busca-se compreender os moradores de favela como um segmento da superpopulação relativa, caracterizado como exército industrial de reserva, mais especificamente como superpopulação relativa estagnada. Para Marx (2001) a superpopulação relativa se divide em flutuante, latente e estagnada, que segundo o autor, se caracterizam da seguinte forma:

> Nos centros da indústria moderna, fábricas, manufaturas, usinas siderúrgicas e minas etc., os trabalhadores são ora repelidos, ora extraídos em quantidade maior, de modo que no seu conjunto, aumenta o número dos empregados, embora em proporção que decresce com o aumento da escala da produção. Aí a superpopulação assume a **forma flutuante**. (...)

57. Os usuários de crack, em especial os que se encontram em fase avançada da dependência, passam a perambular pelas ruas sem nenhuma aceitação de qualquer tipo de regra social.

> Quando a produção capitalista se apodera da agricultura ou nela vai penetrando, diminui, à medida que se acumula o capital que nela funciona, a procura absoluta da população trabalhadora rural. Dá-se uma repulsão de trabalhadores, que não é contrabalançada por maior atração, como ocorre na indústria não-agrícola. Por isso, parte da população rural encontra-se sempre na iminência de transferir-se para as fileiras do proletariado urbano ou da manufatura e na espreita de circunstâncias favoráveis a essa transferência (manufatura aqui significa todas as indústrias não-agrícolas). Está fluindo sempre esse manancial de superpopulação relativa. Mas, seu fluxo constante para as cidades pressupõe no próprio campo uma população supérflua **sempre latente**, cuja dimensão só se torna visível quando, em situações excepcionais, se abrem todas as comportas dos canais de drenagem. (...)
> **A terceira categoria de superpopulação relativa, a estagnada, constitui parte do exército de trabalhadores em ação, mas com ocupação totalmente irregular. Ela proporciona ao capital reservatório inesgotável de força de trabalho disponível. Sua condição de vida se situa abaixo do nível médio normal da classe trabalhadora, e justamente isso torna-a base ampla de ramos especializados de exploração do capital. Duração máxima de trabalho e o mínimo de salário caracterizam sua existência. Conhecemos já sua configuração principal, sob o nome de trabalho a domicílio. (...) A superpopulação estagnada se amplia à medida que o incremento e a energia da acumulação aumentam o número dos trabalhadores supérfluos** (MARX, 2001, p. 745-747, grifo nosso).

Nesse sentido, rechaçamos a tese[58], defendida por Nun (1978; 2000), de que no estágio do desenvolvimento capitalista do século XX exista

58. A tese defendida por Nun (1978) também é questionada por Kowarick (1975), que defende que a formação dos "bairros marginais" é consequência do processo capitalista e seus moradores se estruturam tendo por base as relações sociais capitalistas, assim como os demais espaços da cidade.

uma parcela da classe trabalhadora que não tenha função na lógica do desenvolvimento capitalista.

Partindo da análise dos Grundrisse, Nun (1978; 2000), afirma que nos países de capitalismo tardio, como os situados na América Latina, o capitalismo gera uma massa marginal de trabalhadores, que não são absorvidos de nenhuma forma pela economia capitalista. Segundo o autor: "foi precisamente para tematizar os efeitos não-funcionais da superpopulação relativa (os quais, de acordo com as circunstâncias, podem ser afuncionais ou disfuncionais) que introduzi a categoria da massa marginal" (NUN, 2000, p. 46).

Seguindo as reflexões de Nun (1978; 2000), identificamos que sua análise parte de alguns pressupostos, mas, essencialmente, parte da reflexão de que determinados segmentos da população não conseguem vincular-se a lógica de reprodução do capital, nem como vendedores da força de trabalho e nem como consumidores. Também, nesse sentido, refutamos as análises de Nun, por considerar que não existe, na organização da sociabilidade capitalista, nenhum segmento populacional que não se conforme a uma determinada funcionalidade. Certamente, alguns segmentos da classe trabalhadora ocupam função[59] subalternizada e aparentemente descartáveis, porém com algum sentido real na lógica de reprodução do capital.

---

59. Para Nun (1978), a superpopulação relativa deve ser analisada a partir de sua funcionalidade na lógica do sistema capitalista. Nesse caminho de análise, o autor distingue a superpopulação em funcional, afuncional e disfuncional. A superpopulação funcional é aquela que gera um segmento maior do que o necessário para um determinado momento produtivo, mas ao mesmo tempo é condição para que o trabalhador se desenvolva, como a família improdutiva dos trabalhadores produtivos. A superpopulação afuncional tem função específica e determina em alguns momentos do desenvolvimento econômico e social do capitalismo, como consumidores de excedentes etc. e a superpopulação disfuncional, não tem nenhuma função na lógica de desenvolvimento capitalista, seja como produtora de riqueza, consumidora, ou como exército de reserva.

A existência de segmentos populacionais não inseridos no mercado de trabalho formal não os coloca na condição de disfuncionais ao sistema, já que as relações de produção criam e recriam formas de apropriação não só da riqueza produzida, mas também da pobreza e da miséria. Nesse sentido, a forma como o Estado desenvolve suas ações públicas, em especial na constituição e desenvolvimento de políticas públicas assistencialistas — e cada vez mais privatizadas —, contribui para a reprodução da ideologia capitalista e para a acumulação de lucro.

Não inseridos no mercado formal de trabalho, os integrantes desse segmento populacional garantem sua existência de formas distintas, seja através de trabalhos informais, de políticas sociais ou da filantropia. Porém, de alguma forma se mantêm vivos e ocupam um lugar ou uma função no desenvolvimento social e econômico, seja como produtores, como consumidores e/ou como justificativa para o processo de mercantilização[60] do Estado.

Refuta-se também a noção de que a população residente na favela se constitua como o lumpemproletariado contemporâneo. Classificar os moradores das favelas, desse modo, significaria a homogeneização e o desconhecimento de sua estratificação interna. Além da conotação preconceituosa e até moralista do termo lumpemproletariado quando usado em relação a esses moradores da cidade, desconsiderando o processo de pauperismo[61] amplamente debatido por Marx (2001; 2006).

60. Como mercantilização do Estado compreende-se o processo de privatização e terceirização das políticas públicas e sociais, fazendo com que estas se tornem uma mercadoria a serviço da acumulação capitalista. Para saber mais sobre o assunto ver Behring e Boschetti (2006) e Behring (2008).

61. Para Marx (2001, 2006), o pauperismo é o processo ao qual as diferentes frações da classe trabalhadora estão submetidas à contradição capital x trabalho, expressa pela produção social da riqueza e sua apropriação privada. Marx distingue o pauperismo absoluto do pauperismo relativo, sendo o primeiro o processo que leva o trabalhador a não garantir sua existência pela venda de sua força de trabalho. Já o pauperismo relativo, é considerado em relação a desigualdade da renda das classes, ao crescimento do capital, ao processo de rebaixamento dos salários, garantindo apenas a sobrevivência do trabalhador de forma a extrair a mais-valia.

Na obra "A ideologia Alemã", escrita entre 1845 e 1846, Marx e Engels fazem uma breve referência ao lúmpen, quando o define como subproletariado:

> A escravatura continuou a ser a base de toda a produção. Os plebeus, que se encontravam entre os cidadãos livres e os escravos, nunca conseguiram ser mais que um subproletariado (Lumpen-proletariat) (MARX; ENGELS, 1979, p. 93).

No "Manifesto do Partido Comunista", escrito por Marx e Engels em 1848, os autores definem o lumpemproletariado como: "o produto passivo da putrefação das camadas mais baixas da velha sociedade" (1997, p. 24). Marx trabalha com a categoria de lumpemproletariado em várias de suas obras, definindo-o, quase sempre, com uma conotação negativa: escória da sociedade, parte inútil da população que não tem lugar nas relações de produção. Especificamente na obra "As Lutas de Classe na França", escrita em 1850, Marx (1979) trata do lúmpen associando-o à degeneração e à devassidão.

> Nos cumes da sociedade burguesa, propagou-se o desenfreado açodamento de satisfazer os apetites malsãos e desordenados, que a cada passo entravam em choque com as próprias leis da burguesia, pois onde o prazer se torna crapuleux [devasso], e confluem o dinheiro, o lodo e o sangue, é que, por uma lei natural, procura sua satisfação a riqueza procedente do jogo. A aristocracia financeira, tanto em seus métodos de aquisição como nos seus prazeres, não passa do renascimento do lumpen-proletariado nas culminâncias da sociedade burguesa.
>
> As frações não dominantes da burguesia francesa clamavam: Corrupção! O povo gritava: A bas les grands voleurs! A bas les assassinos! [Abaixo os ladravazes! Abaixo os assassinos!), quando, em 1847, nos palcos mais ilustres da sociedade burguesa, se apresentavam publicamente os mesmos quadros que em geral levam o lumpen-proletariado aos prostíbulos, aos asilos, aos manicômios, aos tribunais, ao presídio e ao patíbulo (MARX, 1979, p. 114).

Em outra passagem da mesma obra, Marx (1979), ao tratar da composição do exército do Governo Provisório na França, também caracteriza o lúmpen, de forma pejorativa. Seria o segmento da população que, não tendo nenhuma perspectiva de inserção no mundo da produção e nem mesmo na melhoria de sua condição de vida, aceitava inserir-se no exército em troca de um irrisório pagamento. Destaca que os jovens, por sua idade, são perfeitamente adaptáveis às novas funções, porém não são merecedores de confiança, já que preservam os traços da vida pauperizada e delinquente.

> O Governo Provisório formou com esse fim 24 batalhões de Guarda Móveis, de mil homens cada um, integrados por jovens de 15 e 20 anos. Pertenciam na sua maior parte ao lumpen-proletariado, que em todas as grandes cidades constitui massa bem diferente do proletariado industrial. Esta camada é um centro de recrutamento de gatunos e delinquentes de toda espécie, que vivem dos despojos da sociedade, pessoas sem profissão fixa, vagabundos, gens sans feu et pans aveu [gente sem eira nem beira], que diferem segundo o grau de cultura da nação a que pertencem, mas que jamais renegam seu caráter de lazzaroni; na idade juvenil, em que o Governo Provisório os recrutava, eram perfeitamente moldáveis, capazes tanto das façanhas heróicas e dos sacrifícios mais exaltados, como do banditismo mais vil e da mais infame venalidade. O governo Provisório pagava-lhes um franco e cinquenta cêntimos por dia, isto é, comprava-os. Dava-lhes uniforme especial, isto é, diferenciava-os exteriormente da blusa dos operários (MARX, 1979, p. 124-125).

Em "Dezoito de Brumário de Luís Bonaparte", escrito em 1852, Marx (2011), reitera sua visão sobre o lumpen, caracterizando-o como:

> Roués [rufiões] decadentes com meios de subsistência duvidosos e de origem duvidosa, rebentos arruinados e aventurescos da burguesia eram ladeados por vagabundos, soldados exonerados, ex-presidiários, escravos fugidos

> das galeras, gatunos, trapaceiros, lazzaroni [lazarones], batedores de carteira, prestidigitadores, jogadores, maquereaux [cafetões], donos de bordel, carregadores, literatos, tocadores de realejo, trapeiros, amoladores de tesouras, funileiros, mendigos, em suma, toda essa massa indefinida, desestruturada e jogada de um lado para o outro, que os franceses denominam la bohème [boemia] (MARX, 2011, p. 91).

Guimarães (1979), partindo da interpretação de Marx sobre lumpemproletariado, define as "classes perigosas" como um segmento do exército industrial de reserva. Para o autor:

> Nos momentos de graves dificuldades, o segmento que mais tende a aumentar seu peso específico é o que se costuma denominar de "população marginalizada" ou de subproletariado, e que na sociologia marxista se conhece por lumpemproletariado, ou proletariado andrajoso (GUIMARÃES, 1979, p. 260).

A identificação dos pobres como lúmpen e como "classes perigosas" tem distintas consequências para a organização desses segmentos como classe. O seu aparente não reconhecimento como classe por parte do sistema econômico e social aponta para a descaracterização de sua identidade, ampliando o fosso existente entre os diferentes segmentos da classe trabalhadora. Além de produzir o medo e generalizá-lo a todo e qualquer membro da classe trabalhadora, seja pela sua rebeldia diante da exploração do sistema econômico, seja pela sua condição de marginal ao sistema.

A "classe perigosa", segundo Guimarães:

> Reúne os desempregados ou subempregados caídos na mais completa miséria, os ex-trabalhadores tornados fisicamente incapazes, os menores abandonados, os mendigos e os que, levados ao máximo do desespero, se entregam à prática de toda a sorte de delitos anti-sociais (GUIMARÃES, 1979, p. 260).

A partir do exposto por Marx, entende-se que os segmentos populacionais residentes nas favelas compõem a superpopulação relativa e não necessariamente a fração designada como lúmpen, já que para o autor, esse estaria mais ligado a condição moral do que propriamente laborativa. Nesse sentido, compreende-se que apesar de parte da população favelada se encontrar no pauperismo e parte dessa população se encontrar na indigência[62], não se caracteriza de forma homogênea como lumpemproletariado, mas sim como superpopulação relativa. De onde deriva a relevância sobre o desvelamento de sua cotidianidade, já que representam uma fração expressiva da classe trabalhadora urbana, indispensável à reprodução do capital.

62. Segundo o dicionário da língua portuguesa indigência significa "penúria, pobreza extrema". Segundo o Instituto de Estudos do Trabalho e Sociedade (IETS), "define-se como Linha de Indigência o valor mínimo necessário para adquirir uma cesta alimentar nutricionalmente adequada em determinado momento e lugar. A Linha de Pobreza inclui, além do valor dessa cesta alimentar, o valor mínimo para satisfazer o conjunto das demais necessidades básicas, isto é, considerando também as de habitação, vestuário, higiene, saúde, educação, transporte, lazer etc. Os valores referem-se ao custo associado à satisfação das necessidades de uma pessoa durante um mês." (Disponível em: www.iets.org.br. Acesso em: 07 abr. 2012). Segundo o mesmo instituto, eram considerados indigentes no Rio de Janeiro urbano, as pessoas que viviam em 2009, com uma renda *per capita* mensal de R$60.29 (sessenta reais e vinte nove centavos). Para o Governo Federal, segundo o decreto 7.492 de 2 de junho de 2011, são considerados na extrema pobreza a população com renda familiar *per capita* mensal de até R$70,00 (setenta reais) (Disponível: www.mds.gov.br. Acesso em: 08 abr. 2012). Programa Brasil Sem Miséria.

No Brasil, a maior parte da população vive na área urbana[63]. Na cidade do Rio de Janeiro 100% da população é urbana, segundo os dados do Instituto Brasileiro de Geografia e Estatística (IBGE) 2010. Nesse sentido, compreender a conformação e as frações de classe presentes na cidade é fundamental para repensar sua organização social, política e econômica.

> A localização dos aglomerados subnormais é melhor explicada quando associada ao papel das cidades na rede urbana do País. As metrópoles que constituem o topo da hierarquia urbana são polos de concentração da produção econômica e do emprego, lugar onde estava localizada a maioria dos aglomerados subnormais (IBGE, 2010, p. 40).

Segundo os dados do Censo 2010 do IBGE, no Brasil foram identificados 6.329 aglomerados subnormais[64], nos quais se incluem as favelas[65]. No estado do Rio de Janeiro foram identificados 1.332 "aglo-

---

63. Segundo Souza (2000, p. 181): "o crescimento populacional vem caindo continuamente no país, apresentando-se o Brasil desde final do século como prestes a entrar na quinta fase da chamada transição demográfica (onde as taxas de natalidade e mortalidade se estabilizam em patamares baixos) [...] não são mais as duas metrópoles nacionais que atraem os migrantes. Algumas metrópoles regionais [...] passam a receber a preferência dos migrantes, revelando uma interiorização da urbanização, uma relativa desmetropolização e a saturação das metrópoles nacionais".

64. Para o IBGE, os aglomerados subnormais: "podem se enquadrar, observados os critérios de padrões de urbanização e/ou de precariedade de serviços públicos essenciais, nas seguintes categorias: invasão, loteamento irregular ou clandestino, e áreas invadidas e loteamentos irregulares e clandestinos regularizados em período recente" (IBGE, 2011, p. 19). Esse termo foi utilizado pela primeira vez pelo IBGE no Censo demográfico de 1991.

65. Além das favelas, para o IBGE, os "aglomerados subnormais" incluem ainda "invasão, grota, baixada, comunidade, vila, ressaca, mocambo, palafita, entre outros" (IBGE, 2011, p. 26).

merados subnormais", sendo considerado junto com São Paulo os estados de maior concentração de domicílios em territórios com essa especificação. Vale destacar que no estado de São Paulo foram identificados 2.087 "aglomerados subnormais", com uma população total de 2.715.067, enquanto no estado do Rio de Janeiro a população residente nos aglomerados é de 2.023.744, o que aponta para uma grande concentração territorial. Dos residentes em "aglomerados subnormais" no estado do Rio de Janeiro, 82,1% se concentram na capital.

A cidade do Rio de Janeiro possui 2.146.322 domicílios ocupados. Desses, 426.965 estão situados nos "aglomerados subnormais". A média de moradores por domicílio nos chamados "aglomerados subnormais" no Rio de Janeiro, segundo os dados do IBGE 2010, é de 3,0 enquanto em outros territórios da cidade é de 3,3, o que de imediato já aponta para a desmistificação do senso comum de que a população mais pobre é mais numerosa.

O Censo demográfico 2010 demonstra que o processo de urbanização iniciado há mais de um século se intensificou. Os dados demonstram que cidades como Rio de Janeiro e São Paulo, que faziam parte do imaginário de progresso e de perspectiva de melhora de vida, têm um declínio em seu crescimento, mesmo que tímido, mas que já aponta para um processo inverso de saída das metrópoles em busca de qualidade de vida em centros urbanos menores.

Os dados divulgados traçam um panorama sobre a composição e a situação de pobreza em que se encontram parcelas significativas da população do Rio de Janeiro. Segundo o Censo 2010, a cidade do Rio de Janeiro possui 6.320.446 habitantes, dos quais 1.393.314 residentes em "aglomerados subnormais", distribuídos em 763 territórios. Destes 679.532 são homens e 713.782 são mulheres, dos quais 461.284 se auto classificaram brancos, 227.148 negros e 690.366 pardos.

Na cidade do Rio de Janeiro, dados do Censo IBGE 2010, apontam para a regularização dos chamados "aglomerados subnormais". Apesar de identificados pela legislação como "áreas de especial interesse social", demonstram um nível elevado de formalidade, em especial no que tange à presença do poder público e das empresas de serviços públicos como água, luz, coleta de lixo e saneamento.

Dos 426.965 domicílios cariocas situados em aglomerados subnormais, 99,3% possuem abastecimento de água, 96,2% com fornecimento pela rede geral de distribuição de água. Também 99% possuem esgoto sanitário, sendo que desses 86,2% fazem parte da rede geral de esgoto. No que tange a coleta de lixo, 97% possuem algum tipo de coleta. Desses 59,1% possuem a coleta realizada diretamente por serviços de limpeza, enquanto nos demais a coleta é realizada por caçamba e demais formas.

Encontram-se situados em "aglomerados subnormais", segundo os dados do Censo IBGE 2010, 4.218 estabelecimentos de ensino e 5.017 estabelecimentos de saúde. Os dados oficiais demonstram a presença do poder público e também da iniciativa privada nesses territórios. Presença essa que não tem correspondência direta com a qualidade dos serviços, o que será problematizado no capítulo seguinte.

Como afirma Souza:

> Atualmente, a favelização e a periferização, expressões espaciais mais marcantes da reprodução da pobreza urbana, impressionam não somente por sua magnitude, mas igualmente por sua complexidade. A antiga imagem das favelas como espaços formados por barracos feitos de materiais improvisados e completamente carentes de infraestrutura há muito não se aplica mais à realidade, a não ser no caso de favelas bem recentes, pequenas e periféricas (SOUZA, 2000, p. 193).

Outro dado importante, levantado pelo Censo, refere-se aos rendimentos, conforme demonstra tabela a seguir.

Tabela de rendimento mensal *per capita* por domicílio na cidade do Rio de Janeiro com base no salário-mínimo (SM) nacional

	ATÉ 1\4 SM	DE 1\4 A 1\2 SM	DE 1\2 A 1 SM	DE 1 A 2 SM	DE 2 A 3 SM	DE 3 A 5 SM	MAIS DE 5 SM	SEM RENDIMENTO
Aglomerados Subnormais	32.003	94.055	159.099	93.134	14.783	5.616	2.453	25.268
Demais territórios Da cidade	40.277	138.307	347.484	415.218	198.952	205.762	303.198	67.339

FONTE: Tabela elaborada pela autora a partir dos dados do Censo IBGE 2010

A tabela demonstra a pauperização dos moradores dos espaços populares. Quanto maior a renda, menor o número de domicílios nos aglomerados subnormais. Também demonstra que a concentração da menor renda e dos sem renda não está apenas nesses territórios, mas espalhado por outros locais da cidade. O Censo 2010 demonstra, ainda, que o rendimento nominal médio mensal de pessoas de 10 anos ou mais nos aglomerados subnormais é de R$ 600,00 (seiscentos reais) enquanto nos demais territórios da cidade são de R$ 1.040,00 (Um mil e quarenta reais).

No que pese a diferença entre as médias apresentadas pelos dados do Censo no que se refere ao rendimento de moradores das favelas e de outras partes da cidade, vale destacar que os pobres não estão todos concentrados nos chamados "aglomerados subnormais". Nesse sentido entende-se que a pobreza está espalhada por várias partes da cidade, porém com maior estigmatização nos espaços favelados. Os dados demonstram também que a maior concentração de pessoas abaixo da linha da pobreza e indigência encontra-se em outros territórios da cidade e não nas favelas.

As favelas se formam e se expandem como local de moradia de importantes segmentos da classe trabalhadora: segmentos mesclados, que comportam frações distintas da classe onde se encontram de funcionários públicos e microempreendedores a trabalhadores informais (ambulantes e trabalhadores em domicílio). Nos territórios da favela, assim como em outros espaços da cidade, também se encontram pessoas abaixo da linha da pobreza ou na indigência que, muitas vezes, sequer acessam as políticas de assistência social[66]. Porém, esses territórios estão longe de se caracterizar como espaços do lumpemproletariado.

Nesse sentido, como afirma Souza (2000), o quadro apresentado por Marx e Engels no século XIX para especificar o lúmpen, não se identifica com a composição da população que hoje reside nas grandes metrópoles. Concorda-se com Souza (2000), ao afirmar que a análise marxista sobre o lúmpen está vinculada mais a uma análise moral, que divide os trabalhadores em "respeitáveis" e "não respeitáveis", do que propriamente a uma classificação vinculada a sua condição de inserção no mundo produtivo.

As relações sociais capitalistas colocam na marginalidade[67] não apenas os segmentos mais pauperizados, como os situados abaixo da linha da pobreza, mas também os trabalhadores pauperizados, que provêm sua existência através do trabalho informal, temporário ou pelo recebimento de benefícios sociais.

Para Kowarick:

> Trata-se de uma lógica estrutural, de tipo capitalista, que reúne formas desiguais e combinadas, e que, ao se expandir, recria as modalidades produtivas "arcaicas" (principalmente o artesanato e a indústria a domicílio), criando também

---

66. Segundo entrevista da Ministra Teresa Campello do Ministério do Desenvolvimento Social (MDS), 70% dos beneficiários do maior programa de transferência de renda do governo federal, o Programa Bolsa Família (PBF), exercem alguma atividade remunerada. (Disponível em: www.mds.gov.br. Acesso em: 08 abr. 2012).

67. Segundo Kowarick (1975, p. 19): "a marginalidade decorre de *contradições básicas* e *essenciais* não se tratando apenas de um *desajuste* entre as partes constitutivas da sociedade que perturba o seu equilíbrio e funcionamento" (grifo do autor).

> "novas" formas "tradicionais" na divisão social do trabalho (notadamente o trabalho autônomo no setor terciário da economia: vendedores ambulantes, os trabalhadores autônomos ligados aos serviços de reparação e conservação, vigilância, limpeza e carga, empregos domésticos, bem como um conjunto variado de atividades mal definidas cujo executor pode ser designado de "tarefeiro"). Estes tipos de trabalho não são apenas constantemente fecundados pelo sistema capitalista como também estão a ele estruturalmente articulados. É com estes cuidados que se pode usar o conceito de marginalidade para definir tais trabalhadores, ainda mais quando se tem em conta que, (...), guardam uma estreita aderência ao ciclo de expansão do capital, aparecendo no cenário econômico enquanto uma categoria classicamente definida como "exército industrial de reserva". Ademais, produzindo mercadorias sob a forma artesanal ou sob a modalidade de pequena empresa a domicílio, ou vendendo serviços e bens de toda ordem — estes últimos geralmente originários da produção de corte industrial — rebaixam o custo de reprodução da força de trabalho. Posto venderem bens e serviços a baixos preços, podem propiciar às camadas médias e altas a possibilidade de captar maior parcela de "excedente" econômico, o que se ajusta perfeitamente a uma forma de acumulação apoiada na concentração de renda e na "pauperização absoluta" da classe trabalhadora, principalmente dos seus segmentos não especializados. Desta forma torna-se arriscado e até mesmo falacioso se falar de um polo marginal da economia se por isto se compreende grupos sociais ou modalidades produtivas que se reproduzem de forma independente às leis que determinam a dinâmica do capitalismo industrial (KOWARICK, 1975, p. 83-84).

Ao longo da história de organização das cidades, diferentes formas foram utilizadas para punir, prender e afastar da sociedade e de suas formas de sociabilidade, os indesejáveis, como os doentes mentais, os leprosos, os deficientes físicos. No final do século XVIII e início do século XIX, o foco da repressão passa a ser os trabalhadores organizados e os pobres que, ao questionarem sua situação de pobreza e de aviltamento, acabam questionando a estrutura social. Eles passam a ser foco das ações repressivas do Estado, os chamados "maus" pobres, aqueles que, incomodados com sua situação de miséria e subalternização, passam a incomodar a sociabilidade do capital, seja pela sua simples presença pública nas ruas das cidades e nos morros das áreas centrais, seja pela ameaça da violência. Aos "bons" pobres são direcionados políticas públicas que, apesar de fazerem sentido real para sua existência, não contribuem para o seu processo de emancipação, ao contrário, internalizam a subalternização ao *status quo*. Fazem sentido real pelo impacto material que tem ao ampliarem a renda das famílias. Em muitas situações, as políticas públicas de geração de renda são a única fonte de recursos materiais acessado pelas famílias pobres; nesse sentido, esses benefícios têm sentido real e material na vida dos sujeitos.

Nessa perspectiva, os diferentes segmentos da classe trabalhadora passam a ser foco de ações públicas estatais que são aparentemente contraditórias. Ações focadas no processo de coerção e de consenso, ou seja, que ao mesmo tempo e às vezes pela mesma ação garantem a existência de parcelas significativas da superpopulação relativa e simultaneamente as mantém sobre controle e apassivadas.

O Estado, que segundo Gramsci (2001) mescla ações de construção de consenso e de coerção, desempenha função relevante no processo de apassivamento das classes subalternizadas. Como afirmou o autor: "toda relação de hegemonia é necessariamente uma relação pedagógica" (GRAMSCI, 2001, v.01, p. 399).

> Todo Estado na medida em que uma de suas funções mais importantes é elevar a grande massa da população a um determinado nível cultural e moral, nível (ou tipo) que corresponde às necessidades de desenvolvimento das forças produtivas e, portanto, aos interesses das classes dominantes. A escola como função educativa positiva e os tribunais como função educativa repressiva e negativa são as

> atividades estatais mais importantes neste sentido: mas, na realidade, para este fim tende uma multiplicidade de outras iniciativas e atividades chamadas privadas, que formam o aparelho da hegemonia política e cultural das classes dominantes (GRAMSCI, 2000, v.3, p. 284).

As cidades dos séculos XX e XXI passam a ser o cenário contraditório em que essas formas de sociabilidade se expressam. Como afirma Harnecker (1973, p. 124): "o capitalismo vive da desigualdade do desenvolvimento; não reabsorve uma desigualdade se não for para criar outra". A absorção parcial das demandas de amplos segmentos da classe trabalhadora, não os retira de sua condição de subalternização, mas apenas ameniza o conflito social que potencialmente se gesta nos processos de pauperização. Às antigas contradições geradas pelas relações de produção se agregam novas contradições, como o desenvolvimento de políticas públicas focalizadas e fragmentadas, a "concessão" do domínio dos territórios por parte do Estado a outros grupos sociais e a violência urbana. Contradições que, de forma predominante, apontam para o processo de marginalização de amplos segmentos sociais que, na cidade, são representadas pelos moradores de favelas. Como afirma Estenssoro (s/d, p. 203): "há, portanto, uma "economia da salvação" que funda uma percepção discriminatória dos pobres e os separa entre os que merecem assistência e os que não a merecem".

O final do século XX e o início do século XXI apresentam como situação motriz a condição de pauperismo a qual estão submetidos amplos segmentos da classe trabalhadora, sejam os vinculados ao mercado formal ou informal de trabalho. A marginalização não se restringe apenas aos "desajustados" e "inadaptados" ao sistema produtivo. O aprofundamento da desigualdade na sociedade contemporânea e o aumento do fosso entre ricos e pobres vêm configurando de forma distinta o ordenamento social, a partir de uma reconfiguração dos segmentos de classe e de seus espaços de sociabilidade.

A pobreza é individualizada, na lógica do desenvolvimento capitalista, assim como a sua superação. Nesse sentido a relação estabelecida entre membros da mesma classe social baseia-se na competição. A disputa por emprego, pela inserção em benefícios, ou seja, a luta cotidiana pela sobrevivência faz com que cada vez mais parcelas da classe trabalhadora estejam desarticuladas e desorganizadas. A pobreza não é determinante para a construção de uma identidade de classe, já que a maior parte dos trabalhadores, não identifica na situação do outro, membro da sua própria classe, semelhanças com sua situação.

Especificar os diferentes segmentos de classe não somente pelo seu local de moradia, mas por sua própria condição social, pressupõe o desvelamento do cotidiano dos trabalhadores, em sua complexidade, como fator central para a compreensão da classe e de suas frações contemporâneas.

Para Lefebvre:

> O marxismo não se interessa pelo proletariado porque este é fraco, mas porque ele é uma força — não porque é ignorante, mas porque deve assimilar e enriquecer o conhecimento — não porque é rejeitado pela burguesia para o desumano, mas porque traz dentro de si o futuro do homem e rejeita como desumanas as vaidades burguesas. Em uma palavra, o marxismo vê no proletariado o seu devir e o seu possível (LEFEBVRE, 2011, p. 57-58).

O homem constrói sua existência material e espiritual e, assim, forma sua consciência pelo trabalho. Como afirmou Marx (2007, p. 45): “não é a consciência dos homens que determina o seu ser; ao contrário, é o seu ser social que determina sua consciência”. Na contemporaneidade, pela configuração das relações sociais, o trabalhador vai sendo destituído de sua dimensão de classe e lhe vai sendo atribuído uma dimensão de usuário e beneficiário, a dimensão de integrante a uma classe é diluída pela ideia do cidadão, ser genérico, que em certa medida camufla as relações de classe.

A desigualdade produzida pelas relações de produção se aprofunda, produzindo uma sociedade cada vez mais desigual, para a qual é necessário conformar de forma passiva os diferentes segmentos populacionais. Naturaliza-se a desigualdade e cria-se a perspectiva de sua superação, não pela reorganização do sistema produtivo, mas pelo impulso das competências individuais. A responsabilidade de desfrutar e participar do mundo mercantilizado produzido pelo capitalismo passa a ser de cada sujeito, de forma individual.

A seguir, será feita uma breve reflexão sobre a condição de cidadão na sociedade contemporânea.

A "CIDADANIA" POSSÍVEL DO DESENVOLVIMENTO DESIGUAL E COMBINADO

A discussão sobre cidadania no Brasil passa a ocupar um papel de destaque no debate político a partir dos anos 1980. Apesar da noção de cidadania remontar ao início da constituição das cidades, já na Grécia e Roma antiga, o debate político conceitual só se evidencia no século XX (CARVALHO, 2008).

Nasce atrelada ao debate sobre a cidade e seus moradores a discussão da cidadania. Na Roma antiga, se constituíram as primeiras cidades[68], formadas por homens livres e escravizados. Acima de tudo, as *polis*, desde sua constituição mais remota, são espaços de vivência para os

68. Segundo Sposito (1988), as primeiras cidades surgiram cerca de 3500 anos a.C., na região da Mesopotâmia. Para Souza (2005), surgiram a cerca de 8000 anos a.C., com Jericó na região Palestina. Para esse autor, a chamada Revolução Agrícola ou Revolução Neolítica, foram responsáveis pelo processo de fixação do homem, a partir da possibilidade de domínio da terra e do cultivo de alimentos de forma excedente, representando uma mudança extraordinária no modo de vida.

homens livres[69]. Nesse sentido, a cidade nunca se constituiu como um espaço de todos, comum a todos que ali residiam, mas como espaço direcionado aos desejos, interesses e sociabilidade daqueles que tinham o privilégio da liberdade, esses eram considerados cidadãos[70].

Ao longo dos séculos as cidades vão se transformando e assumindo funções distintas no desenvolvimento social. Segundo Sposito (1988), as cidades se constituem essencialmente a partir da divisão social do trabalho, que antecede o próprio desenvolvimento capitalista, mas que ganha relevância específica e destaque a partir do capitalismo comercial. O urbano só é evidenciado na medida em que se constituem classes distintas no processo de apropriação do excedente produzido. As diferenciações no desenvolvimento do trabalho e na apropriação da riqueza, base da origem da sociedade de classes, passam a ser a condição fundamental para a constituição das cidades.

O desenvolvimento do capitalismo e a mudança da base econômica passam a ser fator essencial de constituição do espaço urbano. As cidades vão sendo constituídas para atender as demandas e as necessidades do desenvolvimento econômico e social do capitalismo, inicialmente sem planejamento, de forma desordenada, sem estrutura e possibilidade de atender as demandas e necessidades dos contingentes populacionais atraídos para esses espaços.

69. Para Souza (2005, p. 46): "as primeiras cidades surgem como resultado de transformações sociais gerais — econômicas, tecnológicas, políticas e culturais —, quando, para além de povoados de agricultores (ou aldeias), que eram pouco mais que acampamentos permanentes de produtores diretos que se tornaram sedentários, surgem assentamentos permanentes maiores e muito mais complexos, que vão abrigar uma ampla população de não-produtores: governantes (monarcas, aristocratas), funcionários (como escribas), sacerdotes e guerreiros. A cidade irá, também, abrigar artesãos especializados, como carpinteiros, ferreiros, ceramistas, joalheiros, tecelões e construtores navais, os quais contribuirão, com suas manufaturas, para o florescimento do comércio entre os povos."

70. Segundo Iasi (1997) o termo cidadão tem origem na Grécia para designar os que pertenciam a certas cidades e possuíam direitos políticos.

Pouco a pouco o desenvolvimento industrial impulsiona a organização do espaço urbano, e assim vão se constituindo cidades que expressam em sua organização e no seu cotidiano as contradições inerentes a relação capital x trabalho evidenciadas na questão social e em suas múltiplas expressões, colocando o trabalhador no centro do debate político e social da *polis*, não apenas como detentor de força de trabalho, mas também como detentor de direitos e deveres.

As cidades, particularmente a partir do século XX, se constituíram como o lugar de moradia — ou o seu espaço de desejo — de amplos segmentos populacionais. Vinculada à ideia do progresso e do desenvolvimento, as cidades passaram a compor o imaginário para quem residia no campo e em cidades médias e pequenas. A expectativa de residir em grandes centros[71] estava aliada à perspectiva de melhoria nas condições de vida, de acesso ao consumo, ao lazer e a políticas públicas, como saúde e educação de melhor qualidade. Expectativas que estavam vinculadas às possibilidades reais de inserção no mercado de trabalho. A ausência inicial de planejamento na constituição das cidades impacta de imediato a vida e as condições de vida de amplos segmentos populacionais.

Centro da acumulação capitalista, as cidades passam a exercer papel central para o desenvolvimento do sistema. Para Sposito (1988), o capitalismo nasce da cidade como consequência do excedente produzido que passa a ser comercializado não mais pela troca simples de

71. No final do século XX e início do século XXI identifica-se uma tendência a estabilização do crescimento das grandes metrópoles. Rio de Janeiro e São Paulo, nos dois últimos Censos demográficos, demonstram uma migração em direção às cidades do interior do estado maior que a migração tradicional, das pequenas e médias cidades em direção a capital. Fato que pode ser explicado pela impossibilidade das grandes cidades oferecerem oportunidades reais para a melhoria das condições de vida de amplos segmentos da classe trabalhadora. A esse fato, agrega-se o aumento da violência e a precariedade dos serviços públicos em atender a grande demanda.

mercadorias. Os espaços urbanos que se constituem exigem, como todos os demais territórios forjados socialmente, a constituição de regras, normas e condutas que geram o cidadão, o ser social da cidade.

Para regular as relações sociais da cidade, criam-se regras, direitos e deveres para todos aqueles considerados membros ativos da pólis. Para Marshall (1964), a ideia de cidadania está ligada ao direito de participar das decisões, da vida social na cidade, atributo permitido apenas aos possuidores de bens, seja propriedades ou moeda. A cidadania foi sendo construída ao longo dos séculos XVIII ao XX, tendo início pela luta por direitos civis, no século XVIII. Segundo Marshall (1964), com as transformações sociais advindas do processo de industrialização, uma nova classe dominante vai se forjando. Essa nova classe, a burguesia, passa a questionar as instâncias de poder, exigindo espaço de participação na vida política. Como detentora do poder econômico, passa a exigir participação na esfera política. Os direitos civis, como se convencionou chamar o direito de ocupar a cidade e o país tendo por base os direitos individuais de ir e vir, liberdade de imprensa, de pensamento e de fé, o direito à propriedade privada e à justiça, dentre outros, são considerados como a primeira geração de direitos. Para Carvalho (2008, p. 9), os direitos civis são aqueles que garantem: "as relações civilizadas entre as pessoas e a própria existência da sociedade civil surgida com o desenvolvimento do capitalismo".

A segunda geração dos direitos foi conquistada no século XIX. Inscrita no âmbito dos direitos políticos, expressos e impulsionados pela participação e vida política da cidade, seja como membro de organização política ou como eleitor dessa organização, além de serem impulsionados pela incipiente organização dos trabalhadores. Segundo Carvalho (2008, p. 10): "os direitos políticos têm como instituição principal os partidos e um parlamento livre e representativo".

A terceira geração de direitos, segundo Marshall (1964), são os direitos sociais, conquistados no século XX e voltados para o direito ao bem-estar econômico, ao direito de participar e de usufruir dos bens socialmente construídos, como educação e políticas públicas. Para

Carvalho (2008, p. 10): "os direitos sociais permitem às sociedades politicamente organizadas reduzir os excessos de desigualdade produzidos pelo capitalismo e garantir um mínimo de bem-estar para todos".

No século XX, uma nova geração de direitos passa a ser considerada como essencial a vida em sociedade: os direitos humanos[72] passam a ser reconhecidos como quarta geração de direitos. A história dos direitos humanos remete às teorias do direito natural dos séculos XVII e XVIII, porém só passam a ser consideradas na dimensão contemporânea — como igualdade de direitos entre todos os homens, independentemente de sua condição de classe, credo, raça e gênero —, a partir da criação das Organizações das Nações Unidas (ONU)[73], em 1945, e a partir da Declaração Universal dos Direitos Humanos, em 1948.

A concepção de direitos humanos se diferencia dos chamados direitos naturais, pelo fato de que o primeiro é atribuído a todos os homens, independentemente de sua escolha. Já os direitos naturais, partem da escolha individual em ser usufruído ou não.

> Enquanto os direitos naturais tendem a ser encarados como "ativos", isto é, opções que os que detêm poderiam escolher exercer, ou não, em qualquer dada situação, os "direitos humanos" ampliam o conceito para abranger igualmente os direitos "passivos", isto é, os direitos que impõem deveres sobre os outros, independentemente da escolha daquele que tem direitos (BOTTOMORE; OUTHWAITE, 1996, p. 212).

---

72. Existe uma grande distinção sobre a interpretação sobre os Direitos Humanos. Filósofos, juristas e cientistas políticos interpretam de forma distinta sua origem e também sua função na sociedade contemporânea. Para Bobbio (1995), os direitos humanos podem ser classificados em civis, políticos e sociais, não sendo considerados uma quarta geração de direitos, mas sim, uma sistematização dos direitos historicamente construídos.

73. A ONU foi fundada em 1945 após as denúncias sobre as atrocidades cometidas durante a Segunda Guerra Mundial (1939-1945), em especial pelas denúncias sobre o holocausto nazista.

Nesse sentido os direitos humanos[74], no limiar do século XX e início do século XXI, representam um avanço diante da imposição de um sistema econômico que cotidianamente intensifica a desigualdade social. A educação, saúde, liberdade, moradia e alimentação são integrantes dos direitos humanos, afirmando a necessidade de que todos os homens têm o direito à vida, independentemente de sua condição individual de construir as condições para tais ações. Nessa perspectiva, o Estado, por meio de políticas públicas e sociais, passa a ser o responsável por garantir a existência dos indivíduos, em especial aos desprovidos da possibilidade de venda de sua força de trabalho ou sob a inserção precarizada no mundo produtivo que não conseguem garantir sua existência.

Certamente a definição legal não é suficiente para a garantia dos direitos e nem tão pouco obriga o Estado ao seu cumprimento. Porém nas relações sociais cotidianas entre as classes e suas frações, os direitos tornam-se elemento central de disputa.

Como afirma Freire:

> Nestes tempos atuais os direitos humanos, assim como os direitos sociais, experimentam uma espécie de marcha a ré. A burguesia, que originalmente concebeu o discurso dos direitos humanos, precisa hoje rejeitá-lo. E a esquerda, que cedo nele identificou uma mistificação ideológica, acabou tomando-o para si. Defender os direitos humanos passou a significar, em pleno século XXI, a preservação de árduas conquistas dos trabalhadores, de um patamar civilizatório mínimo, que não pode ser realizado sem a defesa e consequente garantia dos direitos sociais (FREIRE, 2009, p. 15).

Nos marcos contemporâneos, os direitos humanos passam a compor o cenário analítico das possibilidades, da efetivação dos direitos, em

---

74. Para Netto (2009), os direitos humanos representam uma fase dos direitos sociais, não sendo factível na contemporaneidade, fora dessa dimensão, apesar de não se reduzir a ela.

suas distintas dimensões, da cidadania e da democracia. Dimensões de um mesmo conjunto, cidadania, direitos e democracia não podem ser analisados de forma fragmentada. Assim defende-se a indissociabilidade entre as quatro gerações de direitos: civis, políticos, sociais e humanos. Também não se pode prescindir da articulação política e conceitual da construção possível da cidadania nos marcos da democracia burguesa. Como afirma Netto (2009, p. 7): "a democracia que se institucionaliza na América Latina não tem significado alterações expressivas nos quadros econômico-sociais de nossas sociedades, no sentido de torná-las ponderavelmente menos desiguais e assimétricas".

A Declaração Universal dos Direitos Humanos[75] (1948), em seu preâmbulo, considera que: "o reconhecimento da dignidade inerente a todos os membros da família humana e de seus direitos iguais e inalienáveis é o fundamento da liberdade, da justiça e da paz no mundo". Nesse sentido, aponta para a necessidade da construção da igualdade entre os homens, independente de raça, credo ou gênero. Igualdade incompatível com a lógica do desenvolvimento do capital, que tem por base a produção da desigualdade social, econômica e política entre as classes. Apesar de ser um importante parâmetro para as disputas por hegemonia na sociedade contemporânea, a Declaração se restringe a um documento referência, sem o peso ou a legitimidade de uma lei. Dessa maneira, o debate sobre direitos humanos, é mais um elemento da luta política entre as classes.

75. A realização da Declaração Universal dos Direitos do Homem é incompatível com o desenvolvimento da sociedade capitalista, já que seus artigos expressam a igualdade de direitos, a justiça e a vida digna, princípios impossíveis de serem estabelecidos e ou conquistados para todos, nos marcos do sistema econômico. A contradição central da Declaração tem por base a defesa da propriedade privada, expressa em seu artigo XVII, incompatível com o desenvolvimento de uma sociedade igualitária. Outra contradição central expressa na Declaração é, que todos os seus artigos tratam de direitos e igualdades como se todos os homens fossem iguais, desconsiderando a sociedade de classes e a imposição das relações sociais hegemonizadas pelas determinações econômicas.

Assim como os direitos não se estabelecem apenas pelo ato formal e legal, mas pelo movimento entre as classes em disputa e pela efetivação dos direitos reconhecidos pela força da lei, também a cidadania não se efetiva por ato formal.

Segundo Mota:

> No pensamento político tradicional, a cidadania é o corolário do exercício dos direitos civis, políticos e sociais, tendo por fundamento os princípios da "igualdade de oportunidades" e da "justiça distributiva", ambos mediados pela ação do Estado através das instituições jurídicas e de bem-estar para garantir a convivência coletiva. A lei desponta como mecanismo que garante legal e legitimamente a equidade de direitos em contrapartida a qualquer forma de discriminação social dos indivíduos (MOTA, 1991, p. 4).

No Brasil[76] o discurso da cidadania entra na pauta política a partir da década de 1980, momento em que o país estava saindo da ditadura militar[77] (1964-1985) e inaugurando um novo período democrático. Essa década é expressão dos vinte anos de repressão sobre toda e qualquer forma de organização autônoma dos trabalhadores, do cerceamento de direitos políticos, civis e sociais, da contenção das reivindicações, da carestia crescente, do endividamento externo e da influência organizativa dos movimentos internacionais dos trabalhadores. Essa conjuntura põe em cena um processo de organização e mobilização social, que

---

76. Para Mota (1991, p. 7): "à referência a cidadania [...], se faz sob enfoques diversos: ora é meio de inclusão (dos socialmente excluídos da produção social) através do consumo de serviços sociais; ora é tática política, já que o reconhecimento de alguns direitos nem sempre são funcionais aos interesses imediatos do capital; ora é movimento político a exemplo das demandas populares incorporadas na constituição de 1988".

77. Sobre ditadura militar ver Netto (1994), Mestriner (2001) e Iamamoto e Carvalho (1995).

dá origem a organização de importantes movimentos sociais, partidos políticos vinculados aos interesses dos trabalhadores, movimentos de bairro e organizações da sociedade civil por lutas específicas.

Também nessa década tem início a organização e a pressão popular pela formação de uma Assembleia Constituinte, com o objetivo de elaborar uma nova Constituição, após o período da ditadura militar, que garantisse direitos à população. Repercute de forma ampla o movimento pró-assembleia constituinte, que culmina com a elaboração da Constituição Federal de 1988, considerada a "Constituição Cidadã"[78], nas palavras do então senador da República Ulisses Guimarães.

É nesse contexto de mobilização popular e reorganização política de distintos segmentos da classe trabalhadora que emerge o discurso da cidadania. Tornando-se, como afirma Mota (1991, p. 3): "plataforma política de diferentes e até antagônicos setores da sociedade — partidos de esquerda e de direita, entidades de empresários e trabalhadores", assumindo um caráter contraditório e pouco preciso.

Como afirma Carvalho:

> Uma cidadania plena, que combine liberdade, participação e igualdade para todos, é um ideal desenvolvido no Ocidente e talvez inatingível. Mas ele tem servido de parâmetro para o julgamento da qualidade da cidadania em cada país e em cada momento histórico (CARVALHO, 2008, p. 9).

Como ideal inatingível, a cidadania torna-se o horizonte das disputas por direito de diferentes segmentos da classe trabalhadora. Incorporada pelos grupos e movimentos progressistas e críticos, mas também pelos

---

78. A Constituição de 1988 apesar de preservar fortes traços liberais e conservadores, expressa um avanço, no que tange a garantia formal de direitos, constituindo-se como a base para todas as demais políticas públicas e sociais do país. Entre os avanços expressos na Carta Constituinte destaca-se o reconhecimento do tripé da Seguridade Social Brasileira, como sendo a assistência social, saúde e educação. Tornando-se um marco importante na constituição da seguridade social como direito de todos e dever do Estado.

grupos conservadores, seu significado e dimensão são variáveis. Para os segmentos críticos, a cidadania é o horizonte de uma sociedade igualitária em que o ser social tenha direitos plenos na *polis*, para o qual a superação da ordem capitalista é fundamental. Para segmentos progressistas, a cidadania tem como horizonte a conquista de políticas públicas de qualidade, que garantam direitos aos trabalhadores, sem, contudo, alterar a lógica produtiva, ou seja, nos marcos da sociedade capitalista. Para os segmentos conservadores, a cidadania é considerada como a forma de diminuir a pobreza absoluta, amenizando o fosso existente entre os diferentes segmentos da classe trabalhadora, mantendo sobre controle os segmentos mais pauperizados e desprovidos de direitos.

Ressalta-se ainda a diferença entre as concepções progressistas e a conservadora de cidadania. Para os primeiros, a cidadania é direito de todos, independentemente de sua condição de inserção nas relações sociais; ou seja, independentemente de ser trabalhador ativo ou não, de ser livre ou estar temporariamente com sua liberdade civil suspensa, cumprindo medida judicial. Já para os conservadores, a cidadania deve ser garantida dentro das possibilidades de intervenção das políticas públicas, ou seja, para os que de forma pacífica e ordeira buscam direitos, para os que esperam pacientemente pela sua vez.

Cria-se a distinção entre os pobres, a partir da relação estabelecida por esses com o desigual sistema produtivo, de conformação ou de contestação. Os pobres contestadores e "rebeldes" passam a ser criminalizados e marginalizados[79], sendo caracterizados como classes

---

79. Para Kowarick (1975, p. 16): "o conceito de marginalidade foi utilizado numa pluralidade de acepções, referindo-se a situações e grupos sociais os mais díspares. No plano da personalidade, aplica-se ao indivíduo que pertence a duas culturas. Serve para caracterizar um grupo internamente desarticulado, o que é geralmente associado à apatia ou anomia. Por vezes se refere à carência de participação social, ao isolamento e mesmo à falta de identificação em relação aos padrões de cultura dominante. Em outros casos diz respeito à "incongruência de status", à descontinuidade entre o grupo de participação e o grupo de referência positivo. **Foi também empregado como sinônimo de pobreza cultural ou de populações de baixa renda**" (grifo nosso).

perigosas, para os quais, segundo Guimarães (1979), até os direitos humanos elementares passam a ser questionado, como o direito à vida. Forjam-se consensos, impulsionados pela ação repressiva do Estado, pelo senso comum e pela grande mídia, em que se distinguem pessoas portadoras de direitos e pessoas que não têm direitos. Na prática os direitos não são garantidos a todos os moradores da cidade, já que esses são diferenciados a partir da classe e da fração de classe a que pertencem, sendo considerado de forma relevante o seu local de moradia.

Como já sinalizado no tópico anterior deste capítulo, são exemplos significativos do processo de criminalização da pobreza e de construção do conceito das classes perigosas, os filmes "Cidade de Deus" e "Tropa de Elite" I e II. Além de destacarem a face violenta como comum a todos os moradores da favela animalizam esses sujeitos, defendendo o sentimento na sociedade de que a única forma possível de os tratar é a violência. O personagem do Capitão Nascimento, que teve repercussão positiva em todo o Brasil, como bom moço, contrário a violência, e íntegro, mas que utiliza a violência, a força e a tortura para tratar os criminosos como única forma de garantir a ordem. O filme bateu recorde de público, gerou uma das fantasias mais usadas no carnaval carioca, a do BOPE, além de dar origem a um novo brinquedo infantil, o Caveirão, vendido em lojas especializadas do comércio popular[80] em várias capitais brasileiras.

80. Na área do Saara, espaço destinado ao comércio popular no centro da cidade do Rio de Janeiro, os carros estilo Caveirão, eram anunciados no autofalante das ruas.

A banalização da violência e sua legitimação[81] sobre os mais pobres e os considerados criminosos, distingue na sociedade capitalista contemporânea, os que têm direitos dos que não têm direitos. As chamadas "classes perigosas" não são consideradas como detentoras de direitos, não usufruem nem de forma legal e formal as condições básicas para a sua existência humana. Esses sujeitos, mesmo tendo nascido na cidade e sendo expressão do seu processo de desenvolvimento, não são considerados cidadãos, impedidos, muitas vezes, de exercer o direito básico à vida. Passa-se a viver uma cidadania pela metade, já que nem todos têm direito à vida na cidade. Só são considerados detentores de direitos os sujeitos que se conformam, sem questionar o tipo de ordem imposta e participar de situações marginais criminais. Uma ordem baseada nos preceitos do desenvolvimento capitalista desigual, que hierarquiza os sujeitos pela sua condição econômica, social, cultural e racial, impondo limites reais ao acesso dos direitos.

Os pobres, não considerados como "classes perigosas", apassivados pelo capitalismo, e que acabam por assumir uma certa "naturalização" da desigualdade, são direcionados ao acesso às políticas públicas e sociais. Direitos pobres para os pobres, que se materializam através de ações e programas focalizados, fragmentados e de baixa qualidade, formando os cidadãos de segunda categoria. Como afirma Mota (1991, p. 6): "a ampliação dos direitos sociais parece ter como requisito a realização de pactos de classe à base de uma prática, no mínimo, colaboracionista". Notadamente, os cidadãos de segunda categoria, aqueles aos quais são designadas políticas públicas e sociais de baixa qualidade, residem, em sua maioria, em territórios segregados urbanos. A sociabilidade

81. Legitimação gerada pelas forças políticas conservadoras do Estado, pelos segmentos conservadores da sociedade, em especial as classes média alta e alta e pelos segmentos conservadores das classes populares. Conservadorismo que se expressa e, ao mesmo tempo, é impulsionado pela massificação midiática, construindo consensos que legitimam a violência das forças repressivas do Estado e da indústria privada de segurança.

construída por amplos segmentos da classe trabalhadora, residentes em espaços populares, apesar de refletirem em sua dinâmica interna a própria dinâmica das relações sociais capitalistas, não são visibilizadas dessa forma. Segundo Kowarick (1979, p. 14): "verificou-se que a estruturação dos grupos que vivem nestas áreas é semelhante à dos demais grupos pobres existentes no cenário urbano, tanto em termos de estilo de vida como no que se refere à renda e ao tipo de ocupação".

Porém, os moradores da favela acabam por diferir dos demais espaços populares da cidade pela visão marginalizada produzida sobre eles, tendo por base a construção do medo. Segundo Batista (2003), o medo na cidade do Rio de Janeiro é construído como uma forma de justificar a ação violenta e repressora do Estado sobre os segmentos mais pauperizados da população.

Nessa análise, a marginalização de amplos segmentos populacionais urbanos serve, em certa medida, para justificar a repressão por parte do Estado, sem com isso demandar a ação via políticas públicas e sociais que minimamente garantam direitos aos cidadãos. Serve ainda como forma de produção do medo, colocando segmentos da classe trabalhadora na condição de passíveis de extermínio ou de reclusão, já que se constituem como uma constante ameaça à ordem, à paz social e ao bem comum. Não considerada como produto do desenvolvimento desigual e combinado do capitalismo, parcela dos pobres passa a ser desconsiderada no âmbito das políticas públicas, sendo invisibilizada socialmente. Identifica-se, como afirma Mota (1991, p. 1), que a: "gestação da cultura da cidadania no discurso político das classes dominantes" não se materializa, tornando-se mera retórica eleitoral e populista.

Segundo Santos (2007, p. 140), os segmentos da classe trabalhadora passam a ser "cidadãos diminuídos, incompletos", para os quais se define lugar de moradia, condições de vida e a forma de ação do Estado. Fundamentais na lógica de manutenção do desenvolvimento produtivo, portanto não descartáveis, os párias da cidade, na análise de Wacquant (2005), passam a expressar um lugar de moradia, uma condição de vida e não um sistema produtivo.

Para Santos:

> Morar na periferia é condenar-se duas vezes à pobreza. À pobreza gerada pelo modelo econômico, segmentador do mercado de trabalho e das classes sociais, superpõe-se a pobreza gerada pelo modo territorial. Este, afinal, determina quem deve ser mais ou menos pobre somente por morar neste ou naquele lugar. Onde bens sociais existem apenas na forma mercantil, reduz-se o número dos que potencialmente lhes têm acesso, os quais se tornam ainda mais pobres por terem de pagar o que, em condições democráticas normais, teria de lhe ser entregue gratuitamente pelo poder público (SANTOS, 2007, p. 143).

Nesse sentido, a cidadania nos territórios populares, passa a ser uma cidadania regulada[82], tanto pelo Estado, através da polícia e dos precários equipamentos públicos, como pelas ONG e Centros Sociais que passam a intermediar direitos. Constituem-se como o acesso possível a serviços e direitos que deveriam ser garantidos diretamente pelo poder público.

Para Santos:

> É impossível imaginar uma cidadania concreta que prescinda do componente territorial. Vimos, já, que o valor do indivíduo depende do lugar em que está e que, desse modo,

82. Para Santos (1979, p. 75), cidadania regulada: "é o conceito de cidadania cujas raízes se encontram não em um código de valores políticos, mas em um sistema de estratificação ocupacional, e, ademais, tal sistema de estratificação ocupacional é definido por norma legal. Em outras palavras, são cidadãos todos aqueles membros da comunidade que se encontram localizados em qualquer uma das ocupações reconhecidas e definidas em lei [...]. A cidadania está embutida na profissão e os direitos de cidadão restringem-se aos direitos do lugar que ocupa no processo produtivo, tal como reconhecido em lei. Tornam-se pré-cidadãos, assim, todos aqueles cuja ocupação a lei desconhece".

> a igualdade dos cidadãos supõe, para todos, uma acessibilidade semelhante aos bens e serviços, sem os quais a vida não será vivida com aqueles mínimo de dignidade que se impõe (SANTOS, 2007, p. 144).

A localização geográfica dos sujeitos revela o seu lugar na sociedade de consumo. As áreas centrais e ricas são privilegiadas no que se refere a oferta de serviços, a estrutura e a proximidade ao mercado. Como todas as relações, a moradia e o *status* de cidadania se mercantilizam na sociedade capitalista. Os sujeitos passam a ser reconhecidos e considerados pelo que consomem e, para isso, não basta ter condições de consumir, mas deve também estar próximo aos centros de consumo. Nessa perspectiva, tudo se torna mercadoria, inclusive o solo urbano. No "lugar do *cidadão* formou-se um *consumidor*, que aceita ser chamado de *usuário* (SANTOS, 2007, p. 25, grifo do autor).

Apesar de tudo se tornar mercadoria, nem todos são aptos a consumi-la. A criação de escalas de consumo e de possibilidades de consumo é ferramenta essencial para o processo de diferenciação social produzida pelo capital. Nesse sentido, a desigualdade se evidencia nas relações sociais capitalistas, geradas e mantidas pela burguesia. Segundo Freire e Pereira (2009, p. 47): "a classe burguesa exerce um papel imprescindível para a existência da desigualdade social, visto que não é de seu interesse fazer a sua extinção, e sim administrá-la".

A realização plena da cidadania, assim como dos direitos humanos e da democracia, torna-se incompatível, já que seu instrumento sustentador e propulsor, a propriedade privada, é o elemento central no processo de apropriação desigual da riqueza produzida. A cidadania torna-se apenas um discurso e não se materializa na prática. Apesar de legalmente todos terem os mesmos direitos, nem todos possuem as mesmas "oportunidades". Tratar os diferentes como iguais acaba por ser uma forma eficiente de acirrar a disputa entre segmentos de uma mesma classe, fortalecer o individualismo, a competição e a banalização das desigualdades sociais.

Segundo Konder:

> A burguesia brasileira procura administrar suas próprias contradições: ela avalia a mudança, calcula aquilo que ainda precisa ser cuidadosamente modificado, admite realizar (contidos) movimentos modernizadores, porém está atenta aos riscos e, na preservação da sua segurança, procura conservar traços essenciais do seu velho estilo autoritário (KONDER, 1986, p. 111).

A cidadania possível para diferentes segmentos da classe trabalhadora, além de desigual entre si, é frágil, fragmentada, parcial. Ou seja, forjam-se subcidadãos, cidadãos de segunda categoria, aos quais são direcionadas parcas políticas públicas que, em última análise, apenas contribuem para a manutenção da estrutura social desigual. Segundo Iasi (1997, p. 18): "o termo cidadão, enquanto afirma a igualdade formal, mascara e obscurece a desigualdade de fato que continua a se reproduzir e garantir o caráter excludente e opressor das relações sociais estabelecidas".

As violações dos direitos, que se expressam em todos os espaços gestados pela lógica do capital, ganham nos territórios favelados[83] distinções particulares, combinando as diretrizes gerais da forma de organização social capitalista e suas expressões locais.

Entre as inúmeras formas de violação dos direitos básicos que negam a cidadania a segmentos da classe trabalhadora na favela, destacam-se:

83. Segundo Konder (1986, p. 114): "o efetivo exercício da cidadania tem sido e continua a ser dramaticamente cerceado na nossa sociedade. O favelado, por exemplo, é vítima de uma evidente discriminação: por um lado, como cidadão, ele tem direito à proteção da lei, seu domicílio é inviolável; por outro lado, contudo, seu barracão no morro não é reconhecido como "domicílio" e a polícia se sente à vontade para invadi-lo a qualquer hora do dia ou da noite".

1. A ausência do direito de ir e vir no seu território de moradia: nas favelas cariocas, dominadas por distintos grupos criminosos armados, são impostas aos seus moradores barreiras geográficas que impedem o livre acesso às comunidades vizinhas. No caso do conjunto de favelas da Maré, dominada atualmente por três dos principais grupos criminosos armados — Milícia, Terceiro Comando e Comando Vermelho —, os moradores são impedidos fisicamente e simbolicamente de atravessar algumas divisas entre as comunidades. O não acesso a determinadas áreas, além de violar o direito civil de ir e vir livremente, significa o não acesso a determinados direitos, como postos de saúde, escola e espaços de lazer;

2. A restrição do acesso às políticas públicas: justificada pela insegurança e pela violência gerada pelo domínio do território pelos grupos criminosos armados, algumas políticas públicas não são garantidas no espaço do território da favela ou são realizadas de forma parcial. São exemplos dessa negação do acesso e do acesso parcial às políticas públicas: o horário reduzido das escolas públicas na Maré, a retirada dos equipamentos da assistência social do território da favela e o horário reduzido dos postos de saúde;

3. Ausência de liberdade de expressão: em outros espaços da cidade a ausência de liberdade de expressão está vinculada a impossibilidade dos trabalhadores ou de segmentos populacionais protestarem contra a macropolítica e a lógica de desenvolvimento, nas favelas o cerceamento da liberdade de expressão se dá pela impossibilidade de questionamento sobre assuntos cotidianos, como: violação da lei do silêncio, baixa qualidade dos serviços públicos, privatização dos espaços públicos (praças e ruas), autoritarismo da polícia e o poder dos grupos criminosos armados;

4. Precariedade dos serviços públicos: nos espaços das favelas, a violência gerada pelos grupos criminosos armados também é justificativa para o desenvolvimento de precários serviços públicos, sejam estatais ou privados. São exemplos dos serviços públicos

estatais de baixa qualidade: as escolas públicas, que além de serem em número insuficiente, em sua maioria não funciona no horário noturno sob a alegação da insegurança; os postos de saúde que são insuficientes e dispõem de poucos profissionais, em especial médicos, sob a alegação de que eles não querem trabalhar em "área de risco"; a polícia que trabalha de forma violenta e corrupta, tendo como pressuposto que todo morador é potencialmente um bandido; as construções habitacionais, baseada na construção pelo poder público, de moradias de baixa qualidade nas comunidades. São exemplos de serviços públicos privados de baixa qualidade, o fornecimento de energia elétrica, sob a justificativa que na favela existem muitos "gatos[84]"; a ausência de serviços bancários e de agência de correios; o fornecimento clandestino de TV a cabo e internet de alta velocidade;

5. Negação do direito à propriedade: na maior parte das favelas cariocas, nem mesmo o consagrado direito à propriedade privada é exercido. Após décadas de debate sobre a função social da terra e do solo urbano, após o reconhecimento público das favelas como territórios, mesmo que segregados, mas inerentes à cidade, a maior parte das favelas cariocas não tem regularização fundiária. Sem a regularização fundiária não é possível ter título de propriedade e nem mesmo vender e comprar casas e terrenos de forma regular, via cartório público. Os moradores da maior parte das favelas também não podem se inscrever em programas de financiamento da casa própria, já que a Caixa Econômica Federal, banco responsável pela maior parte dos financiamentos imobiliários,

84. Ligações clandestinas realizadas pelos moradores para ter acesso à energia sem pagar a conta. Segundo informações da assessoria de imprensa da Light divulgadas através de documento em 2008, 60% dos casos de "roubo" de energia efetivadas por ligações clandestinas "se encontravam fora das áreas de risco e 40% nas áreas de risco", ou seja, a prática de "gatos de luz" é mais comum fora das favelas do que nas favelas.

não aceita financiamento de imóveis sem título definitivo de propriedade. Não podendo contar com o financiamento imobiliário e nem mesmo com o registro em cartório das escrituras de propriedade, a maior parte das negociações para compra e venda de imóveis nas favelas é feita com um documento assinado pela associação de moradores. Os pagamentos são feitos à vista ou em breve parcelamento acordado entre as partes e registrado, em documento particular, junto à associação de moradores e, em alguns casos, em cartório público.

Nos marcos do desenvolvimento desigual e combinado do capitalismo, que articula formas distintas de exploração com dimensões ideológicas essenciais à manutenção do *status quo* e a submissão dos pauperizados a ordem social, há uma estrutura social urbana profundamente segregadora.

No próximo capítulo serão trabalhados alguns aspectos do cotidiano da Maré, que buscam visibilizar a vida de frações da classe trabalhadora, assim como a forma como o Estado, através das intervenções públicas, atua no território da favela.

O COTIDIANO E AS FORMAS DE SOCIABILIDADE CONSTRUÍDAS NA MARÉ

—

> Essas pessoas nascem, vivem e morrem. Vivem bem ou mal. É no cotidiano que eles ganham ou deixam de ganhar sua vida, num duplo sentido: não sobreviver ou sobreviver, apenas sobreviver ou viver plenamente. É no cotidiano que se tem prazer ou se sofre. Aqui e agora (LEFEBVRE, 1991, p. 27).

Buscou-se compreender a forma como as determinações econômicas e relações sociais capitalistas se expressam no cotidiano da favela, considerando que a cidade se constitui de espaços formais e informais, ambos necessários ao desenvolvimento do padrão produtivo capitalista. Segundo Maricato (2008, p. 39): "a cidade legal (cuja produção é hegemônica e capitalista) caminha para ser, cada vez mais, espaço da minoria". Realidade essa que desafia a compreensão das formas organizativas, da sociabilidade e das vivencias produzidas na cidade informal, como requisito para o desvelamento da vida real urbana.

Nesse sentido, algumas dimensões do cotidiano da Maré, ao serem analisadas, possibilitam a compreensão de que o espaço formal e o informal se misturam na cidade do Rio de Janeiro. Demonstram a mescla existente entre os diferentes territórios da cidade, que comporta a informalidade nos territórios tidos como formais e a formalidade nos territórios considerados informais, do qual são exemplo, os vendedores ambulantes e o comércio popular, no centro do Rio de Janeiro, e o comércio, e o trabalho domiciliar registrados na favela.

Na contradição criada entre as forças produtivas e as relações sociais a partir do desenvolvimento desigual e combinado do capitalismo, as cidades vão se constituindo como espaço privilegiado de conformação das classes sociais e suas frações. Classes que se diferenciam pela sua posição nas relações de produção e, por consequência, na forma como se apropriam dos recursos e bens da cidade. A forma diferenciada de apropriação da cidade pelos segmentos de classe passa necessariamente pela conformação de distintos territórios de moradia e sociabilidade.

A cidade ao ser adaptada à produção capitalista constitui o espaço urbano a partir de padrões de desenvolvimento e civilização próprios da industrialização. Nesse sentido, o processo de desenvolvimento do Brasil, esperado como forma de superação de um país arcaico em direção a uma organização social moderna, tendo como referência o processo europeu de urbanização, culmina com a consolidação de uma sociedade ainda mais desigual. Segundo Maricato (2008, p. 30), consiste no "aprofundamento da desigualdade numa sociedade histórica e tradicionalmente desigual". Ao mesmo tempo em que o processo de urbanização impulsiona a cidade para outro patamar de desenvolvimento, recriam-se formas tradicionais de exploração da classe trabalhadora, acirra-se a desigualdade e se constroem formas novas de distinção entre as classes materializadas nos territórios.

Constituindo-se como racionalidade dominante na cidade, a lógica da produção capitalista organiza o espaço urbano a partir da diferenciação entre as classes, conformando uma segregação socioespacial. Cada vez mais, a lógica da cidade empresa nega a lógica da cidade política. Como na "empresa" tudo pode ser negociado e as regras são distintas, assume-se o Estado da exceção permanente e cria-se um paradoxo, já que se assume como legal o que não pode ser legal. A consequência imediata desse processo é a militarização do espaço urbano com a criminalização da pobreza, como forma de controlar os "descontentes" e coibir todo e qualquer processo de organização que questione a ordem e o *status quo*.

A identidade de trabalhador pouco a pouco vai cedendo lugar à ideia de cidadão, porém sob o discurso de uma sociedade democrática e com direitos para todos, expresso no ideário da cidadania, construído política e socialmente com base na noção de direitos, deveres e oportunidades. Contraditoriamente, em nome de elevar o pobre ao patamar de cidadão reedita-se através das políticas públicas assistencialistas e de ações clientelistas, a lógica do favor em detrimento ao direito.

> O *urbano* (abreviação de "sociedade urbana") defini-se portanto não como realidade acabada, situada em relação à realidade atual, de maneira recuada no tempo, mas, ao contrário, como horizonte, como virtualidade iluminadora. O urbano é o *possível*, definido por uma direção, no fim do percurso que vai em direção a ele. Para atingi-lo, isto é, para realizá-lo, é preciso em princípio contornar ou romper os obstáculos que atualmente o tornam *impossível* (LEFEBVRE, 2008, p. 26, grifo do autor).

O urbano como algo em construção, segundo as análises de Lefebvre (2008), se constitui de sentidos a partir dos sujeitos reais conformados em classes e em territórios, não de forma estanque e imóvel, mas em movimento acompanhando a dinâmica das relações sociais.

No processo de constituição da cidade, o Estado ocupa papel de profunda relevância como gestor das tensões postas pelas disputas entre as classes e suas frações de classe, assumindo a função de organizador da vida social. Suas ações, como afirmou Gramsci (2001), são desenvolvidas pelo duplo movimento que envolve coerção e consenso no trato das relações sociais, sob a prevalência dos interesses da classe que domina economicamente.

É no contexto de crescimento da cidade em busca do desenvolvimento que se forjam os distintos territórios, tendo a base econômica como determinante no processo de configuração das demais demandas que compõem a vida cotidiana, como a cultura, saúde, educação etc. Assim, o espaço urbano se constitui de territórios economicamente e socialmente mais privilegiados e territórios economicamente e socialmente precarizados. Os territórios populares, que destoam da imagem construída sobre o progresso e o desenvolvimento, refletindo a contradição da apropriação privada da riqueza socialmente construída, passam a ser considerados como um problema a ser superado ou pelo menos controlado no espaço urbano.

As favelas caracterizadas como espaço da pobreza e dos pobres, passam a ser identificadas de distintas formas: como "aglomerados subnormais", segundo o IBGE; "assentamentos precários", segundo o Estatuto das Cidades; ou como "comunidades", segundo a imprensa e o senso comum. Essa última definição utilizada como forma de amenizar o impacto pejorativo que representa o termo favela, considera que a negação da condição de favelado atribui aos moradores desses territórios um outro lugar na representação social.

Independente do nome pelo qual se definem os territórios populares, a favela, agregou ao longo das décadas um conjunto de características que a afirmam no espaço urbano. Definida de forma genérica pelo "discurso da ausência" (SILVA; BARBOSA, 2005), as favelas passam a ser caracterizadas por aquilo que não são, tendo como referência outros territórios da cidade, particularmente os bairros caracterizados como espaço de moradia de frações de classe economicamente favorecidas.

Nesse sentido a favela foi durante décadas definida por sua negação, território que abriga uma parcela da sociedade desprovida de recursos, de oportunidades, de desejos, de crenças e de vivências. Assim, o desenvolvimento urbano buscou formas distintas de destituir os moradores e os territórios populares de sentido e de sociabilidade, homogeneizando as favelas e desconsiderando os desejos e as demandas dos sujeitos.

A negação do discurso da ausência e da homogeneização sobre os espaços populares e as favelas impõe a necessidade do desvelamento da realidade cotidiana desses territórios, tendo como pressuposto que são espaços de moradia de segmentos da classe trabalhadora.

Pressuposto que orientou as reflexões do presente trabalho com o objetivo de dar visibilidade aos moradores da favela e à sua vida cotidiana, não na perspectiva fortemente difundida no século XXI dos "excluídos", mas na perspectiva dos incluídos de forma subalternizada pelas relações sociais de produção. Dessa feita, a favela como um espaço de moradia e seu cotidiano, com demandas, contradições, sentidos e significados se tornou o foco da pesquisa.

Entende-se que o cotidiano é o espaço em que se expressam as contradições das relações sociais, no qual se reflete a forma como o Estado intervém junto às classes e os territórios populares e, ao mesmo tempo, expressa as ações e reações construídas pelos sujeitos. Dessa maneira, como os sujeitos são singulares, mesmos que produto das mesmas relações sociais, a conformação do cotidiano não se dá de forma uniforme e homogênea, guardando particularidades e singularidades que ligam a realidade local à totalidade. O cotidiano reflete os conflitos e os paradigmas que norteiam a vida no território, desnudando as relações instituídas entre as pessoas, entre as instituições e entre as instituições e as pessoas, conformando, a partir das contradições, dos conflitos, da coerção e do consenso, a vida na favela.

Segundo Lefebvre:

> O espaço é o objetivo, ou melhor, a objetivação do social e, consequentemente, do mental. Para conhecê-lo, é imprescindível a *démarche* descritiva. Uma forma se deprende ou se constrói a partir dos conteúdos que o conhecimento descobre ou recorta (LEFEBVRE, 2008, p. 44, grifo original).

Nessa perspectiva, o estudo do espaço da favela é relevante como forma de compreender as contradições, demandas e necessidades que deveriam pautar a relação do poder público com os moradores desses territórios, assim como a relação a ser estabelecida entre os distintos territórios da cidade, tendo em vista o direito de todos à cidade. Direito à cidade que não se restringe apenas à circularidade nos territórios da cidade, apesar de esse ser um elemento importante no processo de ampliação de tempo-espaço dos moradores da favela. Mas refere-se à oportunidade de desfrutar de todos os recursos ofertados na cidade pelo processo de urbanização, que acaba restrito a uma classe social.

Recuperar o processo de constituição do urbano visualizando o desenvolvimento desigual e combinado possibilita identificar a conformação das favelas cariocas como consequência da apropriação privada da riqueza socialmente produzida, contradição própria do modo de produção capitalista. Contradição que é mistificada no ordenamento da cidade, não possibilitando a visualização das distintas classes, camuflando o trabalhador formal e informal, morador da favela, como o lumpemproletariado ou como o "usuário" de políticas sociais assistencialistas.

Nesse percurso torna-se importante identificar a dimensão de classe presente na conformação das favelas, demonstrando que os territórios são determinados pela ocupação das classes. No caso das favelas, segmentos da classe trabalhadora pauperizados, que não usufruem dos bens e serviços da cidade.

Segundo Lefebvre:

> Atualmente o fenômeno urbano surpreende por sua enormidade; sua complexidade ultrapassa os meios do conhecimento e os instrumentos da ação política. Ele torna quase evidente a teoria da *complexificação*, segundo a qual os fenômenos sociais vão de uma certa complexidade (relativa) a uma complexidade maior (LEFEBVRE, 2008, p. 49, grifo original).

Buscando compreender a complexidade indicada pelo autor, o estudo de algumas dimensões cotidianas da vida na Maré tem relevância preponderante, assim como a análise das formas e da relação estabelecida entre Estado e favela. Relação que dá sentido e significado ao processo de estigmas construídos socialmente e amplamente difundidos pelas mídias em toda a cidade, ratificando a separação dos territórios e propagando o medo e a criminalização da pobreza.

Como afirma o autor: "se há uma produção da cidade, e das relações sociais na cidade, é uma produção e reprodução de seres humanos por seres humanos" (LEFEBVRE, 2001, p. 47), do qual deriva a compreensão das relações imediatas dos sujeitos e sua materialização no cotidiano da cidade.

A relação construída entre os diferentes territórios da cidade se forja a partir do medo generalizado sobre todo e qualquer morador de favela. O discurso da segurança se espraia sobre a cidade evocando o Estado a restabelecer a "ordem" nas favelas de forma a garantir o convívio harmonioso entre os territórios. Nessa perspectiva desconsidera-se que o Estado já está presente nas favelas e que o crescimento dos grupos criminosos armados se dá com a anuência do poder público. O Estado assume a ação do pacificador, como se essa fosse sua primeira e única ação nos territórios segregados da cidade e como se não houvesse outra forma de integração social que não seja pela militarização do espaço. Desconsidera-se que os grupos criminosos armados têm nas favelas o monopólio da violência, a coerção couraçada de consenso (GRAMSCI, 2001), útil ao Estado no ordenamento desses territórios e como justificativa para sua precária inserção.

É no cotidiano que se expressam todas essas tensões em um movimento constante entre a aparência e a essência do que são as favelas e de como se conformam na cidade. Como consequência da luta de classes, os moradores da favela, mais do que o território da favela, são invisibilizados no processo de conformação social. Desconsidera-se que os moradores da favela dispõem de determinada racionalidade e cotidianidade que atribui sentido à vida, a partir da constituição de uma intensa vida social e laborativa no interior desses espaços populares.

Como afirma Barbosa:

> Portanto, quando superamos os pré-conceitos em relação ao universo da vida nas favelas, verificamos que há acordos, regras e normas instituídas nas vivências de seus habitantes. Há modos de viver que afirmam a existência de grupos sociais

> na sua diferença sociocultural. Isso não significa afirmar que estamos identificando "comunidades fechadas" ou "grupos particulares" em um dado território urbano, mas enunciando o reconhecimento de sua diferença no bojo de relações desiguais de apropriação e uso da cidade (BARBOSA, 2012, p. 64).

Nesse sentido, as favelas cariocas desafiam os estudiosos da questão urbana ao estudo de sua complexidade na busca por superar estigmas e estereótipos que reforçam a "cidade partida". Para tal se faz necessário um aprofundamento sobre o cotidiano dos moradores desses territórios. É nesse sentido que a análise de algumas dimensões da vida cotidiana na Maré busca contribuir para a superação de visões superficiais.

O CONJUNTO DE FAVELAS DA MARÉ

A história de constituição da Maré remonta ao início do século XX. A construção do Fundação Oswaldo Cruz (FIOCRUZ), em 1908, chamou a atenção da cidade para aquela região, que necessitava de melhores meios de transporte e maior infraestrutura, devido a importância daquela instituição.

Inicialmente a Fiocruz destinava-se à produção de soro e vacina contra a peste bubônica que se espalhava pelo Rio de Janeiro, exigindo respostas das autoridades públicas. Rapidamente, o Instituto foi se destacando na produção e criação de importantes vacinas e medicamentos, tornando-se um dos mais conceituados centros públicos de pesquisa em saúde.

> Criado com o limitado fim de produzir o soro e a vacina contra a peste bubônica, Manguinhos transformou-se, em poucos anos, no maior instituto de medicina experimental da América Latina, agasalhando o ensino de disciplinas de ponta das ciências biomédicas, pesquisas originais e de

> grande relevância para a saúde pública e a produção de quase todos os imunobiológicos utilizados pelo Brasil e, inclusive, por outros países do continente (CEASM, 1999, mimeo).

Devido a importância alcançada pela Fiocruz, pouco a pouco a região que hoje constitui a Maré foi assumindo relevância na organização do espaço urbano carioca, a demandar maior atenção e maiores investimentos do poder público. Em especial a partir da Reforma Pereira Passos, promovida pelo então prefeito da capital Pereira Passos, no período de 1902 a 1906, quando parte dos moradores do centro foi deslocada para os subúrbios próximos. Assim, o espaço da Leopoldina e de Manguinhos, até então caracterizado como periferia rural, ganham núcleos urbanos que passam a se expandir.

O conjunto de favelas da Maré teve início na década de 1930 e 1940, com a chegada dos primeiros moradores à comunidade hoje conhecida como Morro do Timbau. A partir daí, o processo de ocupação foi se expandindo de tal forma que, no início desse século, esse já era considerado o maior conjunto de favelas do Rio de Janeiro.

Outro importante aspecto da constituição da Maré é o êxodo rural, característico da segunda metade do século XX. Parte de sua população é formada por nordestinos, que vieram em busca de melhores condições de vida e de trabalho. A Maré é um dos mais significativos redutos da cultura do Nordeste na cidade do Rio de Janeiro.

Situada entre a Avenida Brasil e a Linha Vermelha, à margem da Baía de Guanabara, a Maré é hoje um dos principais espaços da Zona da Leopoldina. A visibilidade decorrente da localização geográfica, bem como o fato de sua paisagem durante muitos anos ter sido dominada por palafitas (habitações precárias suspensas sobre a lama e a água) contribuiu, em geral, para a percepção da Maré como um local miserável, violento e destituído de condições dignas de vida. Apesar do exagero dessa representação, é forçoso reconhecer que se trata de um lugar proletarizado, onde predominam a população nordestina e negra, em condições sociais e profissionais subalternas e com baixa escolaridade.

Segundo Silva:

> Sua formação vem de um longo processo de mudanças urbanas, que atingem a cidade durante o século XX, em especial em sua segunda metade. Essas transformações aconteceram basicamente pelo incremento da atividade industrial na cidade carioca, o que teve como consequência a chegada de muitos nordestinos, que vinham em busca de trabalho, principalmente de áreas atingidas pela seca. A região da Leopoldina, pouco valorizada em termos imobiliários, tornou-se um espaço privilegiado de recepção dessa população (SILVA, 2009, p. 176).

A Maré possui 132 mil habitantes, segundo os dados do Censo Maré 2000, com uma média de 3,4 habitantes por domicílio[85]. Média essa bastante próxima daquelas encontradas, segundo os dados do IBGE 2000, em nível nacional, regional e municipal. Na comparação das taxas de densidade demográfica da cidade do Rio de Janeiro verificava-se que o conjunto possuía cerca de 21.400 hab./km², enquanto o município do Rio de Janeiro apresenta uma média de 328 hab./km². O processo intenso de ocupação é um fator básico para se definir alguns aspectos da paisagem da Maré: a ausência de árvores, a escassez de espaços vazios, a verticalização das residências e a intensa circulação de pedestres e de diversos meios de transporte.

A população se distribui por cerca de 38 mil domicílios, em 16 favelas: Marcílio Dias, Praia de Ramos, Roquete Pinto, Parque União, Rubens Vaz, Nova Holanda, Parque Maré, Nova Maré, Baixa do Sapateiro, Morro do Timbau, Bento Ribeiro Dantas, Conjunto Pinheiros, Vila

---

85. Todos os dados utilizados sobre a Maré foram elaborados a partir do Censo Maré 2000, realizado pela Organização Não Governamental CEASM. Em 2012 teve início um novo censo na Maré, organizado pela Redes de Desenvolvimento da Maré, que foi concluído em 2013 e identificou que a Maré já tinha 139.073 habitantes, sendo considerado o 9º bairro mais populoso da cidade

dos Pinheiros, Novo Pinheiros, Vila do João e Conjunto Esperança.

Até o início da década de 1980 a Maré reunia seis favelas. A primeira intervenção pública para construção habitacional foi a da Nova Holanda na década de 1960. Segundo Silva:

> A partir da implantação do Projeto Rio, lançado em 1979, coordenado pelo então Ministério do Interior e implementado no Rio de Janeiro pelo Banco Nacional de Habitação (BNH), a região sofreu uma transformação profunda (SILVA, 2009, p. 177).

As favelas que compõem a 30ª Região Administrativa representa 2,3% da população do município do Rio de Janeiro e 0,97% dos habitantes do estado do Rio de Janeiro. O bairro possui um número de habitantes superior ao de cidades como Cabo Frio, Araruama, Angra dos Reis, Resende, Queimados, Itaguaí etc. Caso recebesse o *status* de município, ele ocuparia a 18ª posição no estado e a 11ª na região metropolitana.

No que concerne às características ecológicas e da paisagem, o sítio original da área hoje ocupada pela Maré era, em grande parte, composto por terrenos alagadiços e de mangue, além de pequenas ilhas. Com o passar do tempo, a região foi aterrada ou dominada por palafitas. A ocupação efetiva da parte central da Maré data de 1946, ano da inauguração da Avenida Brasil e da implementação do novo eixo industrial Zona Norte. A avenida materializava, então, a política de desconcentração produtiva e populacional da cidade do Rio de Janeiro.

> As palafitas da Maré foram, durante um período significativo da formação das favelas da região, uma marca emblemática da situação de pobreza e das péssimas condições de qualidade de vida na qual viveram uma parcela da população da Maré (SILVA, 2009, p. 178).

Ao se comparar os percentuais de aspectos sociais como analfabetismo, trabalho infantil e renda da Maré com os de outras favelas, podem-se encontrar grandes semelhanças. Porém, no que tange ao território, a Maré, diferentemente de outras favelas como a Rocinha, o Vidigal e o Alemão, dispõem de um terreno plano em sua quase totalidade, possuindo apenas duas áreas em declive. Quase todas as suas áreas possuem água, luz, esgoto, arruamento e coleta de lixo, o que contrasta com o discurso da ausência que durante muito tempo caracterizou as favelas, como nos mostra o trecho abaixo extraído do caderno do Censo Maré 2000:

> A ausência torna-se, portanto, o eixo paradigmático da leitura e interpretação dos espaços populares, indiferenciadamente denominados como favela. Desse modo, define-se a favela pelo que ela não é ou pelo que não tem em relação à cidade. Nesse caso, a favela é apreendida como um espaço destituído de serviços urbanos — água, luz, esgoto, coleta de lixo; sem ordem — arruamento, numeração domiciliar, pavimentação; globalmente miserável; sem lei — antro de marginais e desocupados; sem cidadania — baixa escolaridade e fraca participação política; sem moral — famílias desagregadas e pessoas inclinadas a todo tipo de vício; enfim, expressão do caos social mais brutal (CEASM, 2000, p. 23).

Os moradores da Maré acabam por ser marcados pelo estigma, construído socialmente, de viverem num local onde faltam condições objetivas de infraestrutura e carentes de políticas públicas. Isso dificulta a sua inserção no mercado de trabalho. Ao serem indagados, em uma entrevista de emprego, sobre o seu local de moradia, a maioria omite o fato de morar na Maré e alguns afirmam morar em algum bairro próximo, que não se caracteriza como favela, tentativa necessária para terem a chance de se inserir no mercado de trabalho.

> Nas relações de trabalho o favelado é estigmatizado. Não raro, as empresas deixam de empregar um indivíduo pelo fato de morar numa favela, e em certos períodos da década de 70 alguns chegaram mesmo a ostentar placas que evidenciavam semelhante forma de discriminação. Nas residências das

> classes mais abastadas é comum não aceitar ou até mesmo despedir uma empregada doméstica quando a patroa descobre a origem domiciliar daquela que convive nos quartos dos fundos das moradias burguesas (KOWARICK, 1993, p. 93).

Embora não existam mais na Maré as palafitas, que marcaram sua imagem durante muitas décadas, suas moradias ainda hoje se mantêm precárias; casas muito pequenas, com cômodos que cumprem dupla função (sala e cozinha; sala e quarto etc.) e de paredes geminadas, o que dificulta a privacidade.

Ressalte-se, ainda, que serviços de utilidade pública como Bancos e Correios não estão disponíveis no bairro, apesar de sua população ser maior do que a de 80% dos municípios do Brasil.

Como afirma Kowarick:

> A precariedade das condições de vida, por si só, já torna temerário classificar o favelado como um cidadão urbano. Mas não é somente sob esse aspecto que a cidadania, entendida como um rol mínimo e imprescindível de direitos, está ausente (KOWARICK, 1993, p. 91).

Mesmo com os investimentos públicos direcionados à Maré nas últimas décadas, fazendo com que o território passasse de 06 para 16 favelas, com a implementação de ações públicas na área da educação, saúde, saneamento etc., esse território se mantém sobre a representação da favela, com serviços de baixa qualidade e acesso limitado aos demais territórios da cidade.

Em 1994 a Maré se torna oficialmente bairro, através de um decreto assinado pelo então prefeito Cézar Maia. Porém sua condição oficial de bairro não trouxe investimentos diferenciados e nem mesmo contribuiu para a diminuição das representações sociais sobre o espaço. Vista pela mídia como lugar violento e representada pelos demais territórios da cidade como lócus da violência e local de moradia de bandidos, a Maré se formaliza como bairro, sem, contudo, se materializar na vida dos moradores os direitos atinentes à cidade. Nesse sentido, a imposição do *status* de bairro não gerou sentido na vida cotidiana dos moradores, não alterando a representação externa e interna sobre o território.

De acordo com Silva:

> Há, entretanto, um fato curioso que se observa nas localidades: o reconhecimento por parte dos moradores de que, apesar de terem vários serviços públicos funcionando na região, essa presença não gerou uma melhora expressiva da qualidade de vida na Maré e, tão pouco, a diminuição da representação negativa sobre quem lá reside. Certamente, é essa uma das razões do morador da Maré não ter incorporado a idéia e o *status* de bairro para a região (SILVA, 2009, p. 181-182).

Elementos fortes que compõem o cotidiano da favela acabam por corroborar o imaginário social de que aquele território não é um bairro como os demais da cidade. Não apenas pela representação construída sobre a favela, mas essencialmente sobre o ordenamento que o território forja a partir de sua realidade local. Nesse sentido, alguns fatos que compõem o cotidiano acabam por marcar a vivência e a sociabilidade construída nesse território conformando um modo de viver na favela.

Refletir sobre o cotidiano da favela passa necessariamente por analisar a forma como o território é ocupado pelos moradores, instituições e comércio. Um dos elementos cotidianos mais relevantes da Maré e que mais chama atenção é a intensidade de pessoas circulando pelas ruas das favelas. As ruas são ocupadas diuturnamente por adultos e crianças. É comum na favela ver crianças a partir de 3 anos brincando na rua em companhia de outras crianças, jogando bola, brincando de pique etc. À noite a favela, como relatam os moradores, "é uma festa", os bares ficam abertos e todos os dias se tem algo para fazer. Na comunidade do Parque União já é tradicional a ocupação diária da praça com música ao vivo. Ao redor da praça se criou uma estrutura de comércio que envolve desde bares e restaurantes até camelôs. Essa comunidade, reconhecida pelos moradores como "a elite da favela", por ser uma favela menos pobre se comparada a outras favelas da Maré, por sua proximidade com a Avenida Brasil atrai muitas pessoas de outros territórios da cidade, em especial os moradores do alojamento estudantil da Universidade Federal do Rio de Janeiro (UFRJ) localizado na Ilha do Fundão, vizinha à favela. O forró realizado nessa praça atrai tantas pessoas de fora da Maré que o espaço acaba por ser ocupado por guardadores de carro[86], a exemplo de outros territórios da cidade, que cobram de quem não é morador da Maré.

Como afirma Silva:

> A alta circulação nas ruas não se explica pelo que poderia parecer à primeira vista: nas casas residiria uma quantidade de pessoas muito superior a sua capacidade e isso as tornaria inabitáveis. Com efeito, a densidade média de habitantes por domicílio na Maré (3,45) está próxima da média da cidade. Fatores como a má qualidade das habitações e o fato de os cômodos serem muito pequenos justificam mais, em termos físicos, a opção pelas ruas. Outros fatores sociais também influenciam a intensa circulação coletiva: a alta taxa de desemprego, em especial dos jovens — um grande número desses também não estuda; a pequena circulação dos moradores em outros espaços da cidade e a concentração de suas atividades de lazer e de consumo na própria favela; a prática de vários tipos de brincadeiras coletivas entre as crianças etc. (SILVA, 2009, p. 183).

Com um comércio intenso, que ocupa o espaço público como se fosse privado, com apropriação das calçadas para exposição de mercadorias e para armazenamento de estoques, os transeuntes são obrigados a dividir a rua com as motos e os carros. São comuns atropelamentos

86. Dentro da favela pelo ordenamento local não se pode roubar, o que faz com as favelas sejam locais que não oferecem riscos de furto e roubo, sendo desnecessários os guardadores de carro.

nas favelas da Maré pelo fato de as pessoas transitarem na rua e das motos, tanto as que servem de transporte (mototáxi) como as conduzidas pelos jovens dos grupos criminosos armados, transitarem em alta velocidade. Os carros, com exceção dos conduzidos pelos integrantes dos grupos criminosos armados, são os que trafegam com menor velocidade, já que tem que ser preventivo em relação aos pedestres nas ruas e às motos em alta velocidade.

No que tange à ocupação do espaço público, como calçadas e praças públicas, chama a atenção a compreensão dos moradores e comerciantes locais sobre a legitimidade em utilizar tais espaços para o comércio privado. Alguns depósitos de bebidas e bares da favela ocupam a calçada colocando grades que armazenam os engradados de bebidas. Toda ocupação do espaço público, na lógica de ordenamento da favela, deve ter a autorização do gerente do grupo criminoso, que em alguns casos chega a intermediar a venda de espaços públicos para a instalação de *trailers* e barracas.

Na rua Teixeira Ribeiro, localizada na favela Nova Holanda, considerada a mais movimentada em relação ao comércio, em toda sua extensão, cerca de cinco quarteirões, as calçadas são ocupadas pelo comércio. Em algumas partes se estenderam varandas nas calçadas para facilitar a exposição das mercadorias à venda. Essa rua é emblemática no que tange à ausência de ordenamento territorial na favela e a privatização do espaço público.

Outro elemento do cotidiano da favela, relevante no que tange à distinção em relação a outros territórios da cidade, é a ocupação das ruas públicas por jovens armados integrantes do tráfico de drogas. A ostentação de armas de fogo de calibre elevado, algumas utilizadas em situação de guerra, é recorrente na favela. Além de se colocarem nas esquinas e próximos às "bocas de fumo"[87], os jovens circulam em carros e motos demonstrando seu poder bélico para a comunidade,

---

87. Locais de venda de droga a varejo que ocupam as ruas públicas com a fixação de mesas para a venda das drogas.

ação que muitas vezes parece nem incomodar os moradores, que já incorporaram ao seu cotidiano essa realidade. Vale destacar que o fato de os moradores incorporarem em seu cotidiano a circulação de armas nas vias públicas não significa que eles tenham acordo com tal situação. Como declarado por todos os moradores entrevistados no levantamento sobre trabalho informal na Maré, o ponto mais negativo de viver na favela é o tráfico de drogas e a imposição da violência.

Como o território ganha ordenamento próprio independente das regras que regem os demais territórios da cidade, algumas situações chamam a atenção na ocupação do espaço e no cotidiano da favela. A forma como os moradores se relaciona com os serviços públicos ou de utilidade pública são emblemáticos. Como não se cobra taxa de água na favela da Maré, esse recurso natural é utilizado sem nenhuma racionalidade pelos moradores. É comum na favela a instalação de chuveiros nas ruas que no período do verão ficam abertos de forma indiscriminada, para que crianças e adultos possam se refrescar. O desperdício de água chama a atenção, assim como a relação estabelecida com o lixo, que é depositado em qualquer parte da rua, não sendo respeitadas obras, instituições etc. Tornou-se comum a utilização de placas que avisam "proibido jogar lixo neste local" e que são "assinadas" pelo tráfico de drogas, poder instituído e reconhecido pelos moradores como ordenador do espaço.

Também faz parte do cotidiano de consumo dos moradores da Maré o acesso a serviço de internet e TV a cabo clandestinas, conhecidas como "Gato Net". Esse serviço, que também é gerenciado pelos grupos criminosos armados, é ofertado aos moradores a um preço inferior ao do mercado formal. Pagava-se em 2012, na favela da Maré pelo acesso à internet alternativa R$ 25,00 (vinte e cinco reais) e para o acesso a TV a cabo R$ 35,00 (trinta e cinco reais). Segundo os moradores, o ruim da TV a cabo é que em alguns momentos o gerenciador da programação opta por colocar em todos os canais a mesma programação, em especial em dias de jogos, o que impede que os "assinantes" tenham autonomia na escolha da programação.

Nas favelas da Maré, quase nenhum morador paga IPTU. Apesar da prefeitura ter instituído a cobrança na década de 1990, os moradores não reconhecem o imposto como legítimo e a maior parte não o paga. Como a compra e venda de imóveis na Maré é feita na informalidade, apenas com registro na associação de moradores e com reconhecimento de firma em cartório do vendedor e do comprador, o pagamento do IPTU acaba por não ter nenhum efeito legal e real na vida dos moradores.

A questão da segurança na favela é outro tema relevante no seu cotidiano. Nas últimas duas décadas, por conta da reverberação do poder dos grupos criminosos armados nas favelas cariocas, constituiu-se o imaginário sobre a favela como o espaço da violência. Não se pode negar a ocupação e até certa medida o ordenamento do território pelos grupos criminosos armados, à revelia do poder público, mas se pode afirmar que a favela não é o espaço constante da violência. Essa é uma das contradições centrais da vida cotidiana da favela, pois mesmo com a presença constante e ofensiva do tráfico os moradores constroem e desenvolvem sua sociabilidade, conformando maneiras de viver semelhantes às dos subúrbios cariocas. A favela é espaço de dor, mas também de muita alegria, festa e confraternização. A violência imposta pelos grupos armados criminosos e pela polícia é apenas um dos elementos da vida cotidiana da favela, que não domina a vida dos moradores como se a todo o momento estivessem sob risco de morte. Nesse sentido, a tônica da vida cotidiana na favela não é o medo. Os bares, as festas nos espaços públicos e o futebol são espaços de socialização determinantes na favela, que contribuem para a circulação dos moradores na rua e para constituição de sua identidade enquanto morador desse território.

O medo[88] acaba por ser a tônica dos moradores de outros espaços da cidade em relação à favela, frequente na expressão das pessoas de outras partes da cidade que, por motivos de trabalho, precisam frequentar a Maré. A representação é de que a favela é um espaço tão dominado por grupos criminosos armados que qualquer pessoa para circular no território precisa de "autorização". Esse é um elemento presente em algumas favelas cariocas que não se reproduz na Maré, demonstrando como as favelas são distintas e heterogêneas até mesmo na sua ordenação territorial gerenciada pelos grupos armados.

> É muito comum para os que trabalham com organizações sociais nas favelas terem de lidar com situações cotidianas de preconceito, indelicadezes e exigências descabidas, em função da ignorância das pessoas da cidade, em geral, sobre as condições de vida cotidiana na favela. O sentimento de que há um risco iminente, em função do simples ato de entrar na favela, é muito comum. O medo é irracional e diferentes formas de violência simbólica são sofridas pelos que moram ou trabalham nas favelas, em função das representações tradicionais (SILVA, 2009, p. 189).

Central na configuração do cotidiano da favela é a presença das igrejas, em especial as igrejas evangélicas, que abarcam a maior parte dos moradores que frequentam alguma instituição religiosa. As igrejas, assim como o comércio, também se apropriam dos espaços públicos, não apenas para a realização pontual de cultos, mas para a instalação de caixas de som, telão e até mesmo de templos em praças públicas.

---

88. O medo gerado a partir dos estereótipos construído sobre o território da favela têm rebatimentos nas políticas públicas. Em 2006, na gestão do então prefeito Cesar Maia, a Secretaria Municipal de Assistência Social, dirigida pelo assistente social Marcelo Garcia, retirou todos os equipamentos públicos de assistência social das favelas cariocas sob a alegação que não havia segurança para os profissionais trabalharem.

A presença dos evangélicos na favela é muito significativa, contribuindo para uma configuração não apenas cultural, mas também política do território, já que em sua maioria as igrejas evangélicas se vinculam a políticos e aos centros sociais. Relevante na relação estabelecida pelas igrejas com a favela, através dos pastores, é a forma como se relacionam com os grupos criminosos armados, em especial com o tráfico de drogas. É comum, ao andar pelas ruas da favela, presenciar pastores abençoando jovens envolvidos com o tráfico, que nesses momentos despem-se de suas armas para receber as bênçãos. As igrejas evangélicas criaram um cerco às religiões afro-brasileiras, resultando na "expulsão" dos espaços de culto da religião então existentes na Maré. Segundo os moradores, na Maré já existiram cerca de 16 centros de umbanda e candomblé e hoje não existe nenhum. Todos saíram da Maré para cidades da Baixada Fluminense e para bairros do subúrbio do Rio de Janeiro. Segundo informações dos presidentes de associações de moradores da Maré, em algumas comunidades chegam a existir mais de 10 Igrejas Evangélicas. Já a Igreja Católica tem ação mais controlada, possuindo apenas 4 templos em toda a Maré. Sua atuação é mais tímida, não se relacionando de forma intensa com as questões dos moradores e mantendo-se muito distante do tráfico de drogas.

Ainda fazem parte do cotidiano da Maré as organizações sociais, conhecidas como ONG, que através do trabalho social em diferentes áreas contribuem de forma enfática para o repensar do território e para pressionar políticas públicas de melhor qualidade. Na Maré existiam, em 2012, 10 organizações sociais de tamanhos e abrangências distintas, que são: Redes de Desenvolvimento da Maré, Observatório de Favelas, Devas, Luta pela Paz e Vida Real na favela da Nova Holanda; Ação Comunitária do Brasil na Vila do João; CEASM no Morro do Timbau; Biblioteca Comunitária em Marcílio Dias; Uêre na Nova Maré e Lona do Piscinão de Ramos em Roquete Pinto. A ações dessas instituições são permeadas pela contradição característica de sua origem enquanto instituições criadas para trabalhar em áreas e situações que o poder público não atende a demanda ou desenvolve um trabalho de baixa qualidade, por outro lado, acabam por representar na realidade dos moradores da favela a possibilidade de acesso a direitos com qualidade e para a construção de sua identidade enquanto morador da cidade.

Nessa perspectiva, se coloca como um desafio da pesquisa e para os pesquisadores que têm nas favelas seu *lócus* de estudo, buscar compreender para além das determinações aparentes, o significado de constituição e manutenção das favelas no cenário urbano, assim como a produção do medo. Como afirma Silva (2009, p. 190): "para aqueles que não estão acostumados a lidar com a favela, o seu cotidiano parece dominado pela agressividade e pela desordem".

No que tange aos equipamentos públicos, a Maré possuía, em 2012, 16 Escolas Públicas, 09 Postos de Saúde, 01 Unidade de Pronto Atendimento (UPA), 01 Vila Olímpica, 01 Lona Cultural, 01 Região Administrativa, 02 unidades da Fundação Leão XIII, 01 Batalhão da Polícia Militar. Todos os equipamentos são marcados pela precariedade dos serviços e pela insuficiente quantidade de profissionais, exemplificando a precária presença do poder público na favela.

Na área da educação, devido à grande mobilização de organizações como a Redes da Maré, conquistou-se um grande investimento público, passando para 51 unidades educacionais em 2019, sendo 7 creches, 14 Espaços de Desenvolvimento Infantil (EDI), 1 Centro de Educação de Jovens e Adultos (CEJA), 24 unidades escolares de Ensino Fundamental e 5 unidades da rede estadual que oferecem o Ensino Médio. Os dados do Censo Maré 2013 demonstram que a defasagem educacional na Maré é grave. Os dados apontam que 53,47% dos moradores não chegaram a completar o ensino fundamental, 18,60% completaram apenas o ensino fundamental e 18% concluíram o ensino médio. Cerca de 8% nunca frequentaram a escola e o acesso ao ensino superior, mesmo depois de grande investimento pelas organizações não governamentais em pré-vestibulares comunitários, se mantém muito baixo. Apenas 0,93% dos moradores da Maré terminaram a graduação e 0,03% a pós-graduação, mestrado ou doutorado.

Marielle Franco, assassinada pela milícia, fazia parte desse pequeníssimo universo de pessoas da Maré que concluíram a pós-graduação.

A busca pela compreensão da realidade local passa necessariamente pelo diálogo e estudo dos diferentes atores locais, assim como das relações estabelecidas, que ao formarem redes acabam por tecer a vida na favela, construindo uma determinada sociabilidade.

> As favelas fazem parte de processos da cidade [...]. Na verdade processos particulares de cada cidade. Assim é que, no desenvolvimento das favelas do Rio de Janeiro, estas vão surgir absolutamente acopladas à consolidação e expansão da cidade. Tanto no que se refere ao seu caminhar geográfico e no tempo histórico, quanto nos processos em que se inserem. (SILVA, 2009, p. 30)

Como fruto do processo histórico de desenvolvimento capitalista e urbano, as favelas cariocas, e também a Maré, reconfiguram-se ao longo do processo de desenvolvimento econômico, social, político, cultural e urbano da cidade. É necessária uma análise sobre sua complexidade, para que não se ratifiquem os estereótipos e a homogeneização das favelas, o que contribui para o processo de invisibilização dos moradores e de suas demandas.

REFLEXÕES SOBRE O COTIDIANO

Entendendo a vida cotidiana como: "o espaço heterogêneo no qual se inter-relacionam dinamicamente os dois polos humanos da realidade social: a particularidade e a genericidade" (IASI, 2006, p. 26), busca-se compreender a favela a partir das reflexões que a situam como parte do desenvolvimento desigual e combinado, refletindo em seu cotidiano elementos da organização social. Nesse sentido, o desafio desse capítulo é, através de alguns aspectos da vida cotidiana na favela da Maré, demonstrar como esse espaço, constituído de sujeitos e instituições, perfaz seu cotidiano como expressão das relações sociais. Por outro lado, pretende-se com as reflexões contribuir para a desmistificação desse território como espaço da ausência, da negatividade e da violência.

Visibilizar dimensões do cotidiano das classes populares possibilita a aproximação das experiências de vivência, as estratégias de sobrevivência e as formas do viver construídas pelos moradores da favela. Por outro lado, esse mesmo exercício possibilita identificar as contradições presentes na constituição dos territórios populares e na vida dos sujeitos, evidenciando ações e reações aos poderes instituídos, seja o Estado, os equipamentos privados de hegemonia, os sujeitos coletivos e as organizações que compõem o espaço da favela.

Para Arroyo:

> Sabemos mais sobre a história do pensamento, dos métodos, dos pensadores, das influências existencialistas, cristãs ou marxianas-gramscianas no pensamento sobre educação popular do que sobre os coletivos populares, suas formas de viver-sobreviver em cada contexto, tempo e lugar (ARROYO, 2001, p. 11).

A reflexão sobre o cotidiano dos moradores da favela possibilita reflexões sobre as formas impostas do viver, assim como sobre as lutas forjadas coletiva e individualmente. Vale ressaltar que algumas ações individuais[89] por sua natureza e dimensão na realidade se multiplicam, tornando-se coletivas.

---

89. Como ações individuais que se tornam coletivas destacam-se os gatos de energia elétrica, comuns nos espaços populares. Essa ação individual ganha relevância e dimensão coletiva na medida em que acaba por interferir no abastecimento elétrico coletivo nos períodos de grande consumo de energia como o verão. Devido a precariedade da rede elétrica, as ligações clandestinas realizadas pelos moradores acabam por sobrecarregar a rede interrompendo o abastecimento que, em alguns períodos, chega a demorar de 3 a 5 dias para ser reestabelecido.

Analisar o real, o cotidiano, a partir do conhecimento historicamente produzido, possibilita refletir sobre as relações que dão origem às classes sociais. Porém, desafia a uma reflexão que, partindo do sujeito concreto e da vida cotidiana com suas contradições, possibilite o repensar da teoria e das análises sobre os distintos segmentos de classe, sua constituição e sua materialidade contemporânea.

Segundo Arroyo:

> Quando partimos do viver concreto, historicamente contextualizado e determinado dos coletivos populares, somos levados a aprofundar mais no padrão de dominação em que foram segregados e alocados os diversos coletivos populares. Não apenas um povo genérico, mas cada coletivo com sua segregação: indígenas, negros, mestiços, caboclos, comunidades periféricas, das cidades e dos campos. Que lugar-não-lugar lhes foi reservado nos padrões de poder, de trabalho, de apropriação-expropriação da terra, do espaço urbano, dos territórios, da justiça, do conhecimento, da saúde, do reparto da riqueza coletiva (ARROYO, 2001, p. 12).

No caminho dessa reflexão compreende-se o cotidiano das classes populares apreendido a partir do reconhecimento do seu processo histórico, identificando suas conformações e dinâmicas contemporâneas. Parte-se do pressuposto que as frações de classes não são estáticas e que suas configurações se forjam a partir das contradições das relações sociais.

Segundo Valla e Algebaile (2001), as classes populares no Brasil historicamente são tidas como objeto de estudo, sendo quase sempre definidas por seus aspectos negativos e tomadas em comparação com as configurações de classe dos países centrais, o que dificulta o efetivo reconhecimento de suas dimensões e determinações. Nesse sentido, as análises desenvolvidas por Fernandes (1981) e Ianni (2004), sobre o capitalismo dependente, referenciadas no Capítulo 1, apontam para a necessidade de se considerar as especificidades da realidade brasileira como elemento central de análise.

A constituição das frações de classe no Brasil expressa o desenvolvimento desigual e combinado, já analisado nesse trabalho, que se materializa na ocupação desigual dos territórios da cidade. Territórios que se constituem a partir da ação direta dos sujeitos e atividades aí localizadas, desenvolvidas pelos moradores e organizações coletivas, significando o espaço habitado, a partir de resistências, tensões e adaptações ao *status quo*, forjando o cotidiano em movimento.

As experiências e as dimensões da vida cotidiana dos moradores da Maré possibilitam evidenciar e exemplificar o processo de hierarquização de territórios e classes sociais na cidade. Cotidiano por vezes subdimensionado, em parte das análises acadêmicas que não o reconhecem como elemento importante da realidade social dos segmentos da classe trabalhadora, desqualificando as experiências para a leitura da realidade social contemporânea. Cotidiano que, ao não ser considerado em sua complexidade, desvaloriza as demandas reais da classe trabalhadora, não se constituindo como elemento na elaboração de políticas públicas e sociais de efetivo sentido e qualidade na vida dos moradores.

Para Valla e Algebaile:

> São inúmeras as situações que indicam a produção histórica e a persistência do desconhecimento, desqualificação e recusa intelectual e política das experiências dos pobres como base efetiva para a formulação de políticas públicas e programas de ação. Situação em que o saber sobre os problemas que atingem os pobres, não podendo ser suficientemente manifestado e considerado, permanece disperso e impalpável para técnicos, professores, profissionais e políticas sociais, cientistas e lideranças. Nesse contexto, são revalidadas, cotidianamente, práticas que reiteram e ampliam as distâncias e os estranhamentos entre segmentos sociais cuja proximidade seria fundamental para o enfraquecimento do estado dramático de desigualdade que caracteriza a produção da vida social no Brasil (VALLA; ALGEBAILE, 2011, p. 26).

Para os autores, parte dos limites encontrados nas formulações e desenvolvimento de ações públicas em diferentes áreas voltadas para os segmentos da classe trabalhadora tem base na frágil apropriação e conhecimento sobre sua realidade social cotidiana. Outro elemento limitador da eficácia das políticas apontada pelos autores, se encontra no pressuposto de inferioridade "cultural, intelectual e política das classes populares" (Ibid., 2011, p. 26), para avaliar suas demandas e problemas.

Discutir o cotidiano tem relevância ainda pela necessidade de superação de uma visão dual que existe no Brasil desde o final do século XIX e início do XX. Segundo Zaluar e Alvito (2004), a ideia de existência de dois Brasis, em que se exprime o abismo entre Sul/Sudeste e Norte/Nordeste, foi utilizado para expressar a superioridade de uma região sobre a outra, de uma cidade sobre a outra. Análise que, ao homogeneizar parte das leituras sobre o desenvolvimento brasileiro, desconsiderou o desenvolvimento desigual e combinado.

Nessa perspectiva, refletir sobre o cotidiano da favela, suas conformações e algumas das dimensões da vida cotidiana de seus moradores, é revelador do processo produzido e inerente à lógica do desenvolvimento capitalista, que se configura na produção e reprodução da desigualdade. Por outro lado, a análise sobre algumas dimensões da vida cotidiana revela as estratégias, as resistências e as formas organizativas gestadas pelos sujeitos reais moradores desses territórios.

O cotidiano é entendido como o espaço de produção real da vida, da reprodução da ideologia, da construção das relações sociais de existência, considerando diferentes aspectos da vida, como a família, a escola, a religião, o trabalho, a cultura e as formas de organização coletivas. Nessa perspectiva tem-se no desenvolvimento das ações públicas, nos equipamentos do Estado, um interlocutor essencial para o processo de produção e reprodução social da vida.

As reflexões sobre a vida cotidiana se fazem relevantes na medida em que expressam as relações sociais capitalistas mediadas pelas singularidades da realidade social da favela. Nesse sentido, se tornam condição essencial para a compreensão da vida real e para a elaboração de proposições que apontem para a superação da subalternização de segmentos da classe trabalhadora.

Compreende-se como Lefebvre (1991), que o cotidiano é o espaço da contradição e da resistência, ao mesmo tempo em que expressa as determinações mais gerais da lógica capitalista, sem, contudo, ser apenas um espaço de reificação como argumenta Heller[90] (1994).

Para Lefebvre, o cotidiano:

> Seria algo mais: não uma queda vertiginosa, nem um bloqueio ou obstáculo, mas um campo e uma renovação simultânea, uma etapa e um trampolim, um momento composto de momentos (necessidades, trabalho, diversão — produtos e obras — passividade e criatividade — meios e finalidades etc.), interação dialética da qual seria impossível não partir para realizar o possível (a totalidade dos possíveis) (LEFEBVRE, 1991, p. 20).

Para o autor, o cotidiano se constitui como a primeira esfera dos sentidos, representando a possibilidade de salto e de projeção, espaço de assimilações, de criação e recriação, de representações e subjetividades que constroem e dão sentido à vida real. Dessa forma, o cotidiano é permeado pelo processo de representação dos sujeitos, que a partir de sua vivência e da maneira como elaboram suas experiências e vivenciais determinadas pelas relações sociais, acabam por constituir uma dada consciência social.

Nessa análise a valorização do cotidiano é fundamental para a compreensão das representações construídas e atribuídas a determinados segmentos sociais, que projetam sua própria existência não apenas pela sua realidade objetiva e material, mas também pela

90. Para Heller o cotidiano é o espaço da alienação como fruto do processo de reprodução social e individual. Para saber mais, ver Heller (1994).

representação socialmente construída sobre sua existência, conciliando dimensão objetiva e subjetiva dos sujeitos.

Para Jodelet, as representações:

> Envolvem a pertença social dos indivíduos com as implicações afetivas e normativas, com as interiorizações de experiências, práticas, modelos de condutas e pensamento, socialmente inculcadas ou transmitidos pela comunicação social, que a ela estão ligadas [...] elas são produto e processo de uma atividade de apropriação da realidade exterior ao pensamento e de elaboração psicológica e social dessa realidade (JODELET, 2001, p. 22).

Compreende-se que o cotidiano é o espaço de manifestação das representações que, segundo Lefebvre (1991), são consideradas de forma dialética, a partir do movimento do real, que pressupõe mediações entre o espaço do vivido e o espaço concebido. Nessa análise, o cotidiano é compreendido não apenas como espaço de reprodução ideológica e acrítico, mas como espaço da elaboração e reelaboração de sentidos e conceitos. Ao considerar o concreto pensado, possibilita a constituição de elementos e reflexões para a superação de um dado patamar da realidade social.

Valorizando o sentido da representação não apenas como alienação, Lefebvre (1983, p. 62) afirma que: "*no son ni falsas ni verdaderas, sino a la vez falsas o verdaderas: verdaderas como respuestas a problemas 'reales' y falsas como disimuladoras de las finalidades 'reales'*".

Nesse sentido, as representações, assim como o cotidiano, são categorias tangíveis e essenciais para a compreensão da realidade social de forma a acumular elementos que apontem para a superação de análises homogeneizadoras e estereotipadas sobre os espaços populares e seus moradores. A superação dessas análises que impulsionam práticas pode contribuir para a superação de estratégias de distinção e hierarquização impostas pelas relações sociais e implementadas através de políticas públicas. Na mesma perspectiva, com a elaboração dos elementos objetivos e subjetivos que permeiam o cotidiano dos moradores das favelas, tende-se a reorganizar o lugar ocupado por esses sujeitos a partir do direito a cidade.

Como afirma Silva (2009, p. 156): "cria-se, pois, uma dinâmica de hegemonia de formas de apreensão e realização do mundo cotidiano, afirmadas, inclusive, pelos grupos sociais populares", ou seja, internalizados pelos moradores da favela. No processo de constituição dos espaços populares, do seu cotidiano e de suas representações considera-se apenas de forma unilateral a apreensão do senso comum forjado sobre os moradores, como afirma a autora: "ao mesmo tempo, esses grupos constroem formas próprias de se relacionarem com as representações e valores afirmados pelos grupos dominantes da cidade" (Ibid.).

Reconhecer que os moradores de espaços populares têm um cotidiano que não se restringe apenas a reprodução de ritos e hábitos hegemônicos na sociedade, mas que ao contrário, apesar de estarem sobre a mesma lógica de organização social, criam e recriam seus espaços de convivência, pressupõe dar visibilidade a aspectos de sua vida. Como afirma Certeau (2008), pressupõe dar visibilidade às formas de fazer e às práticas constituídas pelos sujeitos que apontam, em muitos casos, para um processo de reapropriação do *status quo*.

Para Certeau:

> Se é verdade que por toda a parte se estende e se precisa a rede da "vigilância", mais urgente ainda é descobrir como é que uma sociedade inteira não se reduz a ela: que procedimentos populares (também "minúsculos" e cotidianos) jogam com os mecanismos da disciplina e não se conformam com ela a não ser para alterá-los; enfim, que "maneiras de fazer" formam a contrapartida, do lado dos consumidores (ou "dominados"?), dos processos mudos que organizam a ordenação sócio-política (CARTEAU, 2008, p. 41).

Para o autor, o cotidiano exprime não apenas o modo de ser dos sujeitos, mas, essencialmente, as formas como esses sujeitos podem ser conhecidos como consumidores. O cotidiano demonstra, ainda segundo Certeau (2008), as estratégias e táticas de viver dos grupos populares, como eles criam um modo de ser e de recriar sua realidade a partir da constituição de um cotidiano com signos e significados. Nesse sentido a análise do autor aponta para o fato de que a cotidianidade é repleta de sentidos, criatividade e estratégias de afirmação social.

As "maneiras de fazer" indicada por Certeau (2008), como estratégias de construção cotidiana dos sujeitos, são consideradas de forma dinâmica como construção e reconstrução de perspectivas e alternativas de construção das relações sociais. Nesse movimento, os sujeitos das classes populares, mesmo impelidos pela imposição de relações sociais de produção hegemonizadas pelos interesses da burguesia, reconstroem a vida com certa autonomia, construindo significados e significantes para a vida cotidiana. Da mesma forma que constroem saberes, interpretações e apropriações do real que se expressam no território.

Para Silva:

> Torna-se possível pensar as favelas e as práticas cotidianas de seus moradores a partir de outras possibilidades. Cabe reconhecer que a vida cotidiana é o espaço, por excelência, de produção da sociedade; é o seu lócus, sua arena de combate e de construção. Isso porque é nela que o sentido da existência vai se produzindo, vai sendo afirmado pelas pessoas e conformando suas práticas. Diante disso, compreender os significados conferidos pelos sujeitos às suas práticas e buscar meios para que eles se coloquem diante delas revela-se um caminho fundamental para construir novas formas de produção e relações sociais (SILVA, 2009, p. 165).

Entendendo que é na vida cotidiana, assim como afirma Lefebvre (1991), que se situa o centro da práxis, torna-se desafiante compreender a complexidade das expressões das relações sociais cotidianas intrínsecas ao território da favela, assim como as estratégias criadas pelos moradores para a realização de sua existência. Como afirma o autor, o cotidiano é o espaço em que as pessoas, quando não podem mais viver sua cotidianidade, começam a construir formas para sua superação, reconstituindo relações.

> A classe operária mergulha no cotidiano e com isso pode (ou poderia) negá-lo e transformá-lo. A burguesia, esta, faz a arrumação do cotidiano e crê que pode escapar dele vivendo graças ao dinheiro um perpétuo "domingo da vida" (LEFEBVRE, 1991, p. 47).

Na busca da satisfação, cada segmento de classe vai constituindo sua vida e seu cotidiano a partir das condições objetivas impostas pelas relações sociais de produção e também pelas dimensões subjetivas, que permeiam as relações sociais em que estão inseridos. Nesse sentido, o cotidiano constituído pelas classes, forjado nas contradições das relações sociais, por um lado impulsiona a subordinação de uma classe à outra e, por outro lado, impulsiona a criatividade das classes subalternas em construir sua sociabilidade buscando o que Lefebvre (1991) chama de satisfação. Satisfação como sujeitos ou apenas como consumidores, lógica imposta pela sociedade capitalista.

Forjam-se, nessa falsa contradição entre ser e ter, os sujeitos reais que constituem a cidade. Para ser é necessário ter e, nesse sentido, se faz necessário não apenas ser da cidade, mas consumir a cidade e tudo mais que ela oferece. Visando o equilíbrio entre as classes, a burguesia, cria estratégias que buscam uma aparente "harmonia", que passa pela também aparente "inclusão" das classes populares na dinâmica organizativa da cidade. Não tendo mais como negar a existência dos pobres, criam-se formas de controlá-los. Controle que não acontece sem reinvenção do cotidiano, já que as classes populares recriam as relações. Porém, como afirma Lefebvre (1991, p. 104): "os descontentes que aspiram a uma cotidianidade mais completa são logo tragados e absorvidos".

A cidade vai sendo forjada, como já trabalhado no capítulo dois, de forma a abrigar as contradições e mantê-las sobre determinado controle, tendo em vista a necessidade de legitimação de uma aparente harmonia social. Para Souza (2005), a cidade muda de função ao longo dos tempos, constituindo-se a partir de sua capacidade de ofertar bens e serviços aos seus moradores de forma a atender suas necessidades. Sendo dividida em classes, a sociedade restringe o acesso de bens e serviços a partir da constituição de territórios distintos na cidade, tendo na renda uma das principais variáveis de diferenciação e estratificação.

Vale ressaltar que, apesar da renda e a propriedade serem as principais definidoras dos territórios da cidade e de sua diferenciação no que tange ao acesso de bens e serviços, o fator étnico também é relevante, já que a maioria dos moradores das favelas, em especial no Sudeste, são afrodescendentes.

Segundo Souza:

> [...] isso mostra, muito eloquentemente, a força de inércia de uma "liberdade" formalmente conquistada há mais de um século, mas que não veio acompanhada de condições reais de acesso à qualificação profissional, à educação e à moradia digna, do que resultou uma reprodução, geração após geração, de um quadro geral de pobreza e estigmatização (SOUZA, 2005, p. 66).

É nessa perspectiva que se busca, através da análise de alguns aspectos da vida cotidiana dos moradores da favela da Maré, compreender a cotidianidade construída pelos trabalhadores, a forma como o Estado através dos entes públicos interfere na vida da favela, e a forma como os moradores criam e recriam possibilidades para sua existência, reagindo ou se subordinando a condicionantes sociais e territoriais.

Nesse sentido, a reflexão privilegia a análise sobre alguns aspectos[91] que evidenciam a intervenção estatal pública nesse território: as contradições na forma de exploração da força de trabalho nesse território, a organização das escolas públicas, os espaços de cultura da favela e a construção do muro que separa a favela da Maré das vias expressas. Tais elementos revelam a forma como o Estado se relaciona com um importante segmento da classe trabalhadora e também a forma como os moradores constroem sua existência material, cultural, educacional e social.

91. Pela necessidade de conclusão do trabalho foram privilegiados aspectos que evidenciam de forma enfática a intervenção do poder público no território da favela, legitimando a segregação e o *apartheid* social.

O COTIDIANO DA FAVELA

—

CONTRADIÇÕES DA VIDA NA MARÉ

Vejamos algumas dimensões do cotidiano da favela que contribuem para a constituição de distintas sociabilidades entre os moradores a partir dos levantamentos realizados acerca de alguns aspectos da vida na favela, como trabalho, educação, cultura e a construção do muro que separa a Maré das linhas Vermelha e Amarela.

Desvelar aspectos do cotidiano da Maré é elemento central para a reconfiguração do lugar ocupado pela favela na cidade. Busca-se, com o detalhamento do território e das relações sociais aí presentes, refutar as hegemonizações que comumente marcam as análises, em especial da mídia e de parte dos estudos sobre as favelas.

O preciosismo dos detalhes pode parecer, à primeira vista, uma exagerada descrição do objeto em foco, porém se enquadra em uma opção metodológica e conceitual, que tem como diretriz a descrição do particular como forma de desvelamento do real buscando mediações com a totalidade, e tendo no materialismo histórico e dialético a base para a análise.

Entende-se que um elemento importante na análise do território é a forma como o poder público representa e materializa sua representação sobre os moradores, o que está, segundo a presente análise, na base da forma como os diferentes níveis de governo atuam na Maré.

Compreender a constituição das distintas dimensões que compõem a vida dos moradores da Maré permite analisar a forma e a qualidade com que o poder público intervém nesse espaço que, de forma geral, se dá de maneira precária e desqualificada, o que acaba por possibilitar o domínio do território por outros agentes, como os grupos criminosos armados.

Outro elemento que compõe o cotidiano dos moradores da favela, fundamental na compreensão das relações sociais estabelecidas, é a demanda das necessidades imediatas, fazendo que os moradores vivam o presente de forma intensa, sem muitas vezes projetar o futuro. Silva (2003) observa que os setores populares têm a prática de valorização extrema da realidade presente, impulsionados pelas necessidades da vida real que exigem respostas imediatas. Nesse sentido, investimentos de longo prazo, como a educação, acabam sendo desvalorizados na maior parte das famílias, já que o seu retorno, ou seja, o efeito real do estudo na vida das pessoas só se materializa em longo prazo.

A busca pelo desvelamento das relações sociais criadas e recriadas no cotidiano da favela se coloca como pressuposto para a superação de uma visão fenomênica que, segundo Netto (2009), é por onde se inicia o processo de investigação e de conhecimento em busca de apreender a essência[92] dos fenômenos.

92. Para Netto (2009, p. 674), como para todos os pensadores dialéticos, a distinção entre aparência e essência é primordial; com efeito, "toda ciência seria supérflua se a forma de manifestação (a aparência) e a essência das coisas coincidissem imediatamente" (MARX, 1985, III, 2, p. 271); mais ainda: "As verdades científicas serão sempre paradoxais se julgadas pela experiência de todos os dias, a qual somente capta a aparência enganadora das coisas" (MARX, 1982, p. 158). Por isso mesmo, para Marx, não cabe ao cientista "olhar", "mirar" o seu objeto — o "olhar" é muito próprio dos pós-modernos, cuja epistemologia "suspeita da distinção entre aparência e realidade" (SANTOS, 1995, p. 331).

Segundo Valladares (2005), as favelas se tornaram campo de excelência das ciências sociais a partir da década de 1950 e 1960, em especial pela possibilidade do desenvolvimento do trabalho de campo[93]. A partir da segunda metade da década de 1990, passam a ser objeto de poucas pesquisas empíricas. Esse fato se deve, em grande medida, pela disseminação dos grupos criminosos armados, que passaram a ter um domínio mais ostensivo do território das favelas, dificultando a realização de pesquisas por grupos tradicionais da academia. Além do fato de se consolidar certo desinteresse de estudo por esse segmento da classe trabalhadora, em especial em momento de refluxo dos movimentos sociais e das lutas políticas classistas. Essa tendência acabou por contribuir para uma retomada das visões estereotipadas e homogeneizadoras da favela, típicas das décadas que antecederam os anos 1950 e 1960.

O cotidiano da vida na favela é revelador da forma diferenciada como o Estado intervém nos territórios da cidade. Revela ainda que as favelas, como fruto do desenvolvimento desigual e combinado, expressam relações sociais antagônicas e contraditórias, constituindo-se como um importante espaço de moradia de segmentos da classe trabalhadora, abrigando força de trabalho e consumidores.

Vejamos algumas dimensões da vida na Maré, a partir de uma descrição analítica de espaços, instituições e relações sociais presentes no território.

---

93. Segundo Valladares (2005), as favelas foram tratadas de forma homogeneizada até o final da década de 1940, quando é realizado o primeiro estudo estatístico sobre esses espaços, que foi o Censo da Prefeitura da Cidade do Rio de Janeiro em 1949, que pela primeira vez reconhece a favela como espaço de moradia dos pobres. No ano seguinte é realizado pelo IBGE o primeiro Censo Nacional, que também reconhece as favelas como espaço de moradia dos pobres, designando-os como "aglomerados subnormais".

O TRABALHO NA MARÉ

A representação socialmente construída de que a favela é o espaço da vagabundagem, da malandragem e da ausência do Estado está fortemente relacionada com as formas de trabalho exercidas pelos moradores. Essa representação sobre o território é completada com a imagem de que a favela é um lugar de pouca movimentação cotidiana regular, ou seja, de baixa sociabilidade e de vida cotidiana como trabalho, comércio, estudo e lazer.

Desvelar o cotidiano da favela pressupõe considerar as formas de sobrevivência de seus moradores, assim como as relações cotidianas que permitem existir a vida nesse território, como o acesso a mercadorias, educação, saúde e trabalho.

Com uma população de 132 mil habitantes, a Maré se constitui como uma pequena cidade, para a qual é necessária a constituição de uma infraestrutura básica que permita aos moradores viver nesse território. Além dos equipamentos públicos presentes na favela da Maré, é de relevância a forma como o mundo do trabalho se organiza nesse espaço, desde uma ampla rede de comércio, 4288 segundo os dados do Censo Comercial realizado pela Redes da Maré, até a constituição de espaços de trabalho doméstico e informal.

Para Marx, o trabalho é:

> Antes de tudo, o trabalho é um processo de que participam o homem e a natureza, processo em que o ser humano, com sua própria ação, impulsiona, regula e controla seu intercâmbio material com a natureza. Defronta-se com a natureza como uma de suas forças. Põe em movimento as forças naturais de seu corpo — braços e pernas, cabeça e mãos —, a fim de apropriar-se dos recursos da natureza externa e modificando-a, ao mesmo tempo modifica sua própria natureza (MARX, 2001, p. 211).

Como afirmou Marx (2001), o sentido ontológico do trabalho é pervertido pela sociedade de classes, ganhando contornos distintos no capitalismo. Como elemento central da reprodução capitalista, o trabalho passa a ser considerado sinônimo de emprego, descaracterizando sua essência de transformação da natureza e do próprio homem para ser apenas uma forma de sobreviver, alienada, alienante, explorada e, por vezes, humilhante para o trabalhador. Distante da gênese de seu sentido, o trabalho, na sociedade capitalista, motor da produção de mais-valia, torna-se ainda elemento de opressão e dependência da classe trabalhadora ativa e inativa aos proprietários dos meios de produção.

Nesse sentido compreende-se que o trabalho continua a constituir-se como centro das relações sociais, sendo fundamental para o capital criar formas de coerção e consenso na manutenção dos distintos segmentos da classe, assim como formas de exploração que garantam a extração da mais-valia. Trabalho entendido em seu sentido amplo e não como emprego, compreendido como base das relações sociais, como forma de pôr os sujeitos em movimento de fazer o ser humano desenvolver suas capacidades, sua potencialidade teleológica e a interação com os sujeitos.

A lógica de organização do mundo do trabalho contemporâneo implica, por um lado, a subordinação dos trabalhadores empregados à situação de precariedade de suas condições de trabalho, baixos salários e intensificação da jornada do trabalho. Por outro, o apassivamento das parcelas desempregadas, a busca incessante pela qualificação e pelo enquadramento no perfil para ser empregável.

A subsunção do trabalho ao capital e à acumulação capitalista pressupõe a preparação de trabalhadores para a sua lógica. Os trabalhadores desempregados do exército industrial de reserva passam a ser preparados para as possíveis demandas do desenvolvimento capitalista, constituindo uma força de trabalho sobrante qualificada e apta a inserir-se no mundo do trabalho formal. Enquanto não se inserem, mas almejam tal inserção, os trabalhadores são apassivados de distintas formas, seja pela inserção em programas sociais de alívio da pobreza, seja através da inserção em subempregos e empregos informais, dos quais tem relevância o trabalho doméstico. Não almejam o que Antunes afirmou sobre a vida e o sentido do trabalho: "a busca de uma vida cheia de sentido, dotada de autenticidade, encontra no trabalho seu lócus primeiro de realização" (2007, p. 143).

Segundo Pochmann (2001), as mudanças na composição do excedente da força de trabalho têm ocorrido tanto nas economias avançadas, quanto nas atrasadas. Nas avançadas, o desemprego aberto, as ocupações precárias e as sub-remuneradas voltaram a ganhar importância. Nas atrasadas, o desemprego aberto passou a ser mais fortemente representado na geração do excedente da força de trabalho.

A subordinação estrutural do trabalho ao capital relega a segundo plano as necessidades humanas e a própria sobrevivência dos sujeitos, colocando o lucro como principal objetivo da exploração do trabalho e da constituição e desenvolvimento dos sistemas produtivos. Dessa maneira o trabalhador e suas necessidades materiais, culturais e sociais ficam subordinados à lógica produtiva da busca incessante pela extração da mais-valia. A organização das relações sociais baseia-se na produção de mercadorias, na qual o foco é o valor-de-troca e não o valor-de-uso. Simbiose que faz com que o modo de produção capitalista produza também demandas e necessidades aos consumidores como forma de aquecer o mundo da produção.

> Não sendo uma *entidade* material e nem um mecanismo que possa ser racionalmente controlável, o capital constitui uma poderosíssima estrutura *totalizante* de organização e controle do metabolismo societal, à qual todos, inclusive os seres humanos, devem se adaptar (ANTUNES, 2007, p. 23, grifo do autor).

Devido à diversidade de realidades sociais geradas pelo sistema capitalista de produção e pelos sujeitos em busca de sua existência, também as formas de controle social e o processo de apassivamento acontecem de maneiras distintas. Nesse sentido, importa compreender a favela e as formas como o segmento da classe trabalhadora aí residente sobrevive a partir das formas possíveis de trabalho nesse território e identificar as formas tradicionais de exploração da força de trabalho, seja através da intensificação do trabalho pelo aumento abusivo da jornada de trabalho, seja pela reedição do trabalho doméstico ou pela criação de novas formas de geração de renda lícitas e ilícitas.

Compreendendo a favela como um espaço de moradia de segmentos da classe trabalhadora, torna-se relevante desvelar as formas de sobrevivência por eles acessadas para a garantia de sua existência, isso é, as formas de trabalho formal e informal que compõem a realidade cotidiana da favela e que dão ênfase à perspectiva de que nesse território reside uma importante parcela da classe trabalhadora.

Parcela da classe trabalhadora que se constitui como exército industrial de reserva e que cumpre importante papel na pressão aos trabalhadores formais e no rebaixamento dos salários. Outra função importante, como será tratado adiante, é a atualização do trabalho doméstico, submetido a elevado nível de exploração, assim como o trabalho informal predominante no território.

Cada nação possui um contingente de população identificada como População Economicamente Ativa (PEA), que segundo Pochmann (2001) se divide em trabalhadores inseridos e não inseridos no mercado formal. Segundo o autor, o segmento da população ativa que supera as necessidades e as exigências do processo de acumulação de capital conforma um conjunto de mão-de-obra excedente em cada país. A parte mais visível desse excedente é identificada pelo desemprego aberto e a parte menos visível é representada pelas mais diferentes formas primitivas de organização da produção e de sobrevivência da população ativa, que se reproduzem muitas vezes no mercado informal.

Para Antunes:

> Dizer que uma vida cheia de sentido encontra na esfera do trabalho seu primeiro momento de realização é totalmente diferente de dizer que uma vida cheia de sentido se resume exclusivamente ao trabalho, o que seria um completo absurdo. Na busca de uma vida cheia de sentido,

> a arte, a poesia, a pintura, a literatura, a música, o momento de criação, o tempo de liberdade têm um significado muito especial (ANTUNES, 2007, p. 143).

Na fase da acumulação flexível[94], período do desenvolvimento capitalista iniciado nos anos 1970-1980, a forma de produzir se reorganiza, exigindo um novo tipo de trabalhador e também uma nova organização do Estado, a partir dos preceitos do neoliberalismo. Uma das principais inflexões na forma de organização do trabalho, a chamada "terceira revolução industrial", é a coexistência de diferentes formas de trabalho, que incluem desde a utilização de sofisticada tecnologia até a reedição do trabalho doméstico, infantil e análogo ao de escravizados. Não são poucas as denúncias de trabalho análogo ao de escravizados e de morte por exaustão a que ainda são submetidos alguns segmentos da classe trabalhadora.

As mesclas de formas de exploração da força de trabalho, aparentemente contraditórias ao atual estágio de desenvolvimento das forças produtivas, são formas complementares de extração de mais-valia absoluta e relativa, conciliando ações produtivas de distintos momentos históricos. A heterogeneidade nas formas de produzir e de extrair a mais-valia é identificada no mundo do trabalho das favelas cariocas como expressão do processo de reestruturação produtiva[95], que coloca amplos segmentos da classe trabalhadora no exército industrial de reserva. Combina-se nesses territórios mesclas de distintos segmentos da classe trabalhadora, que se caracterizam pelo trabalho formal e pelo trabalho informal lícito e ilícito.

94. Sobre Acumulação flexível ver Antunes (2007; 2008,), Harvey (1999), Mota (1991) e outros.

95. Sobre reestruturação produtiva, ver Antunes (2007; 2008), Harvey (1999), Mota (1991) e outros.

A crise estrutural do modo de produção capitalista exige uma reordenação das formas de produzir, da organização do Estado, e impõe uma reconfiguração dos segmentos de classe. Capturado pela lógica neoliberal, o Estado pouco a pouco vai diminuindo sua função pública no que tange aos interesses coletivos e sociais e amplia a responsabilização do mercado pelo ordenamento econômico e social. No discurso, o Estado passa a não ser interventor na economia, o que não se materializa na prática, já que através das instâncias governamentais o Estado intervém de forma enfática na regulação da economia.

Como afirmam Harvey (1999), Mota (1991), Antunes (2007; 2008) e outros autores, a reestruturação produtiva reforça as já tradicionais relações trabalhistas precarizadas, agravando a situação de amplos segmentos da classe trabalhadora, acirrando o fosso existente entre os segmentos de classe e entre as classes, aumentando o desemprego e precarizando ainda mais as condições de trabalho.

Nesse cenário surgem novas formas de flexibilização do trabalho e antigas formas são reeditadas como forma de superexploração da força de trabalho. Como um território urbano, as favelas desenvolvem formas de sobrevivência em seu interior que passam pela constituição de um amplo comércio local, pela geração de renda doméstica, pela geração de emprego no interior das comunidades e pelo fornecimento de força de trabalho para diferentes setores do mercado formal e informal. A racionalização da produção e a intensificação do ritmo de trabalho são estratégias utilizadas para enfrentar competitividade no mercado globalizado[96], ao mesmo tempo em que a necessidade de redução dos custos da produção exige uma nova cultura de trabalho. Essa fase do modo de produção capitalista corresponde àquilo que Mandel (2001) caracteriza como capitalismo tardio, considerado pelo autor como o estágio em que suas tendências de desenvolvimento alcançam sua maturidade ao mesmo tempo em que suas contradições se tornam ainda mais latentes.

96. Sobre globalização ver Santos (2008) e Harvey (1999; 2005; 2008).

Constituindo-se como um dos maiores conjuntos de favelas do Rio de Janeiro, a Maré mescla novas e antigas formas de exploração da força de trabalho, além de expressar em seu interior a reprodução da lógica comercial que permeia toda cidade, com a constituição de um amplo comércio. Segundo o Censo de Empreendimentos Comerciais da Maré[97], há 4288 empreendimentos comerciais e 2473 empreendedores. O Censo de Empreendimentos Comerciais realizado pela Redes de Desenvolvimento da Maré em 2011, considerou como empreendimentos comerciais

> Estabelecimento com atividade de comércio, de prestação de serviços ou de produção industrial ou extrativa, com fim lucrativo, formalizado ou não, ocupando uma ou mais pessoas, situado na Maré, em unidade predial não-residencial ou residencial ou, ainda, em estruturas físicas permanentes em logradouros públicos, como quiosques e bancas de jornal (REDES, 2011).

Os 2473[98] empreendedores entrevistados, ou seja, os donos de comércio na Maré se dividem em atividades na área do comércio (1504 empreendedores), voltados na área de serviço (784), na área da indústria (27) e na área do comércio e serviço (15), ou seja, 64,5% são dedicadas ao comércio. Apenas 21% dos empreendedores têm seus negócios legalizados, demonstrando um alto nível de informalidade

---

97. São utilizados nessa análise dados preliminares do Censo de Empreendimentos Comerciais que ainda não havia sido concluído em 2012. Em 2014, foi lançado o Censo de Empreendimentos da Maré, disponível em: https://observatoriodefavelas.org.br/acervo-publicacoes/. Acesso: 23 jun. 2023

98. A diferença entre o número de estabelecimentos comerciais identificados, 4288, e o número de empreendedores entrevistados, 2473, se deve pelos seguintes fatores: alguns comerciantes não concederam entrevista, alguns não foram achados nos estabelecimentos e alguns estabelecimentos se encontravam fechados no momento da visita.

no território mesmo em empreendimentos fixos e regulares. Dos 79% dos estabelecimentos não legalizados, 49% dos proprietários afirmam não ter intenção de legalizar o comércio e nunca tentaram a legalização, 32% afirmam ter vontade de legalizar, mas nunca tentaram e 15% afirmam ter vontade de legalizar o comércio e que já tentaram, mas não conseguiram. Sobre os motivos que levaram a não legalização, 30% afirmam não identificar necessidade para tal ação.

Um elemento relevante no processo de reconhecimento do processo de ocupação da favela identificada pelo Censo é a forma de ocupação de tais empreendimentos comerciais. Se no senso comum considera-se a favela um lugar sem ordenação espacial e de ocupação irregular em que a vida privada se confunde com a vida pública, na indicação das ocupações comerciais se revela outro sentido, já que 86% das atividades comerciais funcionam em espaço próprio fora do ambiente residencial, enquanto apenas 14% ocupam espaços residenciais, entrelaçando a vida privada com o trabalho, já que a maior parte desses estabelecimentos se localiza em alguma extensão da casa. Desses empreendimentos, 41% funcionam em espaços alugados, o que demonstra que o mercado imobiliário também é movimentado na Maré.

Outro elemento sobre o cenário comercial da Maré que demonstra um perfil empreendedor de porte pequeno, com parcos recursos de investimento, é o fato de que 87% dos empreendimentos são de apenas um proprietário, não possuindo sócios. A princípio, o estereótipo construído sobre a favela aponta para empreendimentos de base familiar e doméstica, o que não se confirma como a análise dos dados do censo.

Dos 145 empreendedores que possuem mais de um empreendimento, 32,4% se localizam fora da Maré e 78,6% dentro, ou na mesma comunidade ou em comunidade distinta, o que aponta para a circularidade do comércio e dos donos de comércio em um território dominado por grupos criminosos armados.

Majoritariamente os empreendimentos comerciais da Maré se caracterizam pelo baixo nível de organização gerencial, o que se reflete pelo baixo uso de equipamentos de informática e de internet. Dos empreendimentos recenseados, 79,74% não utilizam computador e nem internet para atendimento de clientes, controle de estoques, contabilidade etc.

Acompanhando o cenário nacional, a inserção das mulheres no mercado de trabalho é muito significativa. O percentual de empreendimentos comerciais de propriedade de mulheres é elevado, chegando a 40,56%, enquanto 57,34% são de propriedade de homens. No que tange a raça[99], os proprietários se dividem entre brancos e pardos com leve predominância do segundo (46,67%), refletindo a origem nordestina dos moradores do bairro.

Sobre o perfil dos donos de empreendimentos comerciais na Maré, o Censo aponta que 5,26% nunca frequentaram a escola, enquanto 35,6% têm primeiro grau incompleto e 53,2% possuem segundo grau incompleto. Apenas 0,32% possuem curso superior completo. No que tange a qualificação para o trabalho no ramo de atividade, 77,04% afirmam nunca ter realizado nenhum curso de qualificação voltado para o seu comércio e 21,9% afirmam ter participado de curso de qualificação. A maior parte dos comerciantes é oriunda de outros ramos de atividades, 49,6% afirmam ter sido empregados em outras atividades comerciais e 30,9% afirmam ter vindo do mesmo ramo de atividade do seu comércio.

A baixa qualificação dos proprietários de empreendimentos comerciais não se caracteriza apenas pela baixa escolaridade, mas também pela dificuldade em se qualificar tecnicamente no ramo escolhido. Dificuldade oriunda em parte da não legalização do empreendimento e pela impossibilidade de se ausentar do comércio para cursos de qualificação. Isto apesar da maior parte dos empreendedores se dedicar integralmente ao seu comércio, já que, segundo os dados do censo, apenas 12,3% possuem outra atividade remunerada além do comércio. Vale destacar que entre as outras atividades exercidas pelos comerciantes

99. A questão sobre a raça foi obtida a partir da autodeclaração do entrevistado.

estão empregos formais como funcionário público, enfermeiro, professor, motorista e outros menos estáveis, como pintor, babá, manicure etc.

Outro dado relevante na análise dos empreendimentos comerciais da Maré refere-se ao local de moradia dos seus proprietários. Dos comerciantes, 15,4% não residem na favela, o que demonstra que o espaço popular se torna local de renda mesmo sem ser local de moradia, acompanhando a lógica geral do comércio geral da cidade. Demonstra, ainda, como o comércio na favela pode ser rentável, não apenas pela intensidade do mercado consumidor local, mas também pelas facilidades de funcionamento sem legalização, pela possibilidade de emprego de funcionários sem registro, ou seja, pela possibilidade de superexploração da força-de-trabalho e ganhos reais com a sonegação de impostos. Vale destacar que 93% dos empreendedores afirmam não assinar carteira de seus funcionários, o que aponta para um alto nível de informalidade e sonegação de direitos trabalhistas aos moradores da Maré, já que esses constituem 78,5% da força de trabalho empregada no comércio local.

Uma parte dos empreendedores deu início ao seu comércio com recursos próprios, oriundos de poupança e venda de bens, perfazendo 33,15% dos entrevistados. Outros 27,8% organizaram seu comércio com recursos oriundos de demissão (fundo de garantia, indenização trabalhista etc.). A prática da economia é comum nas classes populares, já que tradicionalmente não contam com crédito (bancário e comercial). Outro fato que impulsiona tal prática é a ausência de titularidade dos imóveis[100] na favela o que impede a busca de financiamentos formais, impulsionando o comércio à vista ou de curto parcelamento. A prática do pagamento à vista se estende para o comércio. Segundo o censo, 64,6% dos comerciantes pagam os seus fornecedores à vista

100. O fato das casas e dos imóveis, em geral, na favela da Maré e na maior parte das favelas cariocas não terem titulação definitiva, por conta da ocupação do solo, inviabiliza transações imobiliárias subsidiadas por linhas de crédito bancárias, já que os bancos só financiam imóveis com escritura definitiva.

e 88,41% dos moradores da Maré compram também à vista, seja em dinheiro, 54%, ou cartão de débito, 10,5%.

O comércio da Maré fortalece e é fortalecido pela população local e circundante ao bairro. Segundo os comerciantes, 29,9% têm como fornecedores empreendimentos da própria Maré e 35,4% comercializam com fornecedores dos bairros vizinhos. Os principais clientes do comércio da Maré são os próprios moradores do bairro, que correspondem a 93,3% das vendas.

Na avaliação dos comerciantes, seus empreendimentos estão em crescimento e são estáveis (55,32%), o que indica certa estabilidade na vida cotidiana do comércio da Maré. Em relação aos faturamentos estáveis, 58% consideram estáveis e 34% consideram os faturamentos ascendentes. O que em certa medida está relacionado ao fato de que 48,6% dos comércios não vendem de nenhuma forma pelo sistema de caderneta, ou seja, vendem à vista ou por cartão de crédito, o que torna a venda segura.

Outro elemento importante identificado pelo Censo Comercial, que em certa medida contribui para desmistificar o imaginário sobre a favela e a relação de trabalho das crianças, é que 93% dos empreendimentos não empregam menores de 18 anos. O trabalho infantil pode ser identificado com mais intensidade dentro da favela, com exceção dos trabalhos domésticos, como a dobradura de luvas e bula de tinta de cabelo que acaba por envolver toda a família.

Na Maré também é relevante, o trabalho informal, o número e as modalidades de trabalho doméstico precarizado espalhado pelo território. Nas comunidades da Maré são comuns os serviços de dobragem de luva e de bula para caixas de tintura de cabelo e a montagem de bolsas de lojas de marca ou para restaurantes localizados na zona sul. Outra modalidade de trabalho informal comum nesse território são as costureiras responsáveis por fechar roupas para grandes confecções e os trocadores de transporte alternativo.

Segundo Antunes:

> No caso do trabalho em domicílio sua utilização não pode abranger inúmeros setores produtivos, como a empresa automobilística, a siderurgia, a petroquímica etc. Mas onde ele tem proliferado, seu vínculo com o sistema produtivo capitalista é muito mais evidente, sua subordinação ao capital é direta, sendo um mecanismo de reintrodução de formas pretéritas de trabalho, como o trabalho por peça, de que falou Marx, o qual o capitalismo da era da mundialização está recuperando em grande escala (ANTUNES, 2007, p. 115).

Se por um lado o trabalho informal representa um alto nível de precarização e exploração da força de trabalho, ele se torna compatível com a realidade dos trabalhadores que precisam ficar em casa ou próximos de casa e dos trabalhadores de baixa escolaridade. Alguns trabalhos específicos, como das pessoas que trabalham com montagem de bolsas e dobraduras de luvas, têm remuneração baixa, girando em torno de meio a um salário-mínimo para uma jornada de 44 horas semanais, no caso de quem trabalha com as bolsas. Para as pessoas que trabalham com a dobradura, atividade que é realizada em sua própria casa e o trabalhador tem mais flexibilidade para organizar o tempo de trabalho, o pagamento é feito por produção. No caso da montagem das bolsas a atividade é realizada em local próprio, fora do domicílio, reunindo vários profissionais e o trabalho é pago por empreitada, a partir do montante de bolsas e do tipo de serviço que deve ser feito (colagem de alça, colocação de fundo etc.). No caso dos trocadores de transporte alternativo a remuneração é mais elevada, chegando a alcançar cerca de três mil reais para os que trabalham de segunda a sexta em vans que fazem o trajeto da Maré para a zona sul da cidade. As costureiras são as que têm o trabalho menos penoso e mais bem remunerado, chegando em alguns casos a receberem até R$ 900,00 por mês para uma jornada de 8 horas diárias.

Em todos os casos não se exige escolarização e todos se caracterizam pela informalidade, já que não possuem carteira assinada e nenhum tipo de garantia trabalhista. Apenas as costureiras possuem carteira assinada e, em alguns casos, com rendimento fixado por produção.

Como afirmam Harvey (1999) e Antunes (2008), o desenvolvimento da fase capitalista de acumulação flexível, proporciona na busca pela superexploração do trabalho, o retorno de antigas formas de produção, conciliadas com a tecnologia.

> Curiosamente, o desenvolvimento de novas tecnologias gerou excedentes de força de trabalho, que tornaram o retorno de estratégias absolutas de extração de mais valia, mais viável mesmo nos países capitalistas avançados. O retorno da superexploração em Nova York e Los Angeles, do trabalho em casa e do "teletransporte", bem como o enorme crescimento das práticas de trabalho do setor informal por todo o mundo capitalista avançado, representa de fato uma visão bem sombria da história supostamente progressista do capitalismo. Em condições de acumulação flexível, parece que sistemas de trabalho alternativos podem existir lado a lado, no mesmo espaço, de uma maneira que permita que os empreendedores capitalistas escolham à vontade entre eles. O mesmo molde de camisa pode ser produzido por fábricas de larga escala na Índia, pelo sistema cooperativo da "terceira Itália", por exploradores em Nova York e Londres ou por sistemas de trabalho familiar em Hong Kong (HARVEY 1999, p. 175).

Os valores pagos por esses trabalhos são impactantes. No caso das bolsas o salário é por produção semanal. Quando chega a remessa da bolsa cada trabalhador se envolve cada qual em uma parte e ganham em média um salário-mínimo por mês para uma jornada de 44 horas semanais de trabalho exaustivo. Nesse caso, mesmo estando na média do salário-mínimo, o que é relevante é o fato de marcas de roupa e restaurantes utilizarem o trabalho informal, sem qualquer vínculo empregatício e sem nenhuma garantia de direito aos trabalhadores. Na maior loja de montagem de bolsas da Maré, localizada na comunidade Parque Maré, as bolsas em exposição, para demonstrar aos clientes, são de restaurantes e lojas localizadas na zona sul da cidade, algumas integrantes de redes comerciais. O trabalho é penoso, pois tem que ser feito em pé e as condições de trabalho são muito precárias, sem ventilação e refrigeração e com forte cheiro de cola. Os trabalhadores desse local, quando perguntados se conheciam as lojas das bolsas e os restaurantes a que se destinam os produtos, informaram não saber onde eles se localizavam. De forma geral, os trabalhadores não têm a dimensão de que tipo de comércio aquelas lojas representam e nem a que público são direcionadas.

O processo de trabalho aí estabelecido impele verdadeiro estranhamento ao trabalho e ao produto final. Seguindo a lógica fordista de produção, cada trabalhador é responsável pela montagem de uma parte da bolsa e, na maior parte dos casos, não sabem fazer as demais, mesmo sendo um trabalho muito simples. Em entrevista com os trabalhadores da linha de montagem artesanal de bolsas, quando questionados sobre as outras fases da montagem, afirmavam que não sabiam e que quando sua parte acabava, às vezes tinham que ir para casa, prejudicando a remuneração, já que para haver nova remessa de produção é necessário finalizar o antigo lote. Os trabalhadores não sabiam sequer qual o produto vendido pelas lojas, não sabiam diferenciar uma loja de roupa de um restaurante. Poucas lojas eram identificadas e, nesses casos, eram lojas que possuem filiais no *shopping* frequentados por eles localizado próximo à Maré.

Segundo a gerente da loja de montagem de bolsas, os valores pagos pelos fornecedores são os seguintes: para cada mil bolsas, R$ 8,00 para colar o fundo de bolsa; R$ 8,00 para colocação da tala do fundo; R$ 8,00 para fechamento da bolsa e R$ 10,00 para colocação da alça. Ou seja, para cada mil bolsas fechadas completamente se paga R$ 34,00, o que dá de custo R$0,034 centavos por bolsa montada.

Ainda que o valor possa variar de fornecedor para fornecedor, segundo a gerente, o restaurante Gula Gula paga R$ 10,00 só para a colocação de alça em mil bolsas. A loja Salinas paga para a colocação de alça e a montagem da bolsa R$8,00 pelo milheiro, o que gasta em média 3 horas de trabalho se for trabalhador experiente.

> Se na formulação marxiana o trabalho é o ponto de partida do processo de humanização do ser social, também é verdade que, tal como se objetiva na sociedade capitalista, o trabalho é degradado e aviltado. Torna-se estranhado. O que deveria se constituir na finalidade básica do ser social — a sua realização no e pelo trabalho — é pervertido e depauperado. O processo de trabalho se converte em meio de subsistência. A força de trabalho torna-se, como tudo, uma mercadoria, cuja finalidade vem a ser a produção de mercadorias. O que deveria ser a forma humana de realização do indivíduo reduz-se à única possibilidade de subsistência do despossuído. Esta é a radical constatação de Marx: a precariedade e perversidade do trabalho na sociedade capitalista. Desfigurado, o trabalho torna-se meio e não "primeira necessidade" de realização humana (ANTUNES, 2008, p. 144-145).

Entendendo que os sujeitos se forjam a partir de suas experiências materiais cotidianas, o trabalho é um importante marco na conformação dos sujeitos. Trabalho precarizado e explorado que aparece como possibilidade de sobrevivência e que contribui para a adaptação dos sujeitos à organização social, conformando uma determinada consciência social. Como afirma Iasi (2006, p. 16): "a consciência é um movimento, um fluir no qual encontra diferentes mediações que se expressam em diferentes formas em constante mutação" e do qual o trabalho se torna uma das principais mediações.

O trabalho de dobradura de luvas e de bula de tinta de cabelo é ainda mais exaustivo e precarizado. Em algumas comunidades da Maré se localizam lojas, como depósitos, responsáveis por receber direto das fábricas as caixas com luvas e bulas a serem dobradas. Esse material é distribuído para pessoas que se cadastram e fazem o serviço em suas casas. Em algumas situações o trabalho envolve toda a família, até mesmo crianças, já que é realizado em casa e no horário disponível das pessoas. Para algumas pessoas entrevistadas, esse trabalho se torna um complemento a outro trabalho que dispõem, mas para a maioria significa a única fonte de renda. Esse trabalho é mais procurado por mulheres com filhos pequenos que, não tendo com quem deixar o filho para sair para trabalhar, optam por fazer a atividade em domicílio, também é procurado por mulheres de idade mais elevada que tem dificuldade de inserção no mercado de trabalho. Todos os entrevistados relataram que o melhor desse trabalho é a autonomia em relação ao horário de sua execução e o fato de poderem ficar em casa com os filhos e cuidando dos afazeres domésticos. Outro elemento em comum entre as pessoas envolvidas nessa atividade é a baixa escolaridade que, na maioria dos casos, se restringe ao primeiro grau incompleto.

O trabalho de dobradura é considerado um dos mais exaustivos dos identificados na Maré. Pelo fato de ser realizado em domicílio, os trabalhadores acabam trabalhando durante toda a semana inclusive sábados e domingos e também no horário noturno. Como relatou uma das entrevistadas: "enquanto assisto novela vou dobrando luvas". Outra entrevistada afirmou: "quando canso, vou fazer alguma coisa de casa e depois volto para dobrar". Uma das entrevistadas afirmou que em dois dias de trabalho chega a dobrar 5 mil luvas e que trabalha as vezes, de acordo com sua necessidade de remuneração, de 6h a meia noite.

Esse trabalho se tornou tradicional na Maré e algumas pessoas fazem dele um bico para os períodos em que não conseguem emprego formal. Alguns entrevistados e também a gerente da loja distribuidora analisaram esse aspecto. Afirmaram que as pessoas identificam esse trabalho como sua fonte alternativa de sobrevivência nos períodos do desemprego e, assim, o trabalho tem muita rotatividade, porém, sempre tem gente precisando fazer esse trabalho e, por isso, o movimento não para na distribuidora. De todas as entrevistadas, a que trabalha há menos tempo com dobradura trabalha há 10 anos. Outra entrevistada afirmou trabalhar nessa área há cerca de 15 anos, desde que teve início a distribuição na Maré.

A renda obtida, na maior parte dos casos, não chega a meio salário-mínimo. Duas entrevistadas, que afirmaram ser ágil no trabalho de dobradura, atingem um salário-mínimo mensal. As demais variam entre cento e cinquenta reais e meio salário-mínimo por mês. A empresa distribuidora paga pelo serviço de dobradura R$ 2,90 (dois reais e noventa centavos) por cada caixa com mil luvas dobradas em pares; R$ 4,00 (quatro reais) por mil luvas dobradas em pares e inseridas em saco plástico etc. Os valores variam de acordo com o material e a dificuldade de manuseio do mesmo, sendo diferente para as tinturas que dobram 1 luva com 1 touca inseridas em saco plástico, R$ 2,50 (dois e cinquenta) por mil dobraduras etc.

Outro elemento importante sobre o trabalho doméstico e precarizado dentro da Maré é o fato desses trabalhadores terem sua vida limitada ao território da favela, não estabelecendo relações com outras partes da cidade. Segundo os entrevistados, quase toda a vida é gerenciada nos limites da Maré, onde realizam compras e se divertem; poucos saem da Maré e quando o fazem é por conta da visita a familiares ou necessidades médicas. A limitação ao cotidiano da favela imprime um ritmo e uma perspectiva de vida extremamente limitados, o que acaba por ser transmitidos aos filhos, que cedo deixam de estudar para ajudar nos afazeres de casa e para se inserirem no mercado de trabalho precarizado.

Se para os pais o estudo não é um valor, tende a não ser também para os filhos. O trabalho, como forma de sobrevivência, mesmo que precarizado, passa ser o que se almeja e se busca, já na tenra idade. Todos os entrevistados ao serem questionados sobre o que é mais negativo de morar na Maré responderam ser a violência, em especial a provocada pelos grupos criminosos armados, como os tiroteios constantes. Sobre o que há de positivo em morar na Maré a maioria respondeu que é a proximidade com tudo e o fácil acesso ao comércio e transporte, seguido da proximidade com vizinhos.

Chama a atenção nesses trabalhos precarizados, em especial no de costureira, dobradura de luvas e montagem de bolsas, a presença feminina. Apenas no trabalho de trocador de transporte alternativo, a presença masculina é maior. Segundo Antunes (2007, p. 105): "vivencia-se um aumento significativo do trabalho feminino, que atinge mais de 40% da força de trabalho em diversos países [...], preferencialmente no universo do trabalho *part time*, precarizado e desregulamentado", o que aponta para o agravamento da exploração do trabalho feminino e para uma divisão sexual do trabalho permeada pela condição de classe.

Outro trabalho precário na Maré, mas que proporciona renda elevada, é a função de cobrador de vans[101], em especial das que fazem o trajeto Maré-Zona Sul do Rio de Janeiro. Segundo declaração de entrevistados, um trocador de van, que trabalhe de segunda a sexta das 6h às 20h ganha em média R$ 3.000,00. Um trocador que trabalha na linha Jardim Guanabara (Ilha do Governador) — Bonsucesso, ganha em média R$ 35,00 por dia para uma jornada das 6h às 18h, totalizando uma média mensal entre R$ 800,00 e R$ 900,00. Esses trocadores/cobradores, em sua maioria, tem baixa escolaridade e possuem uma rotatividade muito grande, já que o trabalho por ser exaustivo, acaba por não fixar pessoas. Entre os entrevistados, dois chamaram a atenção, pois ambos eram universitários de instituições públicas e afirmaram ter realizado esse trabalho antes de entrar na Universidade ou em período de férias como forma de juntar dinheiro. Um dos entrevistados afirmou que optou por outro emprego para poder ter mais tempo de estudar, mesmo tendo que diminuir sua renda. Nesse grupo de entrevistados encontramos jovens que almejavam algo diferente na vida, para o qual o contato com pessoas que transitam fora da Maré e pessoas de fora da Maré, que utilizam o transporte coletivo, acaba por ser um impulsionador.

Compreendemos que na favela há um processo de "presentificação" que limita seus moradores às ações imediatas, relacionadas em sua maioria a sobrevivência cotidiana com pouca abertura a vivências fora de seu contexto. Nessa perspectiva, para o trabalho nos espaços populares, torna-se premente a constituição de ações que ampliem o

101. As vans e kombis, em 2023, são inexistentes na Maré, dando lugar ao mototáxi, mais compatíveis com o trânsito e a ocupação das ruas das comunidades da Maré. Uma corrida entre a comunidade da Vila do João, nas imediações da Fiocruz, até a comunidade de Nova Holanda, custa cerca de R$ 10,00 (dez reais).

tempo/espaço dos moradores e os possibilite a compreender e experimentar a favela como parte da cidade. Um elemento importante da "presentificação" nessas modalidades de trabalho é a remuneração diária. Tanto os trabalhos de costureira e de montagem de bolsas têm pagamentos quinzenais, elemento também considerado positivo pelos trabalhadores entrevistados.

Além do trabalho doméstico e precarizado, evidenciar a fase atual de exploração capitalista, também aponta para a desorganização dos trabalhadores enquanto classe, já que, trabalhando em domicílio, estão distanciados de qualquer processo organizado instituído no mundo do trabalho. Por outro lado, na favela, esses trabalhadores passam a ser foco de ações de organização comunitária que, em alguns casos, apontam para a organização coletiva focada em reivindicações de melhoria das condições de vida da população. Tornam-se público de programas públicos assistenciais que, apesar de terem sentido material real na existência desses segmentos, contribuem para seu apassivamento.

Outro elemento relevante do trabalho informal na Maré é sua proximidade com a forma de organização fordista de produzir. O trabalho é segmentado em uma linha simplificada de produção e cada trabalhador é responsável por apenas uma parte da produção. Em alguns casos, o trabalhador nem sabe fazer a outra parte ou se identifica mais com um processo do que com o outro, fazendo opção do lugar da produção que deseja trabalhar. A baixa qualificação dos trabalhadores é um elemento relevante no processo de segmentação da produção.

No caso do trabalho de costura é emblemática a segmentação do trabalho. A costureira tradicional não sabe, na maior parte dos casos, trabalhar com máquinas de *overlock*. Então, o trabalho de fechamento das peças se constitui como uma linha de produção, sendo cada trabalhador responsável por uma parte e, muitas vezes, sem mesmo saber o final do produto. Algumas costureiras afirmaram em entrevista que em alguns casos nem conseguem identificar qual é a roupa, já que ficam responsáveis apenas pelo fechamento de uma parte. Como afirmou uma costureira: "às vezes parece que é uma saia, mas depois ficamos sabendo que vai para outro lugar para emendar com uma blusa e fazer um vestido". Esse trabalho é muito variado por conta das suas especificidades: costureiras que apenas fecham uma parte da roupa e ganham por peça e costureiras que fecham toda a roupa. É comum na favela uma pessoa mais experiente no ramo da costura abrir uma confecção com várias máquinas para empregar costureiras. Nesses casos, a proprietária recebe por peça a ser fechada entre R$ 16,00 a R$ 18,00 e paga para as costureiras entre R$ 4,00 e R$ 6,00 por peça.

Essa breve análise sobre o comércio e o trabalho informal na Maré permite identificar o morador trabalhador, contribuindo para desmistificar o imaginário de que na favela as pessoas não trabalham. Por outro lado, a favela expressa na cena contemporânea do trabalho, diferentes formas de precarização e exploração do trabalho que permeiam as formas de organização do capitalismo contemporâneo. Vale ressaltar que a exposição privilegiou apenas alguns aspectos do trabalho na Maré. Outras formas de trabalho precarizado, como o emprego no tráfico de drogas, a prostituição e o trabalho doméstico, não foram consideradas. Também não foram considerados o trabalho formal e registrado de funcionários públicos (profissionais das escolas, postos de saúde e batalhão) e trabalhadores registrados de instituições privadas como escolas, creches e ONGs.

Importa nessa análise evidenciar a interface da vida e do trabalho na Maré como expressão dos processos produtivos mais gerais, determinados pelo modo de produção capitalista e pela forma mundializada da produção da mais-valia e da exploração do trabalho do ser humano.

Segundo Antunes (2007), existem cinco importantes elementos da reestruturação do trabalho e que caracterizam o mundo do trabalho contemporâneo, a saber: 1) aproximação entre mundo produtivo e setor de serviços; 2) exclusão dos maiores de 40 anos do mercado formal; 3) absorção de crianças em atividades produtivas e de serviços; 4) expansão do trabalho no terceiro setor; 5) expansão do trabalho em domicílio. Nesse sentido, identifica-se que na Maré, o percurso das atividades de trabalho segue as diretrizes gerais traçadas pelo novo reordenamento do capital.

A EDUCAÇÃO NA MARÉ

Ao longo dos tempos, a educação, assim como a instituição escolar, assume diferentes funções na formação dos indivíduos. As diferenças, avanços, retrocessos e desafios são impulsionados pelo momento histórico, social e econômico da sociedade, ou seja, a educação e a escola assumem ações e funções diferentes de acordo com as orientações do Estado.

Durante algumas décadas, o discurso hegemônico, tanto em segmentos conservadores quanto em progressistas, era de que a principal ação a ser empreendida no Brasil e na América Latina para superar sua condição de subdesenvolvimento era o investimento em educação. Nessa perspectiva, caberia à educação a responsabilidade de elevar os países do chamado Terceiro Mundo à condição de desenvolvimento. Analisando a educação a partir das relações sociais estabelecidas, compreende-se que a política educacional de um país está vinculada às determinações políticas, econômicas e culturais gerenciadas pelo Estado. Nesta análise rechaça-se a perspectiva de que a educação tem autonomia em relação às relações sociais desenvolvidas no sistema capitalista, o que impõe a necessidade de desvelar os nexos entre a organização social e aparelhos privados de hegemonia, entre os quais:

> A escola é o instrumento para elaborar os intelectuais de diversos níveis. A complexidade da função intelectual nos vários Estados pode ser objetivamente medida pela quantidade das escolas especializadas e pela sua hierarquização: quanto mais extensa for a "área" escolar e quanto mais numerosos forem os "graus" "verticais" da escola, tão mais complexo será o mundo cultural, a civilização, de um determinado Estado (GRAMSCI, 2000, v.2, p. 19).

Para Gramsci (2000), apesar de a escola ser um espaço privilegiado de construção de hegemonia, de transmissão do conhecimento historicamente produzido, as relações pedagógicas não se limitam a esse espaço.

> Mas a relação pedagógica não pode ser limitada às relações especificamente "escolares", através das quais as novas gerações entram em contato com as antigas e absorvem suas experiências e seus valores historicamente necessários, "amadurecendo" e desenvolvendo uma personalidade própria, histórica e culturalmente superior. Esta relação existe em toda a sociedade no seu conjunto e em todo indivíduo com relação aos outros indivíduos, entre camadas intelectuais e não intelectuais, entre governantes e governados, entre elites e seguidores, entre dirigentes e dirigidos, entre vanguarda e corpos de exército. Toda relação de "hegemonia" é necessariamente uma relação pedagógica, que se verifica não apenas no interior de uma nação, entre as diversas forças que a compõem, mas em todo o campo internacional e mundial, entre conjuntos de civilizações nacionais e continentais (GRAMSCI, 2001, v. 1, p. 399).

É sob a orientação do Estado que a educação no Brasil passa por diferentes fases de constituição, ora com o objetivo de diminuir o analfabetismo e aumentar a escolarização da força de trabalho, ora movida pela necessidade de maior qualificação profissional dos trabalhadores para atender as demandas do mercado apontando investimentos na difusão do Ensino Fundamental, com a ampliação da rede de atendimento. Como afirma Neves (2002, p. 163): "nos anos 1990, impulsionado por motivações distintas, o projeto neoliberal de educação propôs como objetivo e vem executando, com relativo sucesso, o alargamento da base do sistema educacional brasileiro, mais precisamente do Ensino Fundamental". "Além de alfabetizar menos, o Brasil alfabetizou com pior qualidade do que a maioria dos países do mundo. Quanto mais ofereceu educação às massas, mais deteriorou a sua qualidade" (CARTA CAPITAL, 2003, p. 30). A mesma reportagem menciona um estudo sobre educação efetuado pela Unesco em 41 países, no qual o Brasil ficou em 37º lugar no que se refere a leitura. A pesquisa detectou que 50% dos escolares brasileiros são analfabetos funcionais, ou seja, conseguem ler palavras em anúncios e capas de revistas e sabem assinar o próprio nome, mas não compreendem um texto.

Para entender a crise por que passa a educação brasileira hoje, é preciso também considerar que ela está ligada à política de "ajuste estrutural" do Consenso de Washington, em cujos preceitos se assentam as privatizações promovidas pelos governos neoliberais. No âmbito da educação, os números nacionais são alarmantes: 22 milhões de analfabetos adultos, 15 milhões de analfabetos funcionais, 3 milhões de crianças de até 14 anos fora da escola (ALENCAR; GENTILLI, 2002, p. 49).

Os sintomas de um país desigual — subordinado aos interesses do capital internacional e voltado para a garantia da acumulação capitalista — também se expressam nas escolas dos espaços populares dos grandes centros urbanos. No caso particular da população favelada, esse fenômeno se agudiza de tal forma que, no caldo cultural das cidades, a estigmatização, a marginalização e a criminalização da pobreza são consideradas naturais, dando espaço para a criação de um *apartheid* social. Materializam-se nos espaços populares lacunas e cisões entre os diferentes territórios da cidade, o que se evidencia nas distintas possibilidades e oportunidades ofertadas aos moradores das favelas, assim como na precária inserção do poder público na garantia de direitos nesses territórios.

Como afirma Mészáros:

> Poucos negariam hoje que os processos educacionais e os processos sociais mais abrangentes de reprodução estão intimamente ligados. Consequentemente, uma reformulação significativa da educação é inconcebível sem a correspondente transformação do quadro social no qual as práticas educacionais da sociedade devem cumprir as suas vitais e historicamente importantes funções de mudança (MÉSZÁROS, 2005, p. 25).

Como instituição, a escola tem como função atender as demandas de acesso ao conhecimento e de instrumentos que possibilitem a inserção no mundo do trabalho, se considerada como bem ou serviço público. Porém na esfera da vida real, assim como outras instituições de interesse e direito público, a escola se afasta desde sentido e se vincula à função ao atendimento dos interesses das relações sociais de produção. A escola pública brasileira se desenvolve a partir dos interesses da acumulação capitalista, voltada às necessidades do mercado, na formação de força de trabalho ou ainda na conformação ideológica de subordinação ao *status quo*.

Inserida em um contexto de pauperismo, desemprego, subemprego, miséria, precárias condições de saneamento, saúde, habitação, segurança, transporte e serviços de utilidade pública, a escola expressa essa realidade, conectando-se com a totalidade das relações sociais.

A subordinação à lógica de organização da sociedade dividida em classes sociais antagônicas se expressa nas percepções e "sonhos" das crianças que estudam nas escolas públicas da Maré, que ao serem indagadas sobre o que querem ser quando crescer, respondem: "vou ser faxineira", "vou catar latinha com minha mãe", "vou ser mecânico" ou "vou ser trabalhador", caracterizando uma posição socialmente definida de subalternização, reproduzindo o existente tal qual a aparência lhes revela, ocultando as contradições essenciais.

Importa destacar que a escola não é responsável pelas relações de subordinação das classes trabalhadoras à lógica do sistema capitalista. Entretanto, a depender do seu direcionamento político-pedagógico, a instituição escolar pode contribuir para a subalternização ou para produzir componentes distintos, que forneçam elementos, ainda que frágeis de uma outra forma de sociabilidade.

Segundo Kowarick:

> Não poderia ser diferente num sistema que transforma os homens em mercadorias para o capital, aviltando brutalmente o valor de venda de sua força de trabalho. Pobres dentre os pobres, os favelados — camada superespoliada da classe trabalhadora — estão particularmente sujeitos aos usos e abusos de um sistema cujo crescimento tem se realizado através da exclusão daqueles que constroem riquezas que não são suas (KOWARICK, 1993, p. 71).

A educação na Maré sofreu os impactos da política de expansão do ensino fundamental, em especial do primeiro segmento do ensino fundamental realizada na década de 1980. Atualmente a Maré possui uma rede de escolas, composta por 16 unidades de ensino e sete creches comunitárias, além de várias escolas privadas de pequeno porte voltadas para a Educação Infantil e para o Ensino Fundamental. O Ensino Médio, cuja demanda cresce de forma explosiva, é contemplado com a oferta de apenas três das 16 escolas públicas da região, que atende os moradores da Maré e bairros próximos. Apesar de expressivo número, a quantidade de escolas não atende a demanda do bairro. Apenas uma das escolas oferece ensino em tempo integral, sendo as demais em tempo parcial. O ensino médio era contemplado com apenas três unidades de ensino em 2012, sendo duas do município que atendem, no horário diurno, ao ensino fundamental e, no horário noturno, cedidas ao estado. Em 2023, são 4 escolas de ensino médio, com a inauguração da Escola João Borges em 2019, que tem ensino profissionalizante. Os efeitos da contrarreforma do Ensino Médio já se fazem sentir na Maré. Além de pouca oferta de segundo segmento do Ensino Fundamental e do Ensino Médio, a distribuição das unidades de ensino não permite o aceso dos moradores de várias comunidades. Assim como o novo modelo imposto pela Lei nº 13.415/2017 (Novo Ensino Médio), com a ampliação da carga horária, a imposição de 'itinerários formativos' esvaziados de sentido para os jovens pobres, e a não obrigatoriedade de algumas disciplinas durante todo o período de formação, são elementos de impacto para o acesso ao ensino superior. Mas como afirma Mészáros (2005, p. 35): "as soluções não devem ser apenas formais: elas devem ser essenciais".

Na Maré existiam, em 2012, dois programas de Educação de Jovens e Adultos (EJA), situados em duas extremidades da favela: um na Vila do João, no CIEP Gustavo Capanema e o outro em Ramos, no CIEP Leonel de Moura Brizola. A escassez de turmas de EJA dificulta o acesso dos moradores, impossibilitando o acesso à educação para adultos e idosos. Em 2023, só existe na Maré um Centro de Educação de Jovens e Adultos (CEJA).

Segundo o Censo Maré 2000, o percentual de moradores analfabetos maiores de 14 anos chegava a quase 10%. Esse número está abaixo da média brasileira 13,3%, mas é muito superior ao do município do Rio de Janeiro para o ano de 1999, 3,4%. Seguindo a mesma trajetória da educação nacional, a Maré ampliou de forma considerável o número de escolas públicas de ensino fundamental nos últimos vinte anos, passando de seis para dezesseis o número dessas Unidades de Ensino. Esse fato reflete a tendência nacional de ampliação e massificação do ensino fundamental sem, contudo, melhorar sua qualidade. Percebe-se que o "funil" educacional continua, já que para dezesseis escolas de ensino fundamental têm-se apenas três de ensino médio.

No Censo do IBGE de 2010 verificou-se que o abismo existente entre a situação das favelas e dos demais territórios da cidade não sofreu muita alteração. A taxa de analfabetismo para a cidade do Rio de janeiro de crianças de 9 anos ou mais é de 2,86% na Maré na mesma faixa etária chega a 7,26%. Na faixa etária de 15 anos ou mais a taxa de analfabetismo no Rio de Janeiro é de 2,90% e na Maré 7,72%. Chama atenção também os dados do Censo 2010 relativos ao analfabetismo de adultos. Na faixa etária de 40 a 49 anos a média de analfabetismo do Rio de Janeiro é de 1,35% e na Maré 8,48%; na faixa de 50 a 59 anos o índice é de 3,43% e 13,01% e na faixa de 60 anos ou mais de 6,54% e 29,33% respectivamente para a cidade do Rio de Janeiro e para a Maré.

O Censo Maré 2000 verificou que 6% das crianças entre 7 e 14 anos estão fora da escola. Esse fato não é devido à falta de vagas nas unidades de ensino, mas pela baixa qualidade do ensino; ou seja, a forma como a escola recebe e busca a permanência do aluno. Segundo o Censo IBGE (2000), 4,4% das crianças na faixa de 7 anos estão fora da escola no estado do Rio de Janeiro; entre essas a maioria já frequentou a escola em algum momento de sua vida.

> Investigando de maneira mais profunda o perfil dessas crianças, através de uma pesquisa realizada pelo Observatório Social da Maré, observou-se existirem fatores decorrentes da

condição de vulnerabilidade social das famílias em questão — desemprego dos pais, ingresso precoce de crianças no trabalho, conflitos familiares e determinadas doenças que afetam um ou mais membros da mesma família. As variáveis explicam tanto a limitação das possibilidades de ingresso como a permanência das crianças na escola (CEASM, 2003, p. 46).

Os dados da Maré apenas reforçam os números nacionais e estaduais. Em alguns casos, os índices locais são mais graves que os apresentados pelo município ou estado. Em pesquisa realizada no ano de 1999, constatou-se que de cada quinze turmas de 5ª série, apenas uma chegava à 8ª série. No Censo Maré 2000, os dados são alarmantes. Em uma determinada comunidade apenas 12% dos entrevistados concluíram o ensino fundamental e desses, apenas 8,55% concluíram o ensino médio.

Segundo Mészáros:

> A educação institucionalizada, especialmente nos últimos 150 anos, serviu — no seu todo — ao propósito de não só fornecer os conhecimentos e o pessoal necessário à máquina produtiva em expansão do sistema do capital, como também gerar e transmitir um quadro de valores que *legitima* os interesses dominantes, como se não pudesse haver nenhuma alternativa à gestão da sociedade, seja na forma "internalizada" (isto é, pelos indivíduos devidamente "educados" e aceitos) ou através de uma dominação estrutural e uma subordinação hierárquica e implacavelmente impostas (MÉSZÁROS, 2005, p. 35).

A Maré, como um dos maiores conjuntos de favelas do Rio de Janeiro, vivencia as desigualdades do sistema educacional com rebatimentos nas diferentes dimensões da vida dos seus moradores, que são identificados na análise dos profissionais[102] da educação que trabalham nesse território.

Em pesquisa realizada com 250 profissionais de educação da Maré, quando questionados sobre os principais fatores que contribuem para o baixo desempenho dos alunos nas escolas da Maré, os profissionais ressaltaram, de forma geral: a baixa qualidade da estrutura física das escolas; a pouca participação dos pais na vida escolar dos alunos; o grande número de alunos por sala; a falta de profissionais da educação nas unidades de ensino; e a dificuldade de encaminhamentos diversos para o atendimento de demandas de saúde e assistência social dos alunos e suas famílias. Como ações que devem ser implementadas a fim de contribuir para a melhoria da qualidade do ensino na Maré, os profissionais da educação destacaram: a ampliação do número de escolas na Maré; a redução do número de alunos em sala; um trabalho específico de envolvimento das famílias na vida escolar das crianças; a inserção de profissionais técnicos, como assistentes sociais, psicólogos, fonoaudiólogos etc. nas unidades de ensino; a diminuição da violência na escola e no seu entorno e a ampliação do quadro de funcionários das escolas.

Para as diretrizes pedagógicas a serem implementadas em 2010, os profissionais destacaram como prioridades: a necessidade de maior investimento nos profissionais da educação; a ampliação do número de vagas; a gestão democrática e participativa das unidades de ensino;

102. O NEPFE, fundado na Redes de Desenvolvimento da Maré e em 2012 vinculado à UFF, organizou dois seminários de educação voltados para todos os profissionais da educação que trabalham nas escolas públicas da Maré. Os seminários que aconteceram em 2009 e 2011, com a participação de 350 e 250 profissionais respectivamente, tiveram como objetivo refletir sobre a educação na Maré, suas dificuldades e potencialidades. Além de profissionais da educação das escolas públicas, os seminários envolveram país e educadores de outras organizações da Maré. No primeiro seminário foi aplicado um questionário junto aos profissionais de educação com objetivo de identificar a percepção sobre a escola, sobre a favela e sobre as dificuldades do trabalho.

a maior autonomia para as escolas; e o maior diálogo entre o poder público e as escolas. Outro aspecto relevante na pesquisa realizada junto aos profissionais da educação diz respeito às percepções desses sobre o território. A favela, marcada por diferentes formas de violência, aparece no cenário da cidade como espaço da violência armada, do conflito. Entendemos ser necessário pedagogicamente avaliar quais são os estereótipos construídos a partir da realidade constituída e como essa realidade é articulada e se reverbera nos espaços das unidades escolares.

Entre os inúmeros temas abordados junto aos professores merecem destaque, além da temática da violência, os problemas de infraestrutura, a participação dos responsáveis na vida escolar dos filhos e a valorização do professor. A violência se constitui em assunto de extrema importância dentro da retórica dos professores entrevistados. Nas oito questões discursivas presentes no questionário, em que era oferecida a oportunidade de expressão livre; 97% das respostas citavam, de alguma forma, ligações diretas entre desempenho escolar insatisfatório e a violência do entorno das unidades de ensino. Os entrevistados afirmam que, para uma escola de qualidade, é necessário que se superem as violências aluno-professor, professor-aluno e tráfico-escola[103]. Segundo a Secretaria Municipal de Educação, a violência entre as pessoas se tornou mais preocupante do que a violência contra o patrimônio, já que cresce significativamente o percentual de sua ocorrência.

A violência abre a porta das escolas de várias formas, tornando-se uma questão central na discussão sobre a educação nas favelas. Nas diversas explicitações dos professores foram registrados temores que se faziam provenientes por algum risco de retaliação, por certas interpretações que alunos poderiam fazer das medidas educativas trabalhadas na escola. Entre outras formas de violência, os professores revelam a

103. O tráfico é gerador potencial de violência dentro da comunidade, mas não exclusivo, já que entendemos que o poder público também comete distintas violências pela negação de direitos aos moradores e de sua presença precária mediante políticas públicas de baixa qualidade.

falta de segurança no acesso à escola e o impacto, no processo de ensino-aprendizagem, do fechamento das escolas em função de conflitos entre o tráfico de drogas e entre esse e a polícia.

Todos os professores entrevistados já tiveram suas aulas interrompidas em função da violência gerada pelo tráfico; mais de 53% dos entrevistados já tiveram aulas em suas escolas interrompidas por mais de uma semana. Os professores relatam que esses números são flutuantes, pois, mesmo que a escola restabeleça as atividades, exige-se um período de 3 a 5 dias para que a frequência seja normalizada.

Sua escola já ficou sem aulas em função da violência?
Se sim, quantas vezes?

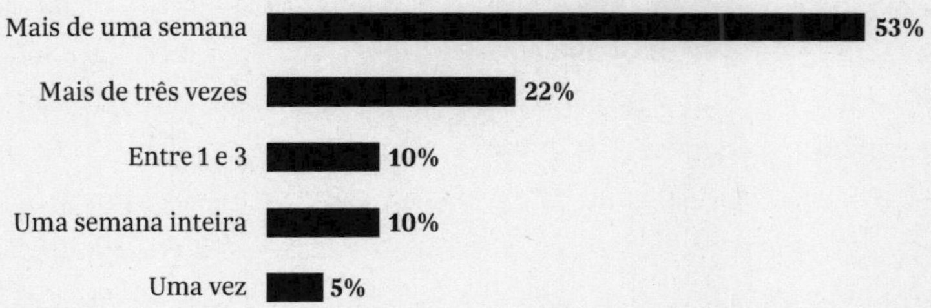

FONTE: Questionário Educação/Redes 2009

Em junho de 2009, em função de confrontos entre traficantes e policiais, 7.232 alunos tiveram suas aulas suspensas, oito escolas foram fechadas — metade do total existente na comunidade. A Maré expande seu espaço na mídia com a violência, fortalecendo o imaginário social sobre a favela como lugar da violência. Cria-se uma representação social, fortalecida pelos meios de comunicação e por ações desenvolvidas pelo poder público, que a favela é o lócus da violência e da marginalidade, estigmatizando esse território. Essa visão acaba por ser introjetada por parte dos professores que atuam nas escolas da Maré, como demostra o quadro a seguir.

Você considera a Maré um espaço violento?

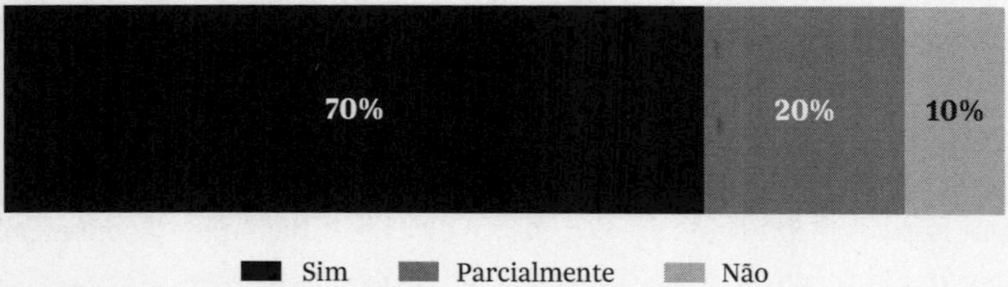

FONTE: Questionário Educação/Redes 2009

Identificou-se que 70% dos entrevistados consideram a Maré um espaço violento, o que acaba por se refletir na ação direta dos professores. Imbuídos da representação da favela como espaço do caos e da violência, a expectativa no processo de ensino-aprendizado dos alunos é rebaixada. Como declarado em entrevista por uma professora: "criar nos alunos a perspectiva de acesso ao ensino superior seria mais uma ilusão na vida deles". O misto da falta de oportunidade, com falta de capacidade e expectativa, ausência de desejo por possibilidades fora do seu real imediato, são interiorizados na visão de parte dos professores.

A síntese das respostas dos professores quando indagados sobre o que entendiam ser uma favela, é reveladora da visão estereotipada e estigmatizada com a qual representam o seu lugar de trabalho. Para os professores, majoritariamente a favela é:

> Local habitado por grupo de pessoas de baixa renda onde não há atuação do poder público, redes de proteção, infraestrutura e serviços básicos como saúde, educação e lazer de qualidade. Onde também acontece o desenvolvimento desenfreado da violência e do tráfico de drogas oriundos da negligência do poder público.

Os professores temem que a violência esteja ganhando a credibilidade que deveria estar sendo conferida às instituições educacionais; em decorrência de falta de vontade política por parte dos gestores municipais e de mecanismos ineficientes de gestão da escola.

Ao considerar a favela como o espaço da ausência do Estado, desconsidera-se as diversas intervenções públicas nesse território, como a construção das escolas, os postos de saúde, a segurança pública (com a presença do Batalhão e do caveirão) etc. Reconhecer a presença do Estado na favela através dos equipamentos públicos é fator central para o processo de responsabilização do poder público no que tange a qualidade e eficiência de tais serviços.

Outra dimensão abordada na pesquisa com os docentes foi a precária estrutura física das escolas. Os professores relatam seu anseio por uma estrutura física digna, que viabilize e potencialize o processo de ensino-aprendizagem dos alunos. Ressaltam a importância da criação de espaços pedagógicos que possibilitem ambientes lúdicos, que capacitem e incentivem a presença dos alunos na unidade escolar. Para 68% dos entrevistados a estrutura inadequada é fator de desmotivação para os alunos e impulsiona a evasão escolar. A falta de estrutura física também implica diminuição do número de dias letivos, uma vez que, de acordo com os entrevistados, os alunos chegam a perder em média de 3 a 6 dias do ano com variadas ocorrências, entre as quais se destacam falta de água, infiltrações e banheiro impróprio ao uso.

Para os entrevistados, o grande agente mobilizador do processo de aprendizagem são os pais e responsáveis, sendo imprescindível a parceria destes com a escola. Os professores entendem que a estrutura física e o fim da violência são indispensáveis na construção da escola, mas a participação dos pais é decisiva.

De acordo com Szymanski (2003), a família deve oferecer à criança um ambiente estável e acolhedor. Mas a própria autora ressalta as dificuldades da formação desse ambiente, que:

> Ajudando-as a caminhar para fora de um ambiente familiar adverso e criando uma rede de relações fora das famílias de origem, lhes possibilite uma vida digna, com relações humanas estáveis e amorosas (SZYMANSKI, 2003, p. 62-63).

Para Szymanski (2003) a escola assume hoje funções que antes eram atribuídas à instituição familiar e não consegue suportar o acúmulo dessas atribuições. Os entrevistados relatam à falta de apoio dos pais à vida escolar dos filhos como a terceira maior dificuldade do trabalho na Maré. Reconhecem que a relação escola-família é de extrema importância, assim como o acompanhamento do desenvolvimento dos filhos na escola e a contribuição na relação entre a escola e a comunidade do entorno. A concepção dos professores sobre as atribuições da escola e da família sugere que a família deva educar e a escola ensinar, mantendo assim distante o ensino da educação geral. Mas, segundo Gramsci (2001, v.4, p. 202): "uma coisa é "instrução", momento "informativo", ainda elementar e preparatório, e outra é "educação", momento "formativo", coroamento do processo educativo", apontando que educação não é apenas instrução e nessa perspectiva deve considerar as diversas dimensões da vida em sociedade.

> Por isso, pode-se dizer que, na escola, o nexo instrução-educação somente pode ser representado pelo trabalho vivo do professor, na medida em que o professor é consciente dos contrastes entre o tipo de sociedade e de cultura que ele representa e o tipo de sociedade e de cultura representado pelos alunos; e é também consciente de sua tarefa, que consiste em acelerar e disciplinar a formação da criança conforme o tipo superior em luta com o tipo inferior (GRAMSCI, 2000, v.2, p. 44).

Dos professores entrevistados, 61% afirmam que os pais e/ou responsáveis participam pouco da vida escolar de seus filhos — e novamente as questões sociais e econômicas ganham relevância.

Para os professores, os alunos de hoje necessitam de novos profissionais, conferindo ao processo de ensino-aprendizagem maior qualidade e interdisciplinaridade. Avaliam que é necessária uma ação integrada da equipe pedagógica da unidade escolar com profissionais de qualificações diferentes — psicólogos, assistentes sociais e fonoaudiólogos. E 89% dos professores citam a falta de profissionais como a principal dificuldade para a execução do trabalho na escola. Quando perguntados sobre quais pontos são mais importantes em seu trabalho na Maré, o mesmo percentual de 89% demonstra, em segundo lugar na escala das necessidades, o trabalho articulado com outros profissionais.

As escolas da Maré convivem ainda com a redução do quadro de professores fixos na escola. Poucos são os professores que têm como opção trabalhar na favela. Parte desses professores o faz por ausência de possibilidades de escolha. No início de 2011, um CIEP localizado na divisa territorial de dois grupos do tráfico de drogas, possuía um déficit de 15 professores, o que resultou na redistribuição dos alunos sem professores em outras turmas, independente da série e da idade. A escola também optou por trabalhar com horário diferenciado, ficando algumas turmas com aulas com duração de apenas duas horas diárias.

O déficit de profissionais impacta de forma significativa as escolas da Maré. Segundo os entrevistados, a rotatividade de professores dentro da escola é muito grande, existindo casos que a escola inicia o ano letivo com apenas 60% dos professores regentes. Outra dificuldade do trabalho na Maré é o número excessivo de alunos em sala de aula. Segundo a recomendação do Ministério da Educação, as turmas de jardim de infância (de 3 a 4 anos) deveriam ter até 15 alunos; as de pré-escola (de 4 a 5 anos) até 20 alunos; as de ensino fundamental (de 1ª a 5ª série) até 25 alunos e as de ensino fundamental (de 6ª a 9ª série) até 30 alunos. Segundo os professores, a média de alunos por sala na Maré, independente da série, fica em torno de 30 a 35 até o primeiro segmento e de 35 a 40 no segundo segmento do ensino fundamental. O excesso de alunos em sala compromete a qualidade do ensino.

Segundo Gramsci:

> A marca social é dada pelo fato de que cada grupo social tem um tipo de escola próprio, destinado a perpetuar nestes estratos uma determinada função tradicional, dirigente ou

> instrumental. Se quer destruir esta trama, portanto, deve-se não multiplicar e hierarquizar os tipos de escola profissional, mas criar um tipo único de escola preparatória (primária--média) que conduza o jovem até os umbrais da escolha profissional, formando-o, durante este meio tempo, como pessoa capaz de pensar, de estudar, de dirigir ou de controlar que dirige (GRAMSCI, 2000, v.2, p. 49).

Nesse sentido, alguns pontos são considerados centrais para o entendimento e para a análise da educação nos espaços populares, como:

1. O Projeto Político Pedagógico (PPP) das escolas;
2. A relação estabelecida entre escola e comunidade;
3. O acesso a programas específicos, como EJA[104] e educação inclusiva;
4. Recursos Humanos.

Esses são aspectos da gestão escolar que direcionam o projeto educacional a ser desenvolvido. O PPP por ser a base das ações a serem desenvolvidas pelo coletivo da escola durante um período, orientando as ações educacionais e políticas, estreitamente vinculadas, que fortalecem um modelo escolar que pode ser mais voltado para a perspectiva conservadora ou mais voltado para a perspectiva progressista de educação. No PPP se define a perspectiva que as linhas de ação da escola, enquanto gestão e corpo docente, no que tange ao relacionamento com a comunidade do entorno, elemento importante quando se trata de uma escola situada na favela. Do direcionamento dado a relação com a comunidade, se mais próxima ou mais distante, se considerando suas demandas ou não, derivam projetos como o de alfabetização de jovens e adultos, abertura da escola nos fins de semana etc.

Por fim, o PPP, em parte, tem seu desempenho condicionado aos recursos humanos da escola. Esses quatro elementos articulados funcionam como o arcabouço de sustentação da escola e de seu projeto

104. Hoje considerada uma modalidade de ensino e não mais um programa.

educacional nos espaços populares. Dessa interseção derivam as orientações para o tratamento com a questão da violência e a relação a ser estabelecida com os grupos criminosos armados, com as famílias das crianças e com o poder público municipal.

Para Mészáros:

> A educação formal não é a força ideologicamente *primária* que consolida o sistema do capital; tampouco ela é capaz de, *por si só*, fornecer uma alternativa emancipadora radical. Uma das funções principais da educação formal nas nossas sociedades é produzir tanta conformidade ou "consenso" quanto for capaz, a partir de dentro e por meio dos seus próprios limites institucionalizados e legalmente sancionados (MÉSZÁROS, 2005, p. 45, grifo original).

É nesse caminho de reflexão que se combinam os elementos acima apontados, no sentido de impor uma lógica de conformação ao *status quo* reproduzindo um apassivamento que, no caso da Maré, busca ser rompido a partir de ações vinculadas a organizações sociais oriundas da favela.

O PPP, como um importante instrumento para a orientação pedagógica e política das unidades de ensino, é ainda um desafio. Uma de suas funções é agregar a equipe de profissionais da unidade em torno de um mesmo projeto educacional e apontar as linhas de maior relevância para a atuação em um determinado período. Elaborar um PPP exige da equipe de professores, tempo, recursos (físicos e materiais) e formação pedagógica e política, para que se compreenda para quem a escola está orientada, quem é o público a que se destina e qual a função da escola pública, em especial nos espaços populares. A construção do PPP é um desafio à burocratização, já que na maior parte das escolas é realizado como forma de dar resposta às exigências das instâncias administrativas governamentais. Em seu sentido pedagógico, o PPP, pode ser um instrumento que dá vida à escola envolvendo a comunidade escolar (professores, alunos, técnicos e comunidade), remetendo a relação entre escola e comunidade segue a forma cooperativa, complementar, utilitarista, autoritária e/ou distanciada.

A direção dada à relação escola-comunidade pode estar imbricada por uma articulação de cooperação, em que a instituição educacional envolva as pessoas do entorno na construção desse espaço, seja no que tange a sua ressignificação como espaço de direito e de sentido para as classes populares, seja no que se refere à utilização do espaço físico pelos moradores ou pelos grupos armados presentes no território. A partir dessa relação pode ser construída uma trajetória de respeito e significados, que envolve valores e projetos conjuntos. Na atualidade, a escola das favelas está esvaziada de sentido pela lógica utilitarista da educação e do mercado, no qual o estudo só tem valor como garantia de empregabilidade e não fundamentalmente como forma de acesso ao conhecimento historicamente produzido.

O estabelecimento de uma relação próxima com a comunidade pressupõe o envolvimento dos pais nas ações realizadas pela e na escola desde o seu planejamento até sua execução, e não apenas em funções utilitaristas e de substituição às obrigações do Estado. Essa relação implica um processo de respeito e valorização dos diferentes saberes e habilidades que a comunidade possui. Como afirma Gramsci (2000), não deve haver um choque entre a vida na escola e a vida familiar e popular.

Outro aspecto importante que marca as escolas da Maré, já ressaltado, é o insuficiente acesso a programas como Alfabetização de Jovens e Adultos, Cursos de formação profissional, educação inclusiva e projetos culturais. Parte das escolas públicas que funcionam na Maré tem seu cotidiano marcado pela presença dos grupos criminosos armados, tendo dificuldade de funcionar no horário noturno, pela falta de recursos humanos disponíveis e pela falta de segurança. Os professores são, em sua maioria, assombrados pelo medo e pela falta de segurança, o que acaba por inviabilizar o desenvolvimento de projetos e programas que atendam a demanda da EJA.

O horário de funcionamento das escolas públicas da Maré[105], sob a alegação da falta de segurança, é diferenciado dos demais bairros da cidade. Na Maré, o turno diurno se encerra às 16h, enquanto nas demais escolas públicas da Cidade se encerram às 17h. Em algumas escolas o horário é ainda mais reduzido, sendo as aulas encerradas às 15h30min como é o caso de um CIEP localizado na comunidade Nova Holanda. A educação inclusiva, apesar de assegurada pela Lei de Diretrizes e Bases da Educação (LDB), está longe de se concretizar como espaço real de desenvolvimento de crianças e adolescentes com deficiência. A maior parte das escolas não possui profissionais especializados, além da precariedade e/ou ausência de equipamentos e estrutura física adequada. Contrariando as diretrizes da LDB de 1986 que determina o princípio da inclusão, algumas escolas mantinham em seu quadro, turmas especiais, chamadas pela Secretaria de Educação de turmas de RM (Retardo Mental). Essas turmas eram atendidas por professores sem qualificação para tal atividade, sem recursos pedagógicos e sem professor auxiliar, o que comprometia a qualidade do trabalho. Em uma mesma turma havia crianças de variadas idades e com as mais variadas deficiências, desde deficiências físicas até deficiências psíquicas.

---

105. Hoje as escolas públicas da Maré, em sua maioria, funcionam das 8h às 15h, mantendo o transtorno na vida dos responsáveis, que têm que encontrar formas de ir buscar as crianças em pleno horário de trabalho. Não existem mais as turmas chamadas de RM (Retardo Mental), já que a legislação mudou e todas as crianças devem ser incluídas nas turmas regulares. Muito se avançou na área da criança e adolescente com deficiência, com as metas do Plano Nacional de Educação e com a Lei nº 13.146/2015 que instituiu a Lei Brasileira de Inclusão da Pessoa com Deficiência, porém a precariedade de atendimento continua a ser uma realidade na rede municipal do Rio de Janeiro, que hoje conta com apenas 1.125 moderadores para cerca de 20 mil alunos, ou seja, 20 crianças para cada moderador. Disponível em: https://g1.globo.com/rj/rio-de-janeiro/noticia/2023/02/23/prefeitura-do-rio-tem-1-moderador-para-cada-20-criancas-com-deficiencia-diz-sindicato.ghtml. Acesso: 25 jun. 2023.

Em pesquisa sobre crianças com deficiência, realizada pela Redes da Maré, em 2010, em 9 das 16 escolas públicas da Maré, identificou-se que 60% das crianças que frequentavam as 'turmas de RM' — ou que frequentam as turmas regulares, mas são classificadas pela escola como deficientes —, não possuem laudo médico. A pesquisa identificou que parte das crianças não tem sequer como receber um tratamento adequado, pois a escola e a família, na maioria dos casos, não sabem qual é, de fato, a dificuldade que a criança tem. Sem laudo, as famílias ficam impossibilitadas de procurar auxílio especializado e o poder público municipal não tinha e continua a não realizar ação eficientes para atender essa demanda, dificultando inclusive o acesso ao Benefício de Prestação Continuada (BPC)[106].

As desigualdades expressas em forma de pauperismo, violência doméstica, alcoolismo, drogadição, abuso sexual, reconfigurações familiares etc., não fazem parte do universo de formação dos professores do ensino fundamental, o que os torna pouco preparados para o convívio e a necessidade de respostas e encaminhamentos que essas situações exigem. Nesse sentido, a abertura da escola para a participação de outros profissionais, como assistentes sociais e psicólogos, apresenta-se como necessário[107]. Essa participação é uma forma de fazer do espaço escolar um ambiente mais preparado e qualificado

---

106. O BPC foi previsto na Constituição de 1988 e regulamentado pela Lei Orgânica de Assistência Social em 1993, passando a vigorar a partir de 1996. Destinado às pessoas com necessidades especiais e idosos maiores de 65 anos que tenham renda familiar inferior a 1\4 do salário-mínimo. É uma política de assistência social não contributiva que assegura um salário-mínimo mensal para os beneficiados. Não se constitui como vitalícia, já que, segundo a legislação, a cada dois anos deveria sofrer revisão, o que na prática não acontece, já que a responsabilidade de tal ação fica a cargo dos municípios que não dispõem de estrutura para tal atividade (SPOSATI, 2004).

107. A obrigatoriedade de assistentes sociais e psicólogos nas escolas foi aprovado pela Lei nº 13.935/2019, mas ainda não foi efetivada no Rio de Janeiro.

para o atendimento das diversas expressões da "questão social", garantindo aos alunos uma educação integrada e que considere os sujeitos em suas diferentes dimensões. Destaca-se que, na Maré, a primeira ação envolvendo uma equipe multidisciplinar nas escolas públicas teve início em 1999, por meio do trabalho da organização CEASM, que mantinha assistentes sociais e psicólogos no atendimento direto às famílias. Posteriormente a Redes da Maré desenvolveu o projeto intitulado Programa Criança na Maré, de forma complementar à escola, com ações envolvendo uma equipe multidisciplinar, composta por assistentes sociais, psicólogos, arte-educadores etc.

A partir de 2008, a prefeitura do Rio, através da Secretaria Municipal de Assistência Social, criou a Rede de Proteção ao Educando (RPE), deslocando alguns técnicos sociais para o trabalho pontual nas escolas públicas. Em 2010 a RPE passou a se chamar Programa Interdisciplinar de Apoio às Escolas (PROINAPE), sendo os técnicos transferidos para a Secretaria Municipal de Educação. Apesar da inserção de profissionais da área social ser uma demanda antiga das escolas, sua incorporação aconteceu de forma precarizada, já que o número de profissionais disponíveis para o trabalho era irrisório diante da demanda. Para atender as dezesseis escolas da Maré e redondezas o PROINAPE contava em 2011 com uma equipe de 4 profissionais. O trabalho desenvolvido passa a ser pontual na maior parte da escola, havendo um revezamento das escolas prioritárias para o desenvolvimento das ações. Outro ponto que merece destaque é que as assistentes sociais alocadas na Secretaria Municipal de Educação (SME) foram retiradas do Centro de Referência da Assistência Social (CRAS), sem haver substituição, o que desfalcou o quadro técnico do referido equipamento da assistência. Essa é mais uma ação do poder público que evidencia a forma precarizada com que se relaciona com as favelas e suas demandas.

O breve panorama da situação educacional na Maré, até o ano de 2012, aponta para a desvalorização por parte do poder público da escola, dos profissionais da educação e dos moradores. Ação que reverbera na percepção dos sujeitos residentes nesse território, como se a escola não tivesse sentido na produção da vida. A escola dos espaços populares se evidencia como ação burocrática por parte do Estado, sem vinculação com a vida real dos sujeitos. Transparece a imagem da pseudoneutralidade, da ação acima das relações sociais, das classes e dos sujeitos. Aprofundando o fosso existente entre direitos e possibilidades de exercício dos direitos na sociedade de classe.

A configuração da educação na Maré aponta elementos para a reflexão sobre a forma como a ação dos aparelhos privados de hegemonia e os representantes do Estado capilariza no cotidiano, ações de subalternização da classe trabalhadora. O discurso da igualdade e do investimento em educação, com ampliação da rede de atendimento, não se materializa. Na prática se constitui como uma forma sutil de negar direitos, criando o consenso de que as demandas estão sendo atendidas, com a implantação de escolas e outros equipamentos públicos, porém apenas de forma parcial e precária.

Segundo Gramsci:

> De resto, a "escola" (isto é, a atividade educativa direta) é somente uma fração da vida do aluno, o qual entra em contato tanto com a sociedade humana quanto com a *societas rerum*, formando-se critérios a partir destas fontes "extra-escolares" muito mais importantes do que habitualmente se crê. A escola única, intelectual e manual, tem ainda esta vantagem: a de colocar o menino em contato, ao mesmo tempo, com a história humana e com a história das "coisas", sob o controle do professor (GRAMSCI, 2000, v.2, p. 62).

A educação como elemento importante na constituição de novos sujeitos, como política pública, como direito legal de todo cidadão, nas favelas, acaba constituindo-se como mais um elemento de negação de direitos e de apassivamento. O que é contraposto com a ação de alguns professores que, ao se organizarem em suas escolas, impacta de forma diferenciada o cotidiano, com proposições criativas e comprometidas com o desenvolvimento da educação. Também se contrapõe ao modelo hegemônico de educação na Maré, as ações da organização Redes da Maré que, há cerca de 12 anos, desenvolve diferentes projetos na área da educação, entre ações de arte-educação complementares à escola, mobilização das famílias e formação de professores da rede pública.

O trabalho desenvolvido pela Redes da Maré[108] impulsiona a organização dos professores e das escolas na perspectiva de reivindicar maior estrutura, valorização do professor e qualidade do ensino para as escolas da Maré. Com a organização do I Seminário de Educação na Maré, foi possível sistematizar as principais reivindicações das escolas públicas, que posteriormente foram entregues à Coordenadoria Regional de Ensino (CRE), à SME e ao prefeito da cidade. Do seminário constituiu-se o Fórum de Educação da Maré, espaço permanente, que reúne professores, gestores, organizações não governamentais e pais para refletir e fazer proposições sobre os problemas enfrentados nas escolas.

A CULTURA NA MARÉ

A cultura pode ser analisada a partir de diferentes perspectivas, de forma estrita ou mais ampla, como aponta Gramsci (2001). Para o autor a cultura deve ser compreendida de forma ampla e genérica, simbolizando diferentes dimensões da vida dos sujeitos e não se restringindo apenas a dimensão artística. Portanto, vincula-se aos processos sociais que envolvem as relações sociais, valores e pensamentos, ou seja, entende-se a cultura como uma dimensão política.

108. A Redes da Maré, entre outros projetos, organiza um projeto de pré-vestibular comunitário, que foi o primeiro projeto da instituição, que já possibilitou o ingresso de mais de 800 moradores da Maré nas Universidades públicas do Rio de Janeiro, tornando-se uma referência de pré-comunitário no estado do Rio de Janeiro.

Nessa perspectiva, a cultura é compreendida como estritamente vinculada a organização da sociedade e do Estado, sendo um importante elemento para a produção da consciência social através dos meios de comunicação, da escola, da igreja, da mídia e das expressões culturais *stricto sensu*.

Segundo Gramsci, a cultura é o:

> Exercício do pensamento, aquisição de idéias gerais, hábitos de conectar causas e efeitos [...] todos já são cultos, porque todos pensam, todos conectam causas e efeitos. Mas o são empiricamente [...] não organicamente (GRAMSCI, 1978, p. 34).

A cultura, dessa forma, é trabalhada em diferentes dimensões da vida a partir dos espaços de reprodução das relações sociais condicionadas a projetos societários e a ideologia hegemônica, impelindo a crítica à cultura hegemonizada pela sociedade de classes.

A relevância da cultura é compreendida não apenas em sua dimensão artística, mas essencialmente como dimensão simbólica na construção cotidiana de formas de pensar e agir na sociedade, hegemonizadas pelos interesses de manutenção e fortalecimento do modo de produção capitalista que impulsiona a construção do pretenso pensamento único.

Segundo Silveira:

> Nesse itinerário pode-se inferir igualmente que, o projeto societário hoje hegemônico — ainda que tenha como base essencial a acumulação privada — se reforça através de hierarquias, normas e legislações legitimadoras de uma igualdade anunciada, ainda que formal, para a qual se atribuem regulações e disciplinamentos democráticos que irão dar sustentabilidade legal à desigualdade instituída. E este projeto, o do capital, majoritariamente é aceito e, mais que isto, internalizado pelos sujeitos. Ao se reproduzir, assegura também a permanência do modo de produção capitalista, da sociedade capitalista (SILVEIRA, 2004, p. 120).

Assim compreendida, a cultura é considerada um importante elemento no processo de formação da consciência, vinculado, como afirma Marx (2007), à base material da vida, ou seja, às relações sociais aos quais os sujeitos se inserem não de forma livre, mas atrelada a sua condição de classe.

Para Chauí, a cultura deve ser compreendida em duas acepções. A primeira vinculada à origem etimológica da palavra, que significa cuidar e criar, vinculando seu sentido à relação com a natureza e com a educação. O segundo, difundido a partir do século XVIII, que: "passa a significar os resultados daquela formação ou educação dos seres humanos, resultados expressos em obras, feitos, ações e instituições: as artes, as ciências, a filosofia, os ofícios, a religião e o Estado" (CHAUÍ, 2002, p. 292).

Entendendo que a educação se dá em diferentes espaços da vida social, o estudo e a compreensão do cotidiano dos espaços populares é relevante para a análise da constituição dos sujeitos sociais. Nesse sentido, o estudo sobre diferentes dimensões da vida na favela e da cultura, com foco nos equipamentos e espaços de socialização constituídos nesse território, apontam elementos que contribuem para a compreensão do papel do Estado.

A escolha de dois aspectos do cotidiano cultural da Maré, privilegiando a dimensão artística, tem como objetivo dialogar com as formas construídas pelo poder público, de construir estratégias de subordinação da classe trabalhadora.

O bairro Maré, até 2003, não contava com centros culturais, cinemas, teatros ou qualquer local permanente para apresentações e produções culturais. O primeiro espaço voltado para a cultura na Maré foi inaugurado nesse ano, e recebeu o nome de Casa de Cultura da Maré, ligada à ONG CEASM. A Casa, localizada no espaço onde antigamente funcionava uma fábrica de peças de barcos de propriedade de uma empresa de contêineres, foi cedida à ONG para o desenvolvimento de ações e atividades ligadas à cultura e a arte. O espaço conta com uma sala de informática e abriga o Museu de Memória da Maré[109]. Em 2005, foi inaugurada pela prefeitura da cidade do Rio de Janeiro a Lona Cultural[110] da Maré. Entretanto, sua localização na zona conhecida como faixa de Gaza, entre os territórios de duas facções rivais do tráfico de drogas, não permite o livre acesso dos moradores. Em 2008, a ONG Redes de Desenvolvimento da Maré inaugurou o Centro de Artes da Maré-CAM, em parceria com Lia Rodrigues CIA de Dança[111]. Esse espaço se tornou lugar de encontro entre moradores da Maré e moradores de outros territórios da cidade, já que sua programação é marcada por espetáculos de reconhecida qualidade internacional. Em 2011, foi inaugurado o Espaço Bella Maré, centro cultural gerido pela ONG Observatório de Favelas que, entre outras ações, pretende constituir um espaço de exposição de arte contemporânea, realizando intervenções artísticas em diferentes comunidades da Maré.

109. O Museu de Memória da Maré, inaugurado em 2004, é reconhecido nacionalmente por ser o único museu localizado em uma favela, tendo como autores e gestores do projeto moradores e ex-moradores da Maré. Sua exposição permanente faz um resgate da história da Maré, reconstruindo casas de palafita e abrigando fotos, objetos e vídeos de antigos moradores.

110. O Projeto das Lonas Culturais foi inaugurado pela Prefeitura da Cidade do Rio de Janeiro, em 1993. A proposta original era de construir espaços culturais, de forma provisória, próximo a bairros populares. Foram construídas 10 Lonas Culturais no município, a saber: Maré (inaugurada em 2005), Anchieta (inaugurada em 1999), Santa Cruz (inaugurada em 2004), Guadalupe (inaugurada em 2000), Campo Grande (inaugurada em 1993), Vista Alegre (inaugurada em 1999), Ilha do Governador (inaugurada em 2007), Jacarepaguá (inaugurada em 2007), Bangu (inaugurada em 1997) e Realengo (inaugurada em 1998). Dos dez equipamentos construídos apenas a lona da Maré fica localizada no interior de uma favela, as demais são situadas nos arredores, não ficando tão suscetíveis aos conflitos entre os grupos criminosos armados.

111. A Lia Rodrigues CIA de dança, pertence à coreógrafa de mesmo nome, que desenvolve trabalhos na Maré desde 2005. A coreógrafa, reconhecida internacionalmente na área de dança contemporânea, estabelece estreita ligação com a Europa, em especial com a França, de onde provêm algumas parcerias institucionais e recursos para a manutenção do trabalho.

Além dos espaços culturais institucionais que foram criados na última década, também são expressão da cultura da Maré: o bloco carnavalesco "Se benze que dá"[112], grupos de capoeira e hip hop, o forró[113] do Parque União, alguns grupos de samba e os bailes funk, em sua maioria organizados pelos grupos criminosos armados.

Sobre os aspectos culturais da Maré serão considerados neste trabalho a Lona Cultural da Maré e o baile funk. A Lona Cultural, por ser o único espaço público de cultura e por expressar em sua organização e forma de gestão a dimensão atribuída pelo poder público à cultura na favela. O referido equipamento público evidencia a reprodução de uma ação pública de baixa qualidade que, em seu cotidiano, por vezes, se sujeita ao domínio do território pelos grupos criminosos armados. O baile funk será analisado por ser símbolo da reprodução de uma "visão" estereotipada sobre o espaço da favela, além de ser um dos espaços que evidencia a não aceitação das regras que ordenam a cidade pelo poder do tráfico de drogas local.

As lonas culturais, projeto iniciado em 1993, surge de um duplo movimento. Por um lado, um grupo de artistas da periferia que há tempos reivindicava junto à Prefeitura a realização de iniciativas culturais descentralizadas e próximas às áreas periféricas da cidade. Por outro lado, a exigência da Holanda e da Inglaterra — países doadores

112. O bloco carnavalesco "Se benze que dá" é formado por jovens moradores da Maré, em sua maioria universitários ou ex-universitários que, com músicas de autoria própria, fazem uma análise crítica da realidade da favela no contexto da cidade.

113. Devido a origem nordestina de parte dos moradores da Maré, o forró é um gênero musical muito valorizado no bairro. O forró mais famoso é o que acontece na Praça do Parque União, reunindo pessoas de diferentes comunidades da Maré e também de outros bairros da cidade, o que é favorecido por sua localização ao lado da Avenida Brasil.

da estrutura lonada que abrigou as ONG à época da ECO 92[114] — de que as estruturas fossem reaproveitadas para atividades culturais e sociais (FERRAN, 2000). Desse duplo movimento surge a proposta de utilização posterior das tendas como espaços de cultura descentralizados na cidade.

A estrutura lonada não foi originalmente pensada para compor um espaço de cultura, que abrigasse shows e eventos que exigem qualidade acústica. De imediato, já se identificava que o reaproveitamento das estruturas utilizadas na ECO-92 não se constituía uma política pública de cultura elaborada e planejada, mas uma forma ecológica de reaproveitar o material inicialmente produzido para outro fim, dentro da perspectiva de autossustentação defendida pelos ambientalistas.

Segundo a Secretaria Municipal de Cultura do Rio de Janeiro (SMCRJ): "as lonas culturais simbolizam a política adotada pela Secretaria Municipal de Cultura, que prioriza a multiplicação do acesso à cultura, estimulando a formação de novas plateias e artistas"[115]). Interessa destacar, que a construção de um equipamento de cultura, nas dimensões que são as Lonas Culturais, provoca um impacto visual e simbólico diante dos moradores do subúrbio e da favela. Porém, o impacto visual — provocado pela instalação de uma lona de circo — não se materializa na dimensão política e social que tais equipamentos assumem diante da comunidade, em parte, pelo fato do gerenciamento e administração das lonas ser passado à grupos artísticos e ONG locais. Apesar do equipamento ser público, sua gestão é terceirizada, o que acarreta problemas no que tange à estrutura, condução política, efetivação do espaço público etc.

114. A ECO 92 ou Rio-92, são os nomes atribuídos à Conferência das Nações Unidas sobre Meio Ambiente e o Desenvolvimento (CNUMAD), realizada entre 3 e 14 de junho de 1992, na cidade do Rio de Janeiro. Esse evento reuniu representantes de diferentes países do mundo, entre chefes de Estado, ambientalistas, representantes de movimentos sociais e ONG. O objetivo principal era discutir sobre as possibilidades de desenvolvimento com preservação socioambiental, consagrando o conceito de desenvolvimento sustentável.

115. Informações obtidas no site da Secretaria Municipal de Cultura. Disponível em: www.noticiascultura.rio.rj.gov.br. Acesso em: 23 nov. 2011.

O espaço deveria ser destinado a: "oferecer espetáculos de música, teatro, dança e poesia, além de cursos, oficinas e palestras gratuitas e a preços populares para crianças, jovens, adultos e idosos" (SMCRJ, 2011), o que não acontece de forma homogênea em todas as lonas, já que sua realização depende, em grande medida, da gestão terceirizada do equipamento. Nas lonas situadas fora das favelas, caso de nove das dez lonas existentes, são realizados shows com artistas de reconhecimento público, já que nesses casos é possível ter cobrança de ingresso, o que restringe o acesso da população mais empobrecida, uma vez que estes chegavam a custar até R$ 40,00 (quarenta reais), em 2012. Como é fácil o acesso às lonas situadas nos subúrbios, esses espaços acabam sendo frequentados por moradores de diferentes bairros da cidade.

No caso da lona da Maré, por sua localização dentro da favela, tanto a cobrança de ingresso como o acesso a pessoas de outros bairros se tornam um complicador, o que acaba por restringir a programação a shows e espetáculos de pequeno porte, que podem ser ofertados gratuitamente. Nesse sentido, o fato de ter um equipamento público de cultura no interior da Maré não se constitui como um espaço de acesso ao morador da favela às diferentes expressões artísticas, já que, pelo fato de não existir subsídio da prefeitura para o pagamento de cachês, as atrações são limitadas.

Apesar de se constituir como uma conquista da população, já que em todos os bairros em que as lonas estão localizadas são o único equipamento público de cultura, sua origem apresenta contradições que marcam, de forma precária, a constituição desses espaços.

O objetivo inicial de fazer das lonas espaços com oferta de diferentes dimensões e atividades culturais à população de baixa renda não se realiza na prática, tendo em vista que:

1. A gestão do equipamento por ONG locais fragiliza a constituição de espaço cultural público, considerando: o constante atraso no repasse de verbas, a inexistência de uma equipe de trabalho efetiva e a precariedade da estrutura física;

2. A cobrança de ingressos para determinados shows, em algumas lonas inviabiliza o acesso dos segmentos populacionais mais pobres;
3. A realização em um mesmo equipamento de atividades culturais distintas, como shows de médio porte (com cobrança de ingresso) e a oferta de oficinas e cursos gratuitos, estratifica o público e dificulta a democratização do acesso a determinadas modalidades culturais;
4. A depender da localização e do grupo gestor, os equipamentos ficam sujeitos a determinações políticas locais e, em alguns casos, subordinadas a grupos criminosos armados locais.

Durante alguns anos a constituição das lonas culturais serviu de justificativa para o não investimento público em outros espaços culturais nos bairros populares. Apenas em 2012, foi inaugurado um novo projeto cultural para as zonas Norte e Oeste da cidade, intitulado Arena Carioca[116]. O novo espaço, destinado "a região carente de áreas de lazer" da cidade do Rio de Janeiro, foi inaugurada em 20 de janeiro de 2012 e fica localizada no bairro da Pavuna. A arena ocupa um espaço de cerca de 1.680m^2 com capacidade para cerca de 330 pessoas sentadas e 800 em pé.

Também é revelador da política pública direcionada à cultura para os moradores dos subúrbios e favelas, o fato da prefeitura tratar de forma indiferenciada equipamentos situados em territórios muito distintos da cidade. O tratamento indiferenciado de espaços distintos acaba por se constituir como uma negação de direitos no que se refere ao acesso à cultura por parte dos segmentos mais empobrecidos. Nessa análise importa salientar que as diferenciações entre os espaços em que se localizam as lonas culturais ocorrem basicamente pelas condições

116. Segundo o site da prefeitura outras arenas serão construídas na cidade do Rio de Janeiro, e já se encontram em fase de construção, no Parque Ari Barroso, no Parque Madureira, na Penha e em Guaratiba. (Disponível em: www.rio.rj.gov.br/noticias. Acesso em: 10 jun. 2012).

de acesso, de infraestrutura de transporte e pelo domínio do território por grupos criminosos armados. Nesse sentido, o tratamento público conferido às lonas, desconsidera as especificidades do território, o que em alguns momentos, inviabiliza a constituição efetiva de um espaço de cultura.

Na origem da proposta de constituição das lonas culturais, o aproveitamento das estruturas utilizadas na ECO-92 foi identificado por grupos artísticos locais, após a divulgação na imprensa de que as tendas deveriam ser reaproveitadas, como uma forma de criar espaços dedicados a cultura nas periferias, abrigando iniciativas já existentes. Inicialmente duas organizações culturais, o Movimento Integrado de Cultura (MIC) de Vista Alegre e o grupo União de Grupos e Artistas de Teatro da Zona Oeste (UGATZO) de Campo Grande, iniciaram o que Ferran (2000, p. 15), denomina por "batalha para instalação dos equipamentos". As primeiras lonas[117] foram instaladas sem nenhum recurso público destinado para sua manutenção e, inicialmente, os espaços de instalação não contavam com qualquer estrutura física além da lona. Não existia projeto para a ocupação cultural dos subúrbios, já que oficialmente a prefeitura só registra o projeto em 1996. Esse só é escrito e apresentado em 1999, o que inviabilizou a dotação orçamentária para a implantação das Lonas Culturais e sua manutenção nos anos iniciais de sua constituição.

Oficializado em 1999 pela RioArte, instituto ligado à SMCRJ, o Projeto "Lonas Culturais — a cultura como instrumento de transformação social", apresenta os seguintes objetivos:

---

117. Apenas as três primeiras lonas tiveram as tendas reaproveitadas da ECO-92, já que segundo Ferran (2000) as tendas ao serem retiradas do evento não tiveram destinação imediata, ficando mal armazenadas em espaços da prefeitura, o que acabou por deteriorar o material, restando apenas três para serem reutilizadas. As lonas que utilizaram a estrutura da ECO-92 são as de Campo Grande, de Realengo e a de Bangu.

— Implantar uma rede regionalizada de espaços culturais de baixo custo e fácil execução em diversos bairros da cidade, reutilizando as lonas remanescentes da Rio-92.

— Atender a demanda por equipamentos urbanos de cultura nos bairros mais distantes da zona sul e da área central da cidade, horizontalizando e democratizando o acesso ao produto cultural. O morador da zona oeste, por exemplo, gastava aproximadamente uma hora se deslocando ao centro ou zona sul, para consumir o produto da cidade, hoje, as Lonas Culturais de Bangu e Campo Grande suprem esta demanda.

— Incentivar a produção dos artistas locais (a partir das Lonas Culturais, vários artistas têm despontado para o mercado cultural formal da cidade).

— Viabilizar a formação de platéia através da Rede Pública Municipal de Ensino.

— Oferecer uma política cultural permanente a outras regiões da cidade, buscando, inclusive, que o desdobramento destas ações resulte em ganho social.

— Resgatar a participação efetiva das comunidades atribuindo-lhe o necessário grau de responsabilidade através da co-gestão, na produção e apropriação da coisa pública (equipamento urbano de cultura) (RIOARTE, 1999, grifo nosso).

Analisando os objetivos apontados pela SMC para a construção do Projeto das Lonas, é possível identificar alguns elementos importantes para a reflexão sobre a forma, a qualidade e os pressupostos que norteiam a ação pública na implantação dos referidos equipamentos. Inicialmente identifica-se que a gestão municipal tem como primeiro objetivo do trabalho cultural na periferia a sua realização "a baixo custo e fácil execução". Tendo como conceito norteador inicial o baixo custo para o desenvolvimento da cultura nos espaços populares, o poder público já sinaliza o viés da ação, mais focada na ação social do que no acesso à cultura.

Em seu segundo objetivo identifica-se a desigualdade na distribuição dos equipamentos culturais da cidade. Uma vez reconhecido que determinados bairros e regiões da cidade, aqui marcadamente a zona norte e o subúrbio, têm dificuldades no acesso aos equipamentos, o projeto das Lonas Culturais pretende horizontalizar e democratizar esse acesso. Nesse item, merece destaque a compreensão do poder público de cultura, que deve ser "consumida". Como mercadoria, a cultura torna-se mais um produto vendável na lógica de consumo da cidade e, como o consumo é imediatamente proporcional ao poder aquisitivo dos moradores da cidade, aos residentes dos espaços populares são "ofertados" produtos de baixo custo. Nesse caminho, os produtos vendidos e ofertados nas Lonas Culturais são os de mais baixo custo, restringindo-se a atrações culturais populares e/ou de incipiente qualidade artística. Dessa forma, apesar de aparentar uma democratização do acesso às expressões culturais, esse se dá de forma restrita e direcionada, já que nem todos os artistas e grupos são acessíveis ao "orçamento popular" e se adaptam à estrutura oferecida pelas Lonas.

Reforça-se a ideia de que o "gosto popular" é de baixa qualidade, restrito a expressões culturais menos sofisticadas, mais vulgares e de menor qualidade artística e estética. Nessa perspectiva, cabe o questionamento sobre que tipo de "plateia" pretende-se formar, como expresso no objetivo quarto das Lonas Culturais. Uma plateia limitada a espetáculos considerados populares? Os moradores de espaços populares não podem ser "formados" para espetáculos como os ofertados na zona sul da cidade? Como conhecer os clássicos da música popular brasileira, por exemplo, se o custo desses espetáculos não cabe no orçamento e na estrutura das Lonas Culturais?

Identifica-se, ainda, que a "política cultural permanente" parece ser de baixa qualidade, reforçando a lógica da maior parte das políticas públicas e sociais que são políticas pobres para os pobres.

Dessa forma, a análise feita por alguns estudiosos da área de cultura, como Ferran (2000), considerando as Lonas Culturais como um importante conquista dos moradores da periferia e como um importante instrumento no processo de revitalização urbana dos subúrbios, acaba por representar apenas uma análise parcial e superficial do processo. A análise positiva realizada por Ferran (2000), ao considerar como fator de protagonismo da sociedade civil a cogestão desses espaços, aponta para uma visão pouco politizada e sem contradição.

Nesse caminho, e finalizando a rápida consideração sobre os objetivos iniciais do Projeto das Lonas Culturais, merece destaque a ênfase dada pelo poder público à cogestão desses equipamentos, impulsionando os grupos artísticos locais a assumirem a administração cotidiana deles. Segundo Ferran (2000), as lonas não receberam nenhum recurso financeiro para a manutenção dos equipamentos. A sustentabilidade deles dependia do potencial de captação de recursos, de mobilização e realização de parcerias dos grupos gestores locais.

A proposta inicial de cogestão apresentou-se inviável, pois os grupos locais não conseguiam financiamentos e os equipamentos rapidamente estavam sucateando. Após os primeiros anos a Prefeitura passa, então, a fazer o repasse de verba pública para a manutenção, com valor inicial irrisório diante da demanda, em torno de cinco mil reais mensais. Atualmente o repasse mensal é de vinte e quatro mil reais, o que ainda se apresenta insuficiente para a manutenção da estrutura e para a realização das atividades.

Para Ferran:

> O equipamento se coloca como espaço dialético, à medida que se tornou possível apenas a partir de uma história prévia de reivindicação da população, e por outro lado, uma vez já construído, está desencadeando processos de revitalização urbana. A Lona Cultural deve ser entendida não como um equipamento cultural qualquer, construído por decisões "de cima para baixo", mas sim como sujeito e objeto de interações e movimentos sociais ao mesmo tempo que detonador de transformações espaciais (FERRAN, 2000, p. 8).

Corroborando com Ferran (2000), considera-se que a experiência de instalação das Lonas acontece a partir de elementos específicos da realidade cultural da periferia, em especial a partir do protagonismo de determinados grupos. Porém, esse protagonismo não se traduziu em um movimento de resistência coletivo e nem tão pouco em fator propulsor de organização no sentido de exigir do poder público municipal maiores investimentos e recursos ao desenvolvimento da cultura nesses territórios. De fato, não há como negar o impacto que representa a construção das Lonas nos bairros periféricos, lugares desprovidos de espaços de cultura e com poucos espaços de lazer. Nesse sentido, tal projeto representa um incremento à vida cotidiana local, porém ainda de forma subalternizada.

Nesse caminho de reflexão vale destacar, também, que o processo entendido como de envolvimento da sociedade civil organizada acaba por se caracterizar não como um movimento de fortalecimento dos grupos autônomos, de organização coletiva e de mobilização; ao contrário, se evidencia como uma forma de apassivamento de demandas e de controle de grupos que até então se posicionavam em movimentos contestatórios e de reivindicação em relação à Prefeitura. A manutenção da autonomia é dificultada em um processo em que a "boa relação" com a Prefeitura torna-se condição para ganhar licitações e repasse de verbas.

No caso da Lona Cultural da Maré, como indicado por Ferran (2000), a proposta inicial, era de uma ação integrada entre as Secretarias Municipal de Cultura, Habitação e de Desenvolvimento Social, o que não se concretizou. A Lona Cultural da Maré Herbert Vianna, inaugurada em 2005, é o único equipamento público de cultura da Maré. Em 2008 a Lona fechou por um período de um ano e meio, pelo fato da administração desse equipamento em processo de cogestão junto à prefeitura, até 2009, ter sido feita por uma ONG que mantinha forte ligação com o tráfico de drogas local. Esse vínculo inviabilizou a manutenção do equipamento, levando a interdição do espaço pela precariedade das instalações e pela má gestão dos recursos. A partir de 2010, uma nova ONG local, a Redes da Maré, assumiu a cogestão, através de um processo público de licitação, reabrindo o espaço e dando início a um trabalho intenso de ressignificação do equipamento e do território em que está situada, buscando desmistificar a lógica das divisas impostas pelos grupos criminosos armados.

A Lona Cultural da Maré é exemplo da influência e intervenção dos grupos armados locais na "gestão" das políticas públicas no território, por vezes aparentando ter mais poder e domínio do equipamento que o próprio poder público. O domínio do território por grupos criminosos armados direciona não apenas a forma como o Estado intervém, mas também a forma como as políticas públicas se constitui e se desenvolve na favela e a forma como os moradores se relacionam com os equipamentos, resultando, invariavelmente na negação de direitos dos seus moradores.

As condições e os locais em que os equipamentos públicos são instalados no território da favela demonstram por si a maneira como esse território é tratado pelo poder público. No caso da Lona Cultural da Maré, equipamento por natureza de eventos artísticos e culturais, com atividades noturnas como shows e espetáculos, a relação estabelecida com o território e seus moradores é reveladora. Uma relação que desrespeita a qualidade de vida dos moradores locais, no que se refere à privacidade e ao respeito à lei do silêncio[118], já que o referido equipamento faz divisa com muros residenciais, localizando-se dentro

118. A Lei nº 126, de 10 de maio de 1977, conhecida como a Lei do Silêncio, estabelece em seu artigo 2º: "para os efeitos desta Lei, consideram-se prejudiciais à saúde, à segurança ou ao sossego público quaisquer ruídos que: IV— produzidos em edifícios de apartamentos, vila e conjuntos residenciais ou comerciais, em geral por animais, instrumentos musicais ou aparelhos receptores de rádio ou televisão ou reprodutores de sons, tais como vitrolas, gravadores e similares, ou ainda de viva voz, de modo a incomodar a vizinhança, provocando o desassossego, a intranquilidade ou desconforto.

de uma comunidade da Maré, chamada Nova Maré[119]. O incômodo gerado pelo equipamento é óbvio, já que em dias de eventos noturnos, os moradores são importunados com o barulho alto, uma vez que a Lona não possui nenhum tipo de revestimento acústico.

Outro elemento que chama a atenção no referido equipamento de cultura é a estrutura de material lonado[120], que faz com que a acústica seja de baixa qualidade, dificultando a realização de atividades culturais com qualidade sonora, além de ser extremamente quente, já que não possui sistema de refrigeração.

Apontar alguns elementos que norteiam a constituição e a manutenção do único equipamento público de cultura da Maré desnuda, em parte, a forma como o poder público trata e se relaciona com os moradores das favelas.

Sendo a cultura, como analisou Gramsci (1978), uma forma de organização e disciplina dos sujeitos, criar espaços que fortaleçam

119. A Nova Maré é uma das 16 comunidades que compõem o conjunto de favelas da Maré, constituída por moradores removidos da favela do Esqueleto e ex-moradores em situação de rua. Em 2000, segundo os dados do Censo Maré essa comunidade abrigava 3.142 moradores, sendo desses 1.313 crianças e adolescentes na faixa etária entre 0 e 14 anos, representando 2,4% do total de moradores da Maré. Ainda segundo o Censo 2000, essa é a comunidade que apresenta os piores índices de desenvolvimento do bairro, com 9,05% das crianças entre 7 e 14 fora da escola, 9,92% dos maiores de 14 anos analfabetos e com 5,85% das crianças de 7 a 14 anos em situação de trabalho infantil. Nessa comunidade, 45,86% dos domicílios utilizavam água *in natura* para o consumo, 62,9% dos entrevistados responderam morar na Maré por "falta de condições" e 28,4% afirmaram já ter sido discriminados por morar na Maré (CEASM, 2000).

120. Segundo o projeto inicial das Lonas Culturais do Rio de Janeiro, o material lonado seria provisório, já que a partir do processo de aceitação da comunidade do entorno, todas as lonas do município, passariam por um processo de reforma, em que a cúpula de lona seria substituída por material de alvenaria, para que fosse possível ter uma reprodução sonora de qualidade. A alteração na estrutura aconteceu em apenas uma Lona, localizada no bairro da Pavuna, ficando as demais nove lonas com a estrutura improvisada da origem.

um determinado modo de viver, de pensar e de se comportar, pode vir a contribuir em certa dimensão para o processo de apassivamento dos segmentos subalternizados da classe trabalhadora residente na favela. Por outro lado, a apropriação do espaço por um grupo político crítico vinculado a organização dos moradores podem possibilitar a construção de elementos contra hegemônicos ao controle de classe exercido por meio dos equipamentos do poder público.

Ao analisarmos os fatores motivadores para a construção de áreas como a Cidade do Samba[121] e a Cidade da Música[122], com o objetivo de criar espaços que ao ampliar o potencial cultural da cidade também se tornem "um centro de visitação turística", como designa o site oficial da Cidade do Samba, torna-se revelador a distinção no tratamento diferenciado aos distintos territórios da cidade. Ao compararmos o investimento realizado pela Prefeitura em equipamentos de cultura na favela, com os recursos investidos para a construção dos equipamentos citados acima, identificamos a desigualdade no que tange aos recursos, à qualidade do material utilizado e à estrutura.

---

121. A Cidade do Samba, localizada no bairro da Gamboa, na Zona Portuária do Rio de Janeiro, teve sua construção iniciada em 2003, na gestão do prefeito Cesar Maia. Segundo o site oficial foi idealizada por sambistas e impulsionada pelo desejo de **"conseguir o espaço definitivo para que as agremiações pudessem instalar os seus centros de produção"**. Designada pela Liga das Escolas de Sambas (LIESA), como um parque temático, sua construção foi inspirada em espaço parecido construído no Caribe "atraindo turistas em viagens de cruzeiro". A obra teve um custo de R$ 102 milhões. (Disponível em: www.cidadedosambarj.com.br).

122. A Cidade da Música, localizada na Barra da Tijuca no Rio de Janeiro, teve sua construção iniciada em 2003, com previsão de término em 2008 e com gasto estimado, segundo o site da Secretaria de Obras da Prefeitura do Rio de Janeiro, em R$ 518 milhões. (Disponível em: www.obras.rio.rj.gov.br. Acesso em: 27 fev. 2012). Em janeiro de 2012, dez anos após seu início, a obra ainda não havia sido concluída e, segundo matéria no site G1, em janeiro de 2012, já haviam sido gastos R$ 600 milhões na obra, enquanto o projeto inicial orçado em 2002 era de R$ 80 milhões. (Disponível em: www.g1.globo.com. Acesso em: 27 fev. 2012).

A prioridade de investimentos públicos e privados em espaços culturais da cidade é revelador de duas dimensões essenciais do processo de segregação socioespacial que atingem as diferentes dimensões da vida social. A saber:

1. A cultura, assim como as demais dimensões da vida na sociedade capitalista, é mercantilizada. Os maiores investimentos econômicos são direcionados para espaços mercantilizados, ou seja, espaços em que será possível "vender a cultura", ou algumas de suas expressões, como mercadoria;
2. A dimensão cultural para os espaços populares é sobreposta pela dimensão social. Nesse sentido, nas iniciativas culturais para esses territórios prevalecem o caráter educativo e social sobre o acesso a expressões culturais *stricto sensu*.

A prioridade no investimento público nos distintos territórios da cidade considera, como elemento central, as perspectivas de retorno financeiro e de marketing gerado pelas ações e equipamentos. Nesse sentido, a ação pública é orientada também pelos interesses privados, já que a construção de espaços como a Cidade do Samba e a Cidade da Música corresponde aos interesses mercantilistas das empresas ligadas ao turismo, à construção civil e à especulação imobiliária.

Ao analisar algumas dimensões culturais na Maré pretende-se trazer à tona a forma como o poder público, a partir dos seus equipamentos, corrobora para a estratificação social e para a segregação cultural e espacial na cidade. A cultura é aqui trabalhada em seu sentido restrito, como equipamentos públicos e espaços que permitem a expressão e o acesso a linguagens artísticas. Entende-se que a cultura nessa perspectiva é apenas uma das dimensões da cultura em sentido amplo, como afirmou Gramsci:

> A cultura é organização, disciplina do próprio eu interior, é tomada de posse da própria personalidade, é conquista da consciência superior, pela qual se consegue compreender o próprio valor histórico, a própria função na vida, os próprios direitos e deveres (GRAMSCI, 1978, p. 87).

Um passeio pelo baile Funk na Maré

Tudo que a favela me ensinou,
Tudo que lá dentro eu aprendi,
Vou levar comigo aonde eu for,
Vou na humildade procurando ser feliz
Mesmo com tanta dificuldade
Tantos preconceitos que eu já sofri
Só quero cantar a liberdade
Esse é o trabalho do MC
Levar a voz das comunidades
Aonde o nosso Funk atingir
Pois o favelado de verdade
Vai ser favelado mesmo se sair dali.
Por isso Sou favela
Eu fui e sempre serei favela
Sei que na favela a chapa é quente
Pois lá já perdi vários irmãos
Por isso o nosso papo é diferente
Sem apologia crime, droga ou facção
Pregamos a união das favelas
Sabemos a força que todas elas juntas têm
Por isso que vou em todas elas
Vou sem simpatia sem descriminar ninguém
E são tantas as comunidades
Pena não ter tempo de falar todas aqui
Mas vai um abraço na humildade
De 2 favelados
Junior e Leonardo MCs

[**MCS JUNIOR E LEONARDO**, PRA SEMPRE FAVELA]

No que tange aos ritmos musicais, as favelas cariocas historicamente foram reconhecidas como o espaço do Samba e do Funk[123]. O samba original desses espaços populares foi denominado como "samba de raiz", e pouco a pouco foi dividindo espaço com o "pagode", ritmo mais popular e de canção mais melosa, enquanto o samba de raiz foi ocupando espaços mais elitizados da cidade, como os frequentados pelas "classes médias".

Inicialmente, o funk surge como uma forma de cantar a contestação, a condição de subalternização dos moradores das periferias. Com a proliferação do ritmo, outras modalidades de funk foram surgindo, como os denominados "proibidões"[124] e os funk mais voltados para a sensualidade e o erotismo da mulher. A mudança no estilo do funk, data da década de 1980, quando deixa de ser considerado tradicional, passando a sofrer influência de diferentes estilos musicais.

No Brasil, o funk ganha estilo próprio a partir da década de 1980, sendo conhecido como funk carioca[125], com batida mais rápida, relatos da vida na favela e erotismo. A partir dessa década passa a ser um

---

123. O funk é um gênero musical que teve origem na década de 1960 com os músicos afro-americanos, baseando-se nos ritmos do soul, jazz e R&B. Reconhecido pelo seu ritmo de batidas repetidas, pela percussão e o estilo dançante, foi ao longo das décadas tendo seu estilo alterado, a partir de diferentes influências e do processo de comercialização desse estilo de música, até chegar na década de 1980 sofrendo influência, inclusive, do estilo metal, se espalhando por diferentes partes do mundo. Do funk deriva o hip hop e o rap, também muito populares nas favelas cariocas (MEDEIROS, 2006).

124. Os funks conhecidos como "proibidões" são aqueles que, de forma explícita, fazem apologia aos grupos criminosos armados, às drogas e às armas. Vale destacar que os funks eróticos, que vulgarizam a mulher e, em alguns casos, xingam e insultam o gênero feminino, não são considerados proibidos.

125. O funk carioca surge nos anos 1980 no Brasil, como uma hibridização do funk nascido nos Estados Unidos, mas influenciado pelos ritmos Miami Bass (da Flórida) e *Freestyle*. Rapidamente se populariza, a partir de gravações de versões musicais já conhecidas. Surgem os MC e os bailes funk, que inicialmente aconteciam em clubes fechados nos subúrbios cariocas e só mais tarde ganham as ruas das favelas.

ritmo reconhecidamente das favelas, com distintas conotações. Na década de 1980, quando começa a se popularizar pelo Brasil, o funk tinha uma conotação mais humorística e politizada, dando lugar, no início da década de 1990, a um estilo mais erótico com apelo ao sexo. Elemento propulsor desse estilo foi o surgimento de duplas de MC (Mestres de Cerimônia), inicialmente identificados com o rap.

A década de 1990 marca a popularização do funk carioca, que pouco a pouco se espalha pelas favelas da cidade, tornando-se um dos ritmos mais apreciados pelos moradores de espaços populares. Nessa década se iniciam os bailes de rua, que começam com a competição de potencial sonoro de equipes de som concorrentes, incluindo também a disputa do melhor DJ (*Disc Jockey*). Nem sempre as disputas acabavam de forma tranquila, o que fez com que esses eventos passassem a ser conhecidos como bailes de corredor, em que o lado A disputava com o lado B, quase sempre acabando em brigas.

Segundo Essinger (2005), a partir da segunda metade da década de 1990, o funk se populariza para além das favelas, ganhando rádios, espaços distintos da cidade e até programa de televisão, como o dirigido pela equipe Furacão 2000, no canal CNT. Nesse momento, por conta do risco de se proibir os bailes funk nas favelas em consequência aos constantes conflitos entre grupos jovens rivais, tem início uma aproximação do ritmo ao estilo mais meloso, cantando o amor e a paz. Ao mesmo tempo em que ganha repercussão para fora das favelas, o funk também inaugura, na segunda metade da década de 1990, uma nova vertente, os chamados "proibidões". Na década de 2000 ganham maior relevância os funks eróticos.

Em estudo realizado pela Fundação Getúlio Vargas, em 2007 e 2008, e divulgado pela Folha *on-line*, apenas na região metropolitana do Rio de Janeiro, o funk movimentava cerca de R$ 10 milhões por mês (FOLHA, 2009). O que sugere que, além de popular, o ritmo tornou-se rentável, passando a compor o mercado cultural da cidade.

Com o desenvolvimento do ritmo musical também se desenvolve um importante comércio, gerando mercadorias que vão desde as músicas, até estilo de roupa, equipes de som, profissionais de som (DJ) e outros. A empresa do funk acaba por ser mais um importante exemplo da forma como o capital se apropria da cotidianidade da vida subalternizada para, também daí, extrair lucro. Apropriação que se alia a outras dimensões da vida da favela, como o tráfico de drogas e o transporte alternativo.

Iniciamos a década de 2000 com uma mescla no funk carioca. De um lado músicas que exaltam o erotismo, a subalternização e até a animalidade do gênero feminino, coexistindo com os "antigos" funk, que relatam a vida na favela e pregam a paz. A esses estilos se agregam os "proibidões", muito comuns nos bailes funk promovidos pelos grupos criminosos armados.

Os bailes funk na cidade do Rio de Janeiro já foram tema de muitos estudos e pesquisas, como as desenvolvidas por Guimarães (1995), Essinger (2005), Medeiros (2006), Mattos (2006) e outros. De forma geral, o funk se expande no Rio de Janeiro, com sua imagem vinculada ao tráfico de drogas, em especial aos "arrastões"[126] acontecidos em 1992, nas praias cariocas, o que direciona a atenção da imprensa para os processos internos vividos nas favelas.

A grande imprensa, em especial a partir da situação vivenciada na zona sul carioca, chama a atenção para as formas de sociabilidade da juventude residente nas favelas, tendo como foco a realização dos bailes funk nas comunidades. Intensifica-se o processo já em curso, de criminalização da pobreza e de suas formas de expressão. Expande-se a lógica da cidade partida e cindida, reforçando a ideias de duas cidades na mesma cidade. Nesse processo, desconsidera-se a

126. Os arrastões que aconteceram de forma sucessiva, a partir de 1992, nas praias da Zona Sul carioca, consistiram em grupos de adolescentes, em sua maioria negros e residentes de favelas, que em ação coletiva roubavam frequentadores das praias. Os arrastões foram retratados pela imprensa de forma a criminalizar os moradores das favelas de forma indiferenciada, remetendo ao processo de criminalização da pobreza. Nesse contexto, o funk passa a ser também criminalizado e retratado como forma violenta de expressão da juventude pobre.

constituição cultural dos grupos subalternizados, marginalizando e criminalizando suas formas de expressão, a partir da generalização sobre o que é o funk e a forma diferenciada com que foi apropriado pelos distintos segmentos subalternos.

No conjunto de favelas da Maré, ocorrem atualmente três bailes funk, todos organizados por grupos criminosos armados. Estão localizados nas comunidades de Vila do João, gerenciado pelo Terceiro Comando, Nova Holanda e Parque União, ambas gerenciadas pelo Comando Vermelho. Nas comunidades gerenciadas pelas milícias os bailes são proibidos.

Os bailes acontecem em ruas centrais da comunidade, sendo preparada para receber o público, com muitas caixas de som. Existem bailes em que são utilizadas três equipes de som ao mesmo tempo, como forma de potencializar o som. As caixas de som de três equipes reunidas chegam a ocupar 600 metros de extensão da rua pública.

De forma geral, os bailes que acontecem nas favelas, não são apenas criminalizados pela mídia, mas também por parte dos moradores, que se encontra em situação de completa subalternização às condições impostas pelos grupos que organizam tais eventos.

Na favela, como já apontado, nem todas as leis e regras que regem os demais territórios da cidade têm efeito real na vida dos moradores. Não é possível fazer qualquer tipo de questionamento sobre a forma como os grupos criminosos armados ocupam o espaço público (ruas, praças etc.). Vale lembrar que a ocupação indevida dos espaços públicos não acontece apenas pelo tráfico de drogas, mas também pelos comerciantes e igrejas evangélicas.

No caso da ocupação das ruas pelo tráfico para a realização dos bailes, o incômodo se dá pelo volume do som. Ao visitar[127] um baile

127. No dia 20 de julho de 2011 em visita ao baile funk situado na comunidade Parque União/Maré, acompanhada de dois jovens moradores da Maré, foi possível identificar os elementos expostos nesse trabalho. A visita acompanhada de dois jovens moradores foi precedida por entrevista que se encontra em anexo.

funk torna-se notório a inviabilidade de permanência nas casas situadas na rua ocupada pelo baile. O volume do som é exageradamente alto, chegando a estremecer os vidros das casas. Para as pessoas que não estão acostumadas, dá a sensação de mal-estar, já que todo o corpo treme ao se permanecer no meio do baile.

Conhecer a experiência de baile funk não permite, no processo de pesquisa, tecer comentários aprofundados sobre o funk e nem generalizações, já que se refuta a ideia de que as favelas são espaços homogeneizados. Tal experiência permite apenas estabelecer um diálogo com diferentes representações, como as difundidas pela mídia e as expressas pelos moradores, refletindo sobre alguns elementos que permeiam essa dimensão do cotidiano na favela.

O diálogo com dois jovens moradores da Maré, *cicerones* da visita ao baile funk, é reveladora da influência e da capilaridade da representação difundida pela mídia. Em entrevista com os jovens, horas antes da visita ao baile, ao serem indagados sobre o que eles supunham que iria impressionar no baile, a resposta girou em torno da representação massificada pela mídia de que os bailes funk são frequentados por muitas crianças, que se drogam publicamente e que portam armas. Responderam ainda, que certamente a vulgaridade da vestimenta das mulheres e a forma como elas dançavam chamaria atenção.

> O que vai te surpreender provavelmente é a questão das crianças frequentando o baile e possivelmente até se drogando. Isso é chocante [...]. As crianças curtindo e trabalhando no baile. A outra questão é a proximidade com as armas e a naturalização das pessoas [...]. [ENTREVISTADO 1[128]]

---

128. O Entrevistado 1 é do sexo masculino e tinha 25 anos. Morador da Maré desde que nasceu e estudante de geografia na UFRJ na época da entrevista.

Considerando que a venda e o uso de drogas é algo relativamente comum no cotidiano da cidade e não apenas da favela; e que crianças usando drogas, vendendo drogas e trabalhando é algo costumeiro nas grandes capitais brasileiras; a expectativa girou em torno do porte de armas e da forma como as mulheres se portam no baile. Contrariando o senso comum e a imagem construída sobre os bailes e por vezes assumida pelos próprios moradores, o baile funk na comunidade do Parque União pouco teve de diferente do baile funk de outras partes da cidade, como os que acontecem na UFRJ e no Circo Voador.

A maior parte das mulheres-meninas que frequentam o baile traja-se de forma muito similar às jovens da mesma idade e da mesma classe social e até mesmo às jovens de classe social mais favorecida. A vestimenta utilizada na favela é a mesma, em certa medida, da utilizada em outras partes da cidade, como a região da Lapa no Centro do Rio de Janeiro, com predominância de vestidos justos e curtos. A forma de dançar também é a mesma de outras partes da cidade e a suposta "vulgaridade" na forma de se vestir e dançar é a mesma encontrada em outras partes da cidade e considerada como "estilo".

A venda de drogas acontece da mesma forma como em todos os outros dias da semana na favela. Mesas fixadas nas esquinas vendem uma grande variedade de drogas, como cotidianamente o tráfico faz nas favelas cariocas. O uso de drogas também é o mesmo identificado no cotidiano das favelas e em outras partes da cidade.

Vale destacar que, no baile da UFRJ[129] o cenário parece ser mais crítico, já que não existe qualquer tipo de ordenamento e de impo-

---

129. No *campus* da UFRJ da Ilha do Fundão é comum a realização de bailes funk nas chamadas "chopadas". Essas festas são atividades de recepção de alunos calouros em que muita bebida e muita música embalam a noite levando os jovens ao delírio. Na festa visitada no dia 04 de agosto de 2011, foi possível identificar uma enorme quantidade de drogas sendo usada no espaço da Universidade, além de consumo elevado de bebida e funk, marcados pela vulgarização e até mesmo a animalização da mulher. O mesmo cenário pode ser identificado nos bailes funk da Lapa.

sição de limites. Os jovens bebem e ingerem drogas de forma descontrolada e muitos, após a festa, retornam para casa dirigindo, o que torna o *campus* do Fundão um lugar rotineiro de pegas[130] entre carros.

No baile que acontece na favela, por mais contraditório que pareça, existem regras. Nenhum frequentador pode importunar outro frequentador, não pode ter brigas e as mulheres acompanhadas não podem ser assediadas por outros homens. Identifica-se que o que existe de mais específico no baile funk da favela é a presença de pessoas armadas de forma explícita. As armas significam o ordenamento territorial imposto pelo tráfico. E é justamente pelo uso de armamento que o tráfico se torna um poder inquestionável para os moradores.

As regras de silêncio e respeito aos moradores da cidade não funcionam nesse território, com o agravante de que nesses espaços não se tem como recorrer à polícia, como usualmente se faz nos demais bairros da cidade quando o barulho importuna. Na favela não é permitido ao morador "chamar a polícia", o que se dá por dois motivos essencialmente. O primeiro é pelo fato de que o morador que solicita a presença policial[131] ou tem alguma atitude que leve a polícia para dentro da favela, acaba por ser reprimido pelo tráfico de drogas local. E o segundo é pelo fato de a polícia ser cúmplice na realização dos bailes funk, mediante o recebimento de propina. Vale ressaltar que a propina paga à polícia

130. Pegas ou rachas são as competições entre carros e/ou motos em alta velocidade.

131. A presença policial não pode ser requisitada nem mesmo em caso de violência contra a mulher. As mulheres, vítimas de violência doméstica na favela, em sua maioria não denunciam porque isso pode levar a polícia para dentro da favela, causando reação do tráfico de drogas. As mulheres violentadas têm como alternativa recorrer ao tráfico, que nas "regras" dos grupos criminosos armados, podem desde punir o agressor com uma surra até expulsá-lo da favela e impedir seu retorno para casa.

é semanal, como forma de permitir a realização dos bailes. O arrego[132] pago pelo tráfico à polícia varia entre três e cinco mil reais por baile. Quando o arrego não é pago, a polícia invade o baile com o Caveirão para acabar com a festa. A invasão da polícia aos bailes marca a favela, pois ao entrar no carro blindado, a polícia arrasta ônibus, barracas, caixas de som e tudo mais que estiver pela frente.

Nesse contexto, o que acaba marcando como diferente o baile funk da favela do baile funk de fora da favela, de forma mais enfática, é a presença dos grupos criminosos armados, em especial por conta da ostentação das armas. É também a relação com a polícia, pelo fato dessa não poder acessar o *campus* da Universidade por esse ser um território federal, fazendo das chopadas espaços sem regras e sem limites para seus frequentadores.

A presença ostensiva das armas foi o ponto levantado pelo entrevistado 2 sobre o que lhe surpreende no baile funk. Segundo a entrevistada, antes tinham fatos que questionava e não compreendia no baile funk.

> O problema não é a promiscuidade que tem no baile funk da favela, pois isso é comum em outros lugares da cidade como no Circo Voador. O que surpreende é o uso das armas, os caras atirando para cima e a possibilidade de perder a vida. No Circo Voador não vou morrer de tiro. Aqui ainda tem o problema da polícia invadir e matar os frequentadores [ENTREVISTADA 2[133]].

Importa refletir sobre a representação social construída sobre os diferentes espaços e culturas da cidade. Cria-se a representação de que o espaço da favela é sem regras e que esse território é hegemonizado

---

132. Termo utilizado para designar o valor em dinheiro pago pelo tráfico de drogas à polícia para o livre ordenamento do território. O arrego também é pago por comerciantes e por algumas instituições locais à polícia, em troca de "segurança", e ao tráfico.

133. A Entrevistada 2 é do sexo feminino tinha 26 anos e era moradora da Maré desde que nasceu e estudava pedagogia na UERJ na época da entrevista.

por relações promíscuas, vulgares e ilícitas. O comportamento e a vida nas favelas se aliam a manifestação cultural do baile funk, produzindo um determinando jeito de dançar, se vestir e portar nesses espaços. Essa representação, que se funde com a música funk como um ritmo exótico e sensual, acaba sendo reproduzido em outras partes da cidade. Assim, dançar funk se torna algo sensual, erotizado e vulgarizado em todos os espaços da cidade.

Nesse sentido, a música funk cria uma determinada racionalidade que é apropriada em diferentes espaços da cidade e entre sujeitos de classes distintas, que passa pela forma de dançar e de se vestir. A representação sobre a favela do lugar sem regras e sem lei é incorporada ao ritmo da música, fazendo com que pessoas de diferentes territórios da cidade e de distintas classes sociais comportem-se como o imaginário do senso comum representa os favelados. O funk é dançando de forma vulgar e sexualizada em qualquer lugar da cidade, pois o ritmo agregou esse conceito.

Por outro lado, apesar do ritmo ser acompanhado de uma forma de dançar, esse choca com espaços da cidade que, pelo padrão socioeconômico, não são considerados os lugares próprios do funk, gerando um estranhamento para quem vê. Como afirma Silva (2009) o: "simbólico é um importante elemento da construção do real" e as representações construídas sobre a favela e a forma de viver de seus moradores acabam projetando uma forma de comportamento, que se reproduz em determinados espaços, apropriado por moradores de outras partes da cidade, reforçando o estereótipo e o estigma construído sobre o território da favela e de seus moradores.

Para Barbosa:

> A maneira como representamos o espaço possui profundas implicações na maneira como nós (e os outros) interpretamos o mundo e agimos em relação a ele. Portanto, o espaço geográfico pode ser concebido como uma construção complexa onde intervêm o sujeito, a realidade espacial terrestre e suas representações. As representações têm um

> caráter construtivo, criativo e autônomo, comportando uma parcela de reconstrução, de interpretação do objeto e de expressão do sujeito (BARBOSA, 2000, p. 22).

Há que se destacar que a representação construída sobre o território e seus moradores, assim como sobre o baile funk e os funkeiros, gera um "modelo" ou um perfil do favelado e acaba por ser assumido, em certa medida, pelos moradores. No território o funk também é considerado, pela maior parte dos moradores, como o espaço de drogas, do tráfico e de certa promiscuidade, como demonstram as falas dos entrevistados:

> A mulher se coloca no patamar de vulgaridade, como um simples objeto para o prazer masculino de olhar e tocar [...] se colocando no nível de objeto sexual [ENTREVISTADO **1**].

> O disparo das armas provoca euforia nas pessoas [...] A relação das mulheres no baile é visceral [ENTREVISTADO **2**].

Outro importante elemento são as próprias músicas de funk, que expressam desde o orgulho pelo espaço de moradia até o domínio do território pelos grupos criminosos armados exaltando as armas e o seu potencial bélico. Algumas letras se tornaram consagradas, ao cantar o "orgulho" da vida na favela, como o "Rap da Felicidade", dos MC Cidinho e Doca. Em seu refrão, anuncia o desejo de ser feliz, cantando: "eu só quero é ser feliz/ Andar tranquilamente na favela onde eu nasci, é/ E poder me orgulhar/ E ter a consciência que o pobre tem seu lugar".

Com ênfase no duplo sentido, próprio das letras de funk e rap, a música se tornou nacionalmente conhecida pelo seu tom de orgulho da favela. Se por um lado, a letra passa a ideia de que o pobre tem um lugar e que a favela seria esse lugar, também pode ser interpretada como uma contestação ao lugar socialmente construído da favela. A letra da música fala ainda da violência sofrida pelos moradores da favela, da pressão do tráfico e das armas e da forma como a polícia trata os moradores, diferentemente do tratamento atribuído aos moradores de outros territórios da cidade, como a zona sul.

Minha cara autoridade já não sei o que fazer
Com tanta violência eu fico com medo de viver
Pois moro na favela e sou muito desrespeitado
A tristeza e a alegria aqui caminha lado a lado
Eu faço uma oração para uma santa protetora
Mas sou interrompido a tiros de metralhadora
Enquanto os ricos moram numa casa grande e bela
O pobre é humilhado é esculachado na favela
Já não aguento mais essa onda de violência
Só peço autoridades um pouco mais de competência
Diversão hoje em dia não podemos nem pensar
Pois até lá no baile eles vem nos humilhar
Ficar lá na praça que era tudo tão normal
Agora virou moda violência no local
Pessoas inocentes que não tem nada a ver
Estão perdendo hoje o seu direito de viver
Nunca vi cartão postal que se destaque uma favela
Só vejo paisagem muito linda e muito bela
Quem vai pro exterior da favela sente saudade
O gringo vem aqui e não conhece a realidade
Vai pra zona sul pra conhecer água de coco
E pobre na favela vive passando sufoco
Trocaram a presidência há uma nova esperança
Só o fim da tempestade agora eu quero a bonança
O povo tem a força só precisa descobrir
Se lá eles não fazem nada faremos tudo daqui.

[**MC CIDINHO E DOCA**, RAP DA FELICIDADE, , GRIFO NOSSO]

As letras de algumas músicas funk demonstram, por um lado, a contestação dos grupos culturais organizados e, por outro, a introjeção da representação construída socialmente sobre a favela e seus moradores. A representação que é construída objetiva e subjetivamente comporta aspectos díspares do real, constituindo-se como uma forma parcial de análise da realidade social que comporta múltiplas interpretações. A representação tem percepções, interpretações e reconstruções da realidade social que são mediadas pela objetividade do real, mas também pela subjetividade dos sujeitos que a interpretam.

Para Jodelet, as representações:

> Envolvem a pertença social dos indivíduos com as implicações afetivas e normativas, com as interiorizações de experiências, práticas, modelos de conduta e pensamentos, socialmente inculcados ou transmitidos pela comunicação social, que a ela estão ligadas [...] elas são produto e processo de uma atividade de apropriação da realidade exterior ao pensamento e de elaboração psicológica e social dessa realidade (JODELET, 2001, p. 22).

O funk, encontra-se popularizado como forte apologia ao tráfico de drogas e às armas, como ilustra o "Rap do Dendê", dos MC Cidinho e Doca, que, de forma explícita, propõe o enfrentamento da polícia pelos grupos armados locais, cantando uma lista de armamentos pesados.

Alguns funks que se pretendem politizados, sob a justificativa de "cantar" a paz e mostrar a realidade da favela, também acabam por fazer apologia às armas e ao tráfico, como é o caso do "Rap das Armas" de MC Junior e MC Leonardo, que, apesar de terminar a música proclamando "para todas as galeras que acabaram de escutar. Diga não a violência e deixe a paz reinar", utiliza-se de uma grande lista de armas e cantam "por isso que eu peço paz, justiça e liberdade", lema do Falange Vermelha, que deu origem ao Comando Vermelho, um dos grupos criminosos armados mais expressivos do Rio de Janeiro.

O funk, ao se expandir como ritmo para além das favelas cariocas e se incorporando a outros territórios da cidade, o faz de forma mercantilizada, alimentando a indústria cultural, do qual é exemplo o empresário Rômulo Costa, dono da maior equipe de som, produtora e gravadora de funk do Rio de Janeiro, a Furacão 2000[134]. A indústria do funk produz muitos MC e DJ que, em alguns casos, atingem repercussão e reconhecimento nacional, compondo o mundo comercial da música.

Mas o funk não se restringe apenas ao mundo comercial. Também atinge o político, com a inserção de personalidades do funk no âmbito legislativo da cidade, do qual é exemplo Verônica Costa[135], ex-mulher de Rômulo Costa[136], conhecida como a "mãe loira" do funk que, desde 2000, entrou na cena política carioca sendo eleita vereadora pelo Partido da República (PR).

Em 2012, outros integrantes do mundo funk buscaram se aproximar do cenário político eleitoral. O MC Leonardo lançou sua candidatura para as eleições municipais do Rio de Janeiro. Enquanto Verônica Costa é reconhecida por sua proximidade com a política conservadora, o MC Leonardo é reconhecido pela sua proximidade com o campo progressista da política, articulado aos movimentos sociais e às organizações populares. Ambos foram projetados por sua relação com o funk, a primeira pelo vínculo empreendedor e comercial, e o segundo pelo vínculo politizado e crítico em suas músicas ao analisar a realidade social das favelas.

Identifica-se que, de diferentes formas, o funk ocupa a realidade social carioca, seja com a proliferação de um ritmo musical que rompe as fronteiras da favela, seja com a legitimação de representações sobre a cultura da favela, seja pelo incentivo às ações comerciais mercantis ou pela projeção de sujeitos no âmbito da política. No caminho dessa

134. A Furacão 2000 foi criada na década de 1970 com a fusão entre duas equipes de som, a Som 2000 e a Guarani 2000.

135. Após sua separação de Rômulo Costa, fundou sua própria equipe de som. Antes de se dedicar à política, como empresária e cantora do mundo funk, também assumiu programa de TV, o que contribui para sua inserção no mundo da política eleitoral.

136. Fundador e proprietário da Furacão 2000, primeira grande equipe de som funk do Rio de Janeiro tornando-se empresário.

reflexão compreende-se que considerar o funk como um elemento da sociabilidade da vida na favela implica desvelar suas dimensões incorporadas na vida da cidade e nas relações sociais estabelecidas.

E inegável que o funk representa uma expressão importante da cultura jovem da favela. Porém, na atualidade, não se restringe a uma expressão cultural localizada desse território. Ao contrário, sua repercussão atinge todas as partes da cidade, tornando-se mais uma mercadoria que movimenta um importante mercado no qual estão envolvidas equipes de som, produtoras, gravadoras, marcas de roupa, programas de rádio, TV e a produção de lideranças políticas. A expressão popular foi pouco a pouco sendo apropriada pela lógica mercantilista do capital. Entretanto, ainda assim, compreender a dinâmica interna de um baile funk na favela permite refletir sobre a lógica imposta a esse território pelos grupos criminosos armados. O baile serve como um espaço de convivência e diversão entre moradores, mas também como espaço de venda de drogas, de ostentação e legitimação do poder do tráfico diante dos moradores e da polícia.

Para os moradores, como expressa o Entrevistado 1, o baile funk é um espaço de socialização que faz parte de seu cotidiano.

> Frequentei o baile dos 15 aos 17 anos, foi uma época que era o que tinha para eu curtir [...] o baile permite qualquer pessoa participar [...] é na rua é livre. Era uma forma de sociabilizar, era o lugar em que todos os meus amigos da escola estavam. Na segunda, na escola, o assunto era o que tínhamos feito no baile na sexta, no sábado e no domingo (Entrevistado 1).

O funk, assim como a Lona Cultural da Maré, simboliza dimensões da sociabilidade construída pelos moradores, ao mesmo tempo em que evidenciam a forma perniciosa como o poder público se relaciona com esse território da cidade.

Ainda na área da cultura, vale destacar que na Maré as manifestações culturais populares também são raras, resumindo-se a pouquíssimos blocos carnavalescos e uma pequena escola de samba.

Outras, como a Folia de Reis, grupos musicais ou agrupamentos culturais diversos, se caracterizam pela ausência de continuidade e pela pequena difusão de suas atividades, que também não contam com o apoio do poder público.

As manifestações culturais contemporâneas, como o hip hop e o grafite, vêm pouco a pouco construindo uma cultura própria na Maré. As oficinas de grafite e hip hop da Maré vêm, na última década, se constituindo como um diferencial no que tange ao trabalho com a juventude local. Alguns grupos de hip hop e de grafite já se constituíram para além das ações internas nas comunidades da Maré, participando também de atividades em outras favelas da cidade, de campeonatos e eventos em outras cidades, tornando-se referência na área do trabalho de hip hop politizado e organizativo nas favelas cariocas.

A partir de 2008, duas importantes iniciativas culturais começaram a ser gestadas na Maré, ambas vinculadas a organizações não-governamentais, que são o Centro de Artes da Maré da ONG Redes da Maré e o espaço cultural Bela Maré do Observatório de Favelas. Ambas as iniciativas vêm se destacando como espaços de cultura contemporânea de alta qualidade, a partir da parceria com artistas da área de dança, teatro e artes plásticas de renome no Brasil e no exterior.

Essas iniciativas permitem ao morador da Maré o contato com expressões artísticas mais refinadas e sofisticadas, que por vezes sequer são compreendidas, porém são assimiladas e vivenciadas como possibilidades. Essas experiências culturais, além de possibilitar ao morador da Maré acessar outras expressões culturais, buscam promover a integração entre moradores de diferentes partes da cidade, contribuindo para alterar a imagem da favela.

Nesse sentido, a realização de exposição de arte contemporânea com artistas renomados e a estreia de espetáculos teatrais e de dança repercutem positivamente na integração dos moradores das diferentes partes da cidade. As ações realizadas pelas organizações não-governamentais contribuem para a superação da representação social da favela como espaço da ausência e da carência, como espaço da violência e da vagabundagem, na medida em que as ações realizadas estreitam o espaço-tempo entre os moradores da cidade e ampliam as perspectivas culturais, sociais e existenciais dos moradores da Maré.

O MURO NA MARÉ

Em janeiro de 2011, o NEPFE realizou a pesquisa[137] intitulada "Os muros do invisível: uma pesquisa-ação sobre a ação/discurso governamental e a percepção dos moradores das favelas no cenário dos megaeventos esportivos no Rio de Janeiro[138]", com o objetivo de estudar os impactos da construção do Muro[139] que separa as Linhas Vermelha e Amarela das comunidades da Maré. Buscou-se identificar os processos e ações que conectam a construção dos muros com o processo de preparação da cidade para os megaeventos esportivos (Copa do Mundo de Futebol

---

137. FARAGE, Eblin e MEDEIROS, Marcelo M (2011, mimeo). A relevância da pesquisa está no fato de não existirem estudos sobre a temática da construção de muros no Brasil como forma de segregação socioespacial.

138. A pesquisa foi realizada pelo NEPFE da Redes de Desenvolvimento da Maré em parceria com o Observatório de Favelas e a *ActionAid* no período de fevereiro a agosto de 2011. O estudo se propôs delinear: 1) o impacto simbólico e prático da construção dos muros na vida dos moradores da Maré; 2) as percepções de moradores da Maré em contraste com o olhar de usuários das vias expressas e moradores de outros bairros; e 3) estabelecer as bases para um estudo sistemático sobre o lugar social e simbólico das favelas no contexto das intervenções urbanas que ganharão forma a partir dos megaeventos esportivos na cidade.

139. O muro das linhas Vermelha e Amarela foi construído pela LAMSA, empresa concessionária da linha Amarela. A concessionária, em contato telefônico, no processo da pesquisa se recusou a declarar o valor utilizado na obra, já a Secretaria Municipal de Obras declarou em contato telefônico, no dia 21 de junho de 2011, que o valor gasto pela Lamsa foi de R$10 milhões. Em matéria publicada no jornal O Globo, de 06 de março de 2010, o valor declarado foi de R$ 20 milhões.

em 2014 e Jogos Olímpicos em 2016), bem como a identificação dos processos de violações de direitos desse percurso.

Buscando compreender o processo de intensificação da invisibilidade dos moradores de favelas através de seu cercamento por muros, a pesquisa entrevistou 759 pessoas, entre moradores, usuários das vias expressas, vendedores ambulantes e artistas que não cederam sua arte para o muro, identificando os efeitos de tal intervenção urbanística e as representações dos moradores e usuários das vias sobre a ação do Estado. Além das entrevistas e aplicação de enquetes, foram realizados grupos focais e um levantamento de matérias do jornal "O Globo" sobre a construção do muro, no período de 1996 a 2010.

A Linha Vermelha, um dos locais de instalação do muro, faz parte de um antigo projeto urbanístico do arquiteto e urbanista grego Constantino Doxiádis, sob encomenda do então governador da Guanabara, Carlos Lacerda. O Plano Doxiádis ou Plano Policromático, como ficou conhecido, destinava-se a reformulação das linhas mestras da cidade, melhorando o fluxo e preparando a cidade para abrigar o crescente número de veículos. Esse projeto dava ênfase às grandes linhas de circulação que teriam o papel de integrar a cidade, e que receberiam o nome de linhas vermelha, amarela, marrom, azul e verde, porém apenas as duas primeiras foram efetivadas.

O projeto de construção da Linha Vermelha foi retomado em 1992 como alternativa ao grande fluxo de carros existente na Avenida Brasil, única via de ligação entre o aeroporto internacional Antônio Carlos Jobim (Galeão) e as Zonas Sul e Oeste da cidade. Nesse ano, o Rio de Janeiro estava se preparando para receber a ECO 92 e um forte discurso sobre a segurança dos participantes do evento ganhou o debate carioca.

Em 1996, inicia-se o debate de preparação da cidade para a realização dos Jogos Pan-Americanos, em que ganha destaque, novamente, o discurso da proteção contra a violência dos usuários das vias. Tendo como mote a questão da segurança dos usuários das vias expressas, surge o primeiro projeto para a construção de um muro, separando as vias das comunidades da Maré.

O projeto não foi aprovado em 1996 por diferentes motivos, ficando guardado por mais de 10 anos e retornando ao debate em 2008 com um novo projeto de Lei lançado na Alerj. Aprovado, o projeto para a construção dos muros teve a solicitação do então secretário de segurança pública do estado do Rio de Janeiro, José Mariano Beltrame, sob a justificativa de que era necessário preservar a segurança dos usuários das vias expressas. A partir desse novo momento da política de segurança pública do Estado, declaradamente com o objetivo de criar um sistema de proteção para os usuários das vias, em especial para os turistas que chegariam ao Rio para os megaeventos esportivos, os muros foram efetivados na paisagem carioca.

No processo de pesquisa, em especial do levantamento das matérias do jornal "O Globo", evidenciou-se que a principal justificativa para a construção do muro era a proteção de quem passa nas vias expressas. Em nenhum momento o poder público e a mídia questionaram a segurança de quem mora na favela. Das trinta e três matérias veiculadas no referido jornal, no período de 1996 a 2011, nenhuma elencava elementos sobre a segurança dos moradores da favela. Vistos como foco da violência, "vândalos" e bandidos, como expressaram algumas das matérias pesquisadas, os moradores das favelas não são considerados parte da cidade e, por isso, não têm assegurados direitos e nem mesmo são escutados sobre suas necessidades.

Os investimentos e transformações urbanas em preparação para a Copa do Mundo de 2014 e para as Olimpíadas de 2016 mereceram especial atenção. Os megaeventos esportivos são uma oportunidade de transformação da cidade no que tange à infraestrutura, mas constituem um risco para o aumento das contradições urbanas, especialmente no que se refere ao reforço de uma agenda econômica e política comprometida com a atração de investimentos estrangeiros. Nesse cenário, um conjunto de medidas[140] começa a ganhar forma e sinaliza

140. Entre as medidas realizadas pelo poder público ou em seu nome destaca-se, além da construção dos muros: as remoções de comunidades para a construção das vias de transporte chamadas BRT´s e a criação das UPP.

processos, já em curso, que podem ter consequências negativas para aqueles grupos em situação de invisibilidade social, como é o caso das favelas. Dessas medidas, destaca-se o aumento do controle das tensões sociais, especialmente no que se refere ao combate à violência, que tem como resultado a crescente criminalização da pobreza. Destaca-se ainda a construção de uma imagem positiva da cidade sem que isso se reflita em melhoria das condições de vida de muitos de seus moradores, como tem se observado nos investimentos em melhorias urbanas em áreas já dotadas de boa infraestrutura[141]. Como resultado, essas iniciativas podem reforçar as divisões sociais e simbólicas na cidade, acentuando processos segregacionistas.

A ordenação urbana que ocorre na cidade do Rio de Janeiro tem como foco, segundo a presente análise, o controle social dos mais pobres, de forma que esses não interfiram e não prejudiquem o ciclo de produção e investimentos econômicos realizados pelo capital nacional e internacional na cidade. A cidade, que é marcada por grandes contrastes sociais, tem nas favelas um dos principais alvos de intervenção. Esses territórios passam a ocupar certa centralidade no debate público, sendo alvo de preocupações no que se refere à imagem e segurança

141. Cabe considerar que os investimentos para os Jogos Olímpicos na cidade do Rio de Janeiro preveem a alocação de cerca de 80% dos recursos para instalações ou melhorias de instalações já existentes na região da Barra da Tijuca, Zona Oeste Carioca. Essa região, que tem sido o principal eixo de expansão da cidade ao longo dos últimos 30 anos, tem uma das melhores infraestruturas da cidade, e tem sido o foco de investimentos da indústria imobiliária e de negócios, como a construção massiva de condomínios de luxo e centros comerciais. A tendência de investimentos para os Jogos Olímpicos segue a linha de intervenção dos Jogos Pan-Americanos, de 2007. Tira-se proveito de uma infraestrutura já construída, mas ao mesmo tempo se reforça as desigualdades na cidade, perdendo-se a oportunidade de se reestruturar regiões com déficit histórico de investimentos, como é o caso da Zona Norte da cidade, onde ao longo das últimas décadas observa-se um processo crescente de depreciação econômica, social e simbólica dos bairros e seus moradores.

da cidade, que passa por uma estratégia de camuflagem das favelas na paisagem urbana, a partir da instalação dos muros.

Esse tipo de intervenção reflete a crescente invisibilidade social das favelas e tem como resultado o reforço de sua depreciação simbólica a partir de sua negação na paisagem urbana. Isso também reflete processos estéticos em curso nas sociedades contemporâneas, na qual a afirmação de determinados modelos visuais ajuda a construir uma imagem ilusória de mundo perfeito, ao mesmo tempo em que cerra as cortinas da realidade. Em um mundo marcado por forte competição entre lugares e pessoas, valores como imagem, segurança e homogeneização têm sido cada vez mais enfatizados na produção do espaço urbano e nas respostas que governos e iniciativa privada têm dado às expressões da questão social.

As favelas têm sido historicamente alvo de um conjunto de intervenções endereçadas ao tema da pobreza e da marginalidade urbana. Ao longo das últimas décadas torna-se alvo de intervenções massivas no campo da segurança pública. O lugar das favelas na cidade tem sido permeado por forte estigma e representações sociais pautadas nas noções de ausência, carência e homogeneização.

A relação entre a Maré e a Linha Vermelha é reveladora das tensões sociais na cidade e é atravessada por uma série de discursos e argumentos que polarizam a relação favela e cidade. Observa-se um reforço das noções de separação entre a favela e o "asfalto", expondo as cisões presentes em pensamentos e práticas que permeiam a vida na cidade. Todavia, essa aparente separação não é capaz de dar conta da complexidade que envolve a relação favela e "asfalto", especialmente porque não reconhece a favela como parte constituinte da cidade, mas sim um problema que deve ser eliminado ou senão escondido e controlado.

Situada entre as principais vias expressas da cidade — Avenida Brasil, Linha Vermelha e Linha Amarela —, a Maré possui uma forte presença no imaginário social, fazendo parte do cotidiano de milhares de pessoas que diariamente cruzam essas vias em direção a diversas localidades na cidade. Em especial pelo fato de se constituir como caminho obrigatório para todas as pessoas que acessam o Rio de Janeiro através do aeroporto internacional em direção às Zona Sul e Oeste da cidade. Por essa razão, a Maré está presente no discurso e no debate sobre problemas urbanos.

O principal aspecto que marca as favelas, especialmente no Rio de Janeiro, diz respeito à separação favela-cidade. Essa relação é fundamental para se compreender a relação histórica do poder público com essas áreas e, mais que isso, as representações que vêm pautando essa relação. Historicamente, a forma com que a favela é vista e representada tem um papel preponderante na intervenção pública. Tais representações, construídas pelos grupos hegemônicos da cidade, têm relegado as favelas e seus moradores a uma condição de subalternidade no espaço urbano, em especial no que se refere aos investimentos em equipamentos públicos e políticas públicas para atendimento das demandas da população.

Ao longo das últimas três décadas as favelas no Rio de Janeiro se consolidaram como espaço de moradia de uma parcela expressiva da classe trabalhadora. De acordo com o Censo IBGE (2000), as favelas representam cerca de 20% da população da cidade. Ao longo desse período, não há como negar, se observa uma melhoria gradativa das condições gerais de vida, especialmente no campo dos direitos sociais, como por exemplo, o acesso aos serviços públicos, apesar de precário e de baixa qualidade. Nesse mesmo período, as favelas acompanharam o crescimento da violência, que tem sido um fator de deterioração da vida comunitária e de limitação ao exercício da cidadania. A presença de grupos criminosos armados nas favelas teve como consequência o reforço de sua negação no cenário urbano, acentuando estigmas e alimentando o medo social na cidade. Como resultado, se observa a emergência de sentimentos de repulsa e rejeição social, que têm levado a um processo sistemático de criminalização da pobreza.

O debate sobre a construção dos muros teve ampla repercussão na mídia e foi, igualmente, bastante estimulado por diversos meios de comunicação. Esse processo não poderia ser ignorado, dada a sua relevância no plano da representação social e do debate público. Com efeito, buscou-se fazer um levantamento[142] de modo a se captar as nuances do debate de uma forma mais difusa na sociedade carioca.

É importante considerar que a forma histórica com que as favelas são retratadas pelos meios de comunicação se sustenta na representação da favela como espaço da miséria, do samba, da violência e da desordem. Isso revela que, de uma maneira geral, a representação da favela na mídia é majoritariamente permeada como algo negativo, que oscila ao longo do tempo de acordo com as circunstâncias sociopolíticas. Assim, se no início do século XX a favela era vista como foco de doenças, da desordem e da malandragem, na virada do século XXI ela é apresentada como foco da violência urbana. Em outras palavras, como aponta Fernandes (2011), a favela é vista como um problema, cuja solução tem sido apresentada em discursos conservadores que ora apontam para sua eliminação, ora apontam para sua contenção e controle. Mais que isso, as soluções têm sido apresentadas de fora, por aqueles que se sentem incomodados com o problema, e raramente tem se convocado seus moradores para um processo efetivamente participativo e ativo de transformação.

A difusão da imagem negativa e de sua associação a "problema" tem reforçado o sentimento de rejeição e medo sobre a favela na sociedade. O resultado mais explícito desse processo tem sido a invisibilidade sociopolítica e simbólica do morador de favela e de sua percepção como sujeito destituído de direitos. Usualmente as favelas cariocas só ocupam as cenas dos noticiários a partir de situações de violência, sejam as provocadas pelas forças armadas do poder público, as geradas pelo conflito entre os grupos armados locais, ou as ações

142. A pesquisa fez levantamento de todas as matérias do Jornal "O Globo", sobre a construção do muro, no período de 1996 a 2010. Privilegiou-se o Jornal "O Globo", por ser considerado um dos principais jornais formadores de opinião da cidade do Rio de Janeiro. O acesso foi realizado através do sistema informatizado disponibilizado na edição do jornal.

executadas por grupos armados contra usuários das vias — como assaltos e arrastões. Nessa perspectiva, a dimensão da favela e a vida de seus moradores acaba por ser reduzida apenas a uma dimensão negativa, despertando certa indiferença sobre a vida cotidiana dos moradores da favela, já que a princípio esses moradores, enquanto cidadãos são "invisíveis". O que transborda os noticiários e ganha a cena política é a imagem de um território desordenado e violento, que ameaça a cidade.

O fato de a favela ser identificada como um território à parte da cidade reforça, ainda mais, estas noções e corrobora para a sua imagem como um território inimigo, onde o Estado deve atuar com firmeza em resposta ao crime e a desordem. Essa percepção é reforçada pelas diversas mídias que cobrem a "violência nas favelas" e que constroem uma imagem aterrorizante, que ignora o fato de que tal violência, antes de ser um problema para a cidade, é um problema para os próprios moradores que, nesse processo, são criminalizados e subordinados à forma como os grupos criminosos controlam o território.

Mantém-se como foco da imprensa a violência, que parece ser gerada pelos pobres, porém não se evidencia e pouco se questiona as diferentes formas de violência sofridas por aqueles que Wacquant (2005), denominou "os párias" da cidade. Não são consideradas violência as diversas formas de violação dos direitos humanos, a baixa qualidade dos equipamentos públicos e o não acesso a bens e serviços da cidade, que não estão disponíveis para os moradores das favelas.

É nesse contexto que se insere todo o discurso construído pelas mídias em torno da instalação dos muros. A percepção de que a favela precisa ser contida é um dado presente em boa parte das matérias, e se apresenta como um dado tacitamente aceito, sem que haja um debate sobre o significado disso no que tange a questões de fundo mais relevante, como o direito à cidade e à dignidade humana e o respeito à opinião dos moradores das favelas. Assim, tomados como objetos de intervenção, moradores e favelas são alvos de mais um discurso que se materializa na figura dos muros e barreiras de proteção.

A construção do discurso sobre os muros tem seu ponto de partida em 1996, quando a primeira proposta de construção de um muro para as linhas vermelha e amarela, surge como forma de preparar a cidade para as Olimpíadas de 2004, evento ao qual o Rio de Janeiro estava concorrendo para realizar. O resgate das matérias, desde 1996, do Jornal "O Globo" revela que, ao longo do tempo, o discurso governamental foi se alterando. Inicialmente foram destacados pela mídia fatores positivos como o fato de junto com a construção do muro também serem construídas áreas de lazer nas comunidades. Em 1998, começa-se a veicular a ideia de segurança na via, possibilitando a diminuição de assaltos com a construção do muro. Como identificado em matéria do jornal "O Globo", de 13 de janeiro de 1998: "o objetivo da medida não é isolar ou esconder favelas, mas simplesmente proteger a Linha Amarela num trecho que se mostrou vulnerável à ação de marginais".

Em 1998, apresenta-se a construção do muro na Linha Amarela como um modo de impedir que os moradores das comunidades próximas corram risco de morte ao tentar atravessar a via expressa. A instalação do muro na Linha Amarela aparece como opção para acabar com a persistência das pessoas em atravessar a via pelas pistas e não como ação de segurança contra a violência de grupos armados oriundos das favelas vizinhas. Assim, a notícia muda o enfoque da discussão e se remete à instalação do muro como maneira de evitar comportamento imprudente: "Caso as grades continuem sendo arrancadas, a Prefeitura deve reforçar o isolamento, podendo, inclusive, construir um muro no local" (O GLOBO, 1998).

Outro argumento que passou a ser utilizado para justificar a construção do muro, segundo o noticiário jornalístico, foi a segurança dos moradores, já que impediria a passagem de pedestres evitando acidentes. Em 2004, o deputado Coronel Jairo cria um projeto para a construção do muro com o objetivo de: "proteger motoristas de balas perdidas" (O GLOBO, 2004).

> Um muro como escudo entre asfalto e a favela. A Assembleia Legislativa vai apreciar, na volta do recesso, projeto do deputado Coronel Jairo (PSC), policial militar há 33 anos, que autoriza o Poder Executivo a construir muros de concreto entre Linha Vermelha e o Parque Alegria, a Vila do João, o Complexo da Maré, a favela do Retiro e o Parque Boa Esperança, **para proteger os motoristas de balas perdidas.** O texto, conforme informou ontem Ancelmo Gois no GLOBO, também autoriza o governo a fazer um convênio com a prefeitura para construir o muro da Linha Amarela (O GLOBO, 07/02/2004, grifo nosso).

A visão construída pela mídia ao longo dos últimos 20 anos reforça estigmas sobre a favela, ratificando uma imagem que, por vezes, é assumida de forma pouco crítica pelos moradores da cidade. A favela passa a representar o perigo para quem está fora, desconsiderando as condições de vida e de existência das centenas de trabalhadores ali residentes. Isso reforça o senso de indiferença e invisibilidade, acirrando ainda mais o conservadorismo no debate público e a aceitação de medidas mais duras para conter os pobres. Reforça ainda processos históricos segundo os quais a favela e seus moradores, na condição de objetos de intervenção, têm suas vozes caladas e desrespeitadas, sendo desmoralizados no debate público, como ilustram matérias e discursos que os apresentam como analfabetos, ignorantes, baderneiros e de mau gosto cultural.

A maior parte das matérias produzidas, dos artigos de opinião veiculados e das cartas de leitores divulgadas, no período analisado posicionava-se favorável à construção do muro. E, em sua maioria, os argumentos giram em torno da segurança dos usuários das vias expressas e da proteção desses das ações realizadas por grupos armados. Uma carta de opinião publicada no "O Globo", em 12 de fevereiro de 2004, é emblemática da forma como parte da sociedade carioca considera a favela.

> Sobre o projeto que autoriza o Poder Executivo a construir um muro na Linha Vermelha, considero importante a medida para a redução do número de vítimas de balas perdidas, ou que ficam acuadas por tiroteios entre a polícia e traficantes, além de eventuais bloqueios das pistas, seguidos de assaltos.

Em nenhuma das matérias analisadas, identificamos por parte do poder público, no nível municipal e estadual, qualquer menção sobre as diferentes formas de violência aos quais os moradores da Maré estão submetidos diariamente. Vale ressaltar que a então governadora Rosinha Garotinho não sancionou a lei, alegando, segundo declaração de sua assessoria ao jornal "O Globo" de 21 de junho de 2005, que: "as muretas representam uma separação das comunidades carentes do restante da sociedade, o que, segundo ela, seria um meio de discriminação". Segundo a governadora: "o isolamento das comunidades carentes, por intermédio do estabelecimento da altura mínima de dois metros para as muretas divisórias, seria uma forma de discriminação dos cidadãos de bem, infinita maioria nessas comunidades". Também o então prefeito da cidade do Rio de Janeiro, César Maia, se mostrou contrário ao projeto, declarando que: "aqui não construiremos muros" e declarando, ainda, que o Projeto era "inconstitucional, antissocial e inexequível" (EXTRA, 2005).

Em 2009, o tema do muro é retomado devido à nova política de segurança pública liderada pelo secretário Beltrame, que retoma o projeto de construção do muro como solução para diminuir a violência na Linha Vermelha: "Cercamento de vias expressas em trechos de favelas [...] para evitar arrastões e atropelamentos" (O GLOBO, 2009). Ao mesmo tempo, Eduardo Paes, prefeito do Rio à época, lança mão de um discurso no qual a construção do muro serve à melhoria da qualidade de vida da população das favelas com a redução do barulho[143]. A

---

143. A professora Cristina Malafaia, da Faculdade de Arquitetura e Urbanismo da Faculdade Gama Filho, declarou em entrevista ao Jornal "O Globo" de 06 de março de 2010 que não existe no Brasil construção de muro como o que foi realizado nas linhas Vermelha e Amarela.

violência e a poluição sonora figuram como causas para a construção do muro na Linha Vermelha, mantendo, então, a discussão num viés positivo em contraponto ao caráter segregacionista dele.

Para viabilizar o projeto e deslocar a polêmica da instalação do muro como forma de invisibilidade social, o prefeito Eduardo Paes diz que tal obra tem como objetivo criar um muro acústico, como os construídos nas vias próximo às "áreas nobres", para melhorar a qualidade dos residentes dos espaços populares próximos da via. Dessa forma, na busca por retirar o foco original do discurso em torno da segurança pública — que resulta na segregação e discriminação de espaços populares como a Maré, o prefeito procura privilegiar o caráter "inovador" do projeto ao enfatizar o lado positivo dele, visto que áreas ditas nobres gozam desse tipo de proteção acústica em países desenvolvidos e não reforçam a diferença e o estigma. Vale destacar que no Brasil não há estudos disponíveis sobre tais intervenções urbanísticas, diferente do que ocorre na Europa.

O fato das discussões sobre a construção do muro se intensificarem sempre próximo aos grandes eventos no Rio de Janeiro impulsiona a reflexão sobre a construção do muro como uma das formas de "preparação" e maquiagem da cidade para a recepção de turistas, de forma a minimizar o impacto visual gerado pela grande desigualdade social expressa na conformação urbana da cidade. Como afirmou a reportagem do jornal "O Globo" de 10 de fevereiro de 2004: "Muros isolam, separam, escondem — e permitem aos que ficam do lado bom esquecer o que ocorre do outro lado".

As cidades que recebem megaeventos promovem obras de "embelezamento", e o Rio não segue caminho diferente. Com a preparação do Rio para sediar dois megaeventos esportivos: a Copa do Mundo de Futebol e as Olimpíadas, uma série de melhorias urbanas vem sendo planejadas e implantadas pelos governos federal, estadual e municipal e também pela iniciativa privada. Obras que modernizam a cidade para melhor atender as novas demandas infraestruturais, tais como, melhorar o transporte público e as vias expressas, cujo principal objetivo é viabilizar o acesso e a circulação dos turistas pela cidade.

O embelezamento da cidade e a camuflagem da favela são reflexões presentes no discurso dos moradores e usuários das vias. A pesquisa demonstrou que os moradores têm percepções distintas sobre as melhorias que a construção do muro trouxe, porém, em sua maioria, têm acordo sobre os principais objetivos do Estado ao permitir tal obra.

Os moradores da Maré[144], de forma geral, divergem sobre a avaliação que têm sobre a construção do muro. As divergências estão concentradas, em especial, na positividade ou negatividade de tal obra, o que está diretamente relacionado, com o grau de transtornos evitados ou gerados aos moradores após a realização da obra. Nesse sentido, os moradores residentes próximo ao muro, apresentam opinião mais positiva sobre a construção. Contudo, a pesquisa mostrou que, no geral, dos 271 entrevistados, 38% percebem negativamente a instalação dos muros.

De forma geral, pode-se constatar que há um equilíbrio na percepção dos moradores sobre a "positividade" ou "negatividade" da construção do muro. Chama atenção o fato de 25% dos entrevistados residentes longe do muro considerarem-se indiferentes a tal obra, o que pode ser justificado pelo fato de não serem tão atingidos diretamente. Revela, ainda, que o assunto do muro não ganhou capilaridade uniforme entre os moradores da Maré, pois, além de distintas, as opiniões apresentam um elevado percentual de indiferença sobre o assunto.

Ao analisar o quadro dos moradores que residem próximo ao muro, há diferenciação na percepção e no impacto que a construção do muro tem em suas vidas. Dos 81 moradores que residem próximo ao muro, a maioria (57%) percebe de forma positiva a instalação do muro.

Identifica-se, ao mesmo tempo em que cresce a diferença entre os que consideram positiva e negativa a obra, que também é alto o percentual de indiferença. A positividade considerada pela maioria

144. A pesquisa entrevistou moradores da Maré que residem próximo ao muro e moradores que moram distante, evidenciando a diferença na percepção.

dos moradores entrevistados deve-se ao fato de a construção do muro ter diminuído, em grande medida, as diversas situações de violência aos quais estavam subordinados, como vizinhos da Linha Vermelha. Segundo relato de alguns moradores, por diversas vezes, eles presenciaram usuários das vias (em carros) atirando pedras, lixo e gritando xingamentos e ofensas. Alguns moradores relatam ainda que, antes da construção do muro, em momentos de engarrafamento da via expressa, os usuários ficavam olhando para dentro de suas casas, fazendo com que os moradores perdessem sua privacidade e ficassem constrangidos com o olhar ofensivo de muitos usuários. Os relatos dos moradores revelam que, em algumas situações, a polícia se utiliza da proximidade da via com a comunidade para fazer disparos com armas de fogo para dentro da comunidade. Uma das entrevistadas relatou que, em uma situação dessas, o quarto de seu filho de 3 anos foi atingido por uma bala vinda da Linha Vermelha em um momento que não tinha confronto entre grupos armados na favela. Os moradores alegam que a construção do muro diminuiu um pouco o barulho e também a poeira, melhorando a condição dos moradores vizinhos de uma via expressa, porém sem resolver o problema de forma mais efetiva, apenas servido como um paliativo.

Para os usuários das vias, dos 422 entrevistados a 36% percebe como negativa a instalação dos muros. Contudo, os que veem os muros de forma positiva e os indiferentes ficaram próximos a 34 e 30%, respectivamente. Também nesse segmento encontrou-se um alto índice de indiferença sobre a intervenção, o que traz como questionamento a forma como os moradores dos diferentes espaços da cidade, sejam os residentes em áreas de favela, seja os residentes em outros bairros da cidade, relacionam-se com as intervenções urbanísticas na cidade.

O Rio de Janeiro, considerada a cidade maravilhosa e vitrine para o turista internacional e nacional, tem como uma de suas principais portas de entrada o aeroporto internacional Antônio Carlos Jobim (Galeão). Dessa forma, como as Linhas Vermelha e Amarela são rotas obrigatórias para acessar o Galeão e cruzam diversas favelas, a paisagem, que não condiz com a imagem de cidade maravilhosa, impulsiona o Estado a utilizar dispositivos de ocultamento e invisibilização, nesse caso, as chamadas "barreiras acústicas". Em toda a extensão da Linha Vermelha é possível identificar que somente nos trechos das favelas — que se localizam entre o Aeroporto e as Zonas Sul e Oeste da cidade — as barreiras foram instaladas. Esse fato reforça a perspectiva de que a preocupação está na imagem da cidade e na proteção aos turistas internacionais.

Em parte, talvez esses motivos expliquem a indiferença dos usuários das vias, assim como dos moradores das favelas sobre a construção do muro, já que a obra tem pouco efeito real na vida cotidiana de boa parte das pessoas "atingidas" por tal intervenção. Para as pessoas que transitam pela via diariamente, o muro não evita possíveis incidentes envolvendo conflitos armados e assaltos, pois não é blindado e nem evita o acesso de pessoas, portanto, não aumenta a sensação de segurança.

Outro ponto investigado na pesquisa foi sobre a sensação de segurança que o muro transmite, tendo como referência a justificativa da prefeitura e do governo do estado para tal intervenção. Para a maior parte dos 271 moradores da Maré entrevistados, o muro não transmite sensação de segurança em relação à violência, 53% dos entrevistados afirmaram que as barreiras não passam segurança e 44% que o muro passa sensação de segurança.

Para a maior parte dos usuários das vias expressas, a sensação de segurança não está colocada apenas pela construção do muro. Para os usuários da via, segundo o relato dos entrevistados, o muro camufla a favela. Mas para quem reside no Rio de Janeiro e acompanha as dimensões que a violência urbana vem tomando, apenas esconder a favela não resolve a situação. O que fica evidente na questão sobre a motivação para a realização da obra, como será exposto adiante. Os usuários da via, beneficiários diretos da ação governamental, dos 422 entrevistados, 73% consideram que a construção do muro não transmite sensação de segurança para quem passa na via, ao passo que para

25% o muro transmite segurança. Para os 44 entrevistados que trabalham, mas não residem na Maré, 86% consideram que os muros não transmitem sensação de segurança.

Uma das hipóteses desta pesquisa era a de que um dos principais motivadores para a construção do muro era a diminuição do impacto visual da favela para os usuários da via. Tendo como referência o fato de as vias serem passagem obrigatória para todas as pessoas que chegam ao Rio de Janeiro, tentar maquiar partes da cidade que não estão dentro dos padrões de "Cidade Maravilhosa" foi, para a grande maioria dos entrevistados, um dos objetivos para a instalação dos muros. A diminuição do impacto visual estava relacionada com o fato do poder público desejar diminuir a sensação de insegurança dos usuários das vias, sejam turistas ou moradores da cidade, como um dos elementos de preparação da capital para os grandes eventos previstos para anos subsequentes. No que tange ao impacto visual, 75% dos moradores da Maré, 80% das 81 pessoas que residem próximas ao muro, 72% dos 422 usuários das vias e 77% das 44 pessoas que trabalham na Maré, mas residem em outros bairros, afirmaram que os muros diminuíram o impacto visual da favela.

Um dos argumentos a favor da instalação dos muros é o de proteção contra acidentes e atropelamentos. Esse argumento entra na pauta dos defensores da instalação dos muros num segundo momento do debate. Falava-se que o acesso fácil à via possibilitava, além de assaltos e arrastões, o aumento de acidentes e atropelamentos, seja pelo acesso de animais ou de pessoas. Nesse quesito, todos os grupos responderam que a instalação dos muros aumentou a sensação de segurança contra atropelamentos. Somente o grupo de pessoas que trabalham na Maré, mas residem fora, colocaram que o muro não aumentava a sensação de segurança.

Para os moradores, 59% do total dos 271 entrevistados e 68% dos 81 entrevistados residentes próximos à Maré afirmaram que a instalação dos muros aumentou a sensação de segurança contra atropelamentos, enquanto 32% consideraram que o muro não aumenta a sensação de segurança contra atropelamentos. Segundo os vendedores ambulantes entrevistados, a construção do muro, além de passar uma maior sensação de segurança aos usuários da via, também contribuiu para diminuir os acidentes. Dos 20 entrevistados, 65% afirmam já ter sofrido ou presenciado algum tipo de acidente na via, enquanto apenas 25% nunca se envolveram e nem viram nenhum acidente.

A pesquisa buscou identificar a representação do morador sobre o que os usuários pensam sobre a instalação dos muros. Os dados revelam que, para os moradores, o muro foi pensado única e exclusivamente para proteção dos usuários das vias expressas. Quando indagados sobre o que achavam os usuários das vias sobre a instalação dos muros, 61% dos moradores afirmaram que eles viam de forma positiva, e apenas 13% consideraram que os usuários das vias acharam negativa a obra. Essa proporção aumenta quando consideramos somente os moradores que têm suas residências margeando o muro. Desses, 69% dos 81 pesquisados avaliaram que os usuários consideraram positiva a obra.

Conforme mostram os dados, moradores e usuários das vias perceberam e compreenderam a qual grupo a intervenção do Estado visava proteger e/ou favorecer e, logo, proteger de quem e de qual grupo. Os discursos veículados pela grande mídia demonstram que mudar o foco do discurso governamental — saindo de um discurso criminalizante dos pobres e das favelas para um discurso de cunho ambiental e de proteção — , não altera a ação estatal.

Outra questão relevante na pesquisa foi identificar a representação que os moradores têm sobre sua própria comunidade. Ou seja, como eles achavam que a totalidade da Maré via a instalação dos muros. A outra era ver como o usuário representava as percepções dos moradores sobre a construção do muro. É indicativo que tanto os moradores, quanto os usuários e as pessoas que trabalham na Maré, mas residem em outros bairros, afirmem em sua maioria que a visão do morador da Maré é negativa em relação ao muro. Mesmo que os moradores pesquisados que residem margeando o muro tenham identificado que a Maré considera a instalação dos muros como positiva, a maioria vê como negativa. Dessa forma, a pesquisa mostrou que dos mais de 200 pesquisados, 49% têm para si que a Maré entende como negativa a instalação dos muros nas vias expressas e 28% acham que os moradores em geral veem como positiva a instalação dos muros. No que diz respeito aos usuários e trabalhadores na Maré, a grande maioria pressupõe que os moradores da Maré consideram negativamente a instalação dos muros.

Como o discurso em favor da construção dos muros sempre se pautou pela proteção dos usuários, colocando as favelas como áreas de risco e seus moradores como potenciais bandidos, buscou-se identificar como os moradores interpretavam a motivação do Estado em instalar as barreiras. Será que a mudança do discurso a favor da instalação dos muros, atualmente chamado de barreiras acústicas, mudou a percepção dos moradores quando a motivação do Estado em colocá-lo? Será que a inflexão de um discurso puramente criminalizador dos pobres e das favelas para um discurso de cunho ambiental e de proteção à vida do morador surtiu efeito? Após um ano da instalação dos muros, seu efeito mudou a imagem e a representação que se tinha da motivação inicial?

Conforme a pesquisa mostrou, passado mais de um ano de existência dos muros, a grande maioria dos moradores pesquisados foi categórica em afirmar que a motivação do Estado em construir o muro foi a de esconder a favela: 73% das 244 pessoas afirmaram essa posição. Apenas 17% desse total afirmaram que foi para dar maior qualidade de vida aos moradores da Maré. Mesmo entre os moradores pesquisados que residem próximo ao muro, que em sua maioria consideram positiva sua instalação, identifica-se que a motivação para a instalação das barreiras acústicas foi menos de protegê-los e mais de escondê-los dos olhos dos turistas.

Dentro da mesma lógica de intervenção que o Estado vem seguindo com relação ao controle e contenção dos espaços de moradia dos pobres, a ação que envolveu a implantação de muros em favelas teve ampla reação de diversos setores dentro da sociedade civil. Além da implantação dos muros nas vias expressas — Linhas Vermelha e Amarela —, que cruzam e margeiam inúmeras favelas, outras áreas da cidade foram alvo dessa intervenção, como Rocinha e Santa Marta. O discurso se pautou na questão ambiental: conter o crescimento dessas favelas em direção a Mata Atlântica e a prevenção de deslizamentos, pois muitas casas estão em encostas íngrimes.

Considerando esse debate, buscou-se identificar, a partir da pesquisa, qual era a visão dos entrevistados em relação à política governamental de colocar muros nas favelas para conter seu crescimento. Em todos os grupos a maioria dos entrevistados discorda da implantação de muros para conter o crescimento das favelas. Entre os entrevistados, 64% dos moradores da Maré e 75% dos usuários das vias não concordam com essa política. Há 86% dos trabalhadores da Maré não residentes que não concordam com a instalação de muros nas favelas. Somente entre moradores residentes às margens do muro essa visão mudou, entre esses 42% discordam e 47% concordam com a instalação de muros para conter o crescimento das favelas.

Um dos objetivos e justificativa para a instalação dos muros foi a de impedir o acesso de pessoas à via, para diminuir a incidência de acidentes e aumentar a sensação de segurança. Nesse caso a instalação do muro, iria impactar diretamente na atividade dos ambulantes que vendem nas vias. Através de enquete aplicada junto a 20 vendedores ambulantes buscou-se identificar o impacto real da obra. Como relatado pelos próprios ambulantes, a instalação dos muros não teve nenhum impacto, pois esses continuam acessando a via. Somente 2 ambulantes disseram que se sentem prejudicados pela instalação do muro, enquanto 85% afirmam não terem sentido mudança após a obra. Para os vendedores ambulantes, o mais positivo da instalação do muro foi a diminuição do ruído dos veiculos, e o mais negativo é o fato do muro esconder a favela.

Com base nas informações coletadas, identifica-se que a instalação dos muros tem quatro principais argumentos de sustentação, a saber:

1. Aumentar a segurança dos usuários das vias, por se considerar as favelas áreas perigosas, onde frequentes tiroteios põem em risco a vida dos transeuntes;
2. Inibir a prática de assaltos aos veículos que transitam pelas vias, dada a facilidade de acesso de moradores das favelas às vias;
3. Evitar que moradores das favelas acessem as vias expressas, pondo em risco suas vidas, sendo esse argumento endereçado em particular a vendedores ambulantes e pedintes (algumas crianças) que acessam as vias em momentos de engarrafamento;
4. Amenizar o impacto visual da favela, especialmente em relação aos turistas que chegam à cidade pelo aeroporto internacional.

Todos os argumentos apresentados possuem uma forte conotação negativa, apresentando a favela e seus moradores como uma ameaça constante, um risco para a sociedade, um mal para a cidade. Mesmo o argumento pautado na segurança dos moradores põe em questão o incômodo que a presença desses grupos produz aos usuários.

Ao analisar os dados da pesquisa, questionam-se os efeitos reais da construção do muro. Se os muros não são blindados, não atingem o primeiro objetivo levantado pelos defensores da obra, que seria a proteção dos usuários. Se a pesquisa revela que o muro não diminui o acesso de pedestres às vias, já que os moradores e vendedores ambulantes utilizam diferentes estratégias para tal acesso, também não solucionou o problema dos atropelamentos. Se o muro não é acústico, não diminui o barulho de forma significativa para os moradores próximos ao muro. Se para a maior parte dos usuários da via a construção do muro não aumentou a sensação de segurança, qual de fato é o efeito produzido por tal intervenção urbanística? O conceito que parece estar por trás dos muros é o do isolamento simbólico, do reforço da indiferença e dos estigmas e, por conseguinte, o reforço da invisibilidade social. O "outro" representado pelo morador de favela no contexto da instalação do muro é concebido como incômodo e indesejável, não havendo, com isso, uma reflexão sobre cidadania e direito à cidade. Sua condição de indesejáveis faz com que o muro se justifique em nome de uma "limpeza social". Há que se considerar que o modelo de "proteção blindada" tem como conceito a proteção dos usuários da via. Com efeito, o que esse modelo traz à tona é a invisibilidade social do morador de favela, a ideia de que esse sujeito é um cidadão de segunda categoria e, mais ainda, a ideia de "isolamento de um problema", sem que de fato, a origem dos medos que atormentam os usuários das vias seja solucionada, mas, pelo contrário, apenas "empurrados para baixo do tapete".

Adicionalmente, com medidas dessa natureza, a sociedade carioca desperdiça a oportunidade de fazer um amplo debate sobre o corrente modelo de desenvolvimento urbano e os fatores que colocam em xeque a democracia na cidade. O debate sobre os muros, assim como outros debates polêmicos em torno das favelas — como a "remoção", a "violência", o "tráfico" —, reflete uma espécie de desvio de atenção para problemas mais amplos com foco limitado a uma questão que suscita o preconceito, o ódio e a indiferença na cidade contra os pobres. Como já mencionado, os meios de comunicação não têm cumprido seu papel público de fomentar debates, mas antes têm suscitado antigas visões associadas à favela como foco dos problemas urbanos e, com isso, mais uma vez, reforçando sua negação sociopolítica e simbólica na cidade.

Com efeito, o muro, em sua concepção corrente, traz à tona algumas questões de fundo, como:

1. A relação entre medo social na cidade, representação das favelas e modelos de segurança pública;
2. A relação entre estigmatização e cidadania e a construção dos discursos que extrapolam o racional (segurança da via) para o ideológico (medo social e estigmatização socioespacial);
3. O lugar social das favelas no âmbito das intervenções públicas e de agentes privados;
4. O modelo de intervenção urbana que tende a ganhar força com os megaeventos esportivos que ocorrerão no Brasil entre 2014 e 2016, reforçando a lógica de cidade empresa;

5. O debate sobre democracia na cidade e do envolvimento dos moradores de favelas no debate sobre os seus rumos, como agentes de intervenção no cenário urbano.

Essas questões precisam ser mais bem endereçadas no debate sobre os rumos da cidade do Rio de Janeiro nos próximos anos, especialmente em um período em que algumas intervenções urbanas de grande envergadura poderão ter implicações de longa data na dinâmica da cidade.

A produção do medo social, frequentemente alimentada pelos meios de comunicação, e reforçada pelos discursos cotidianos em torno do crime tem tido a favela como o lócus da produção da violência. Nesse processo, a produção de um discurso da segurança pública em torno da instalação dos muros e barreiras retroalimenta essa fala do crime e naturaliza representações sociais sobre a violência na cidade. Ressalta-se que não se ignora o fato de que muitas favelas são áreas marcadas por violência, onde grupos criminosos armados dominam territórios, estabelecem regras e criam uma espécie de "Estado paralelo". Também são áreas onde inúmeras outras violências são invisibilizadas pela imagem generalizada do "tráfico de drogas" e da "milícia", tais como a violência institucional praticada pela polícia e servidores públicos, além da violência estrutural observada na precariedade dos serviços e equipamentos públicos e do padrão de moradia. Todavia, a redução do discurso à ideia de favela como lugar da violência, ou ainda da favela como responsável pela violência na cidade, minimiza o debate e o entendimento sobre um problema de grande envergadura, que extrapola os limites geográficos, políticos e culturais das favelas.

Faz-se necessário questionar o porquê de tanta violência nas favelas, e o que de fato pode ser feito para que essa violência seja reduzida, mais do que contida — como fazem parecer os discursos sobre os muros. É urgente a necessidade de se reconhecer o peso da violência na vida dos moradores, na sua dignidade humana e na ameaça aos seus direitos fundamentais. A sociedade precisa refletir mais sobre os problemas da segurança pública sem ter como foco discursos estereotipados sobre as favelas e seus moradores que, no momento, só fazem desviar o foco de atenção para aqueles fatores que criam as condições para que a violência se reproduza nas favelas — que se colocam para muito além das favelas.

O processo de estigmatização socioespacial, que criminaliza e desvaloriza grupos sociais e seus locais de moradia, é outro elemento que marca a produção dos discursos sobre os muros. O debate ignora o fato de que as verdadeiras vítimas da violência e da insegurança são os moradores das favelas. Todavia, sua estigmatização, que tem como resultado prático a sua criminalização e homogeneização, os apresenta como objetos de uma intervenção externa — sem voz, sem direitos. Assim, políticas, práticas e discursos vão aos poucos reforçando o isolamento sociossimbólico, político e cultural desses grupos.

Cabe uma reflexão final quanto à reprodução desses mecanismos históricos de estigmatização socioespacial no debate envolvendo investimentos e transformações urbanas em preparação para a Copa do Mundo de Futebol e as Olimpíadas. Esses eventos, de grande envergadura, refletem a posição socioeconômica e política do Brasil no cenário internacional. Revelam interesse de investimento, mas também expressam um processo internacional de transformação das cidades em polos de investimento. Tais investimentos podem ignorar questões locais, e levar em conta apenas as demandas de investidores interessados em ampliar seus lucros.

O reforço dos estigmas e de representações negativas sobre as favelas e seus moradores, observado em todo o processo que circunda a instalação dos muros, pode levar ao acirramento ainda maior das disparidades socioespaciais na cidade. Nesse cenário, é fundamental reconhecer os moradores de favelas como sujeitos de direitos, tendo acesso a informações, sendo informados sobre os processos em curso e, mais do que isso, tendo o direito e o espaço de se expressarem quanto às intervenções que produzem impacto em sua vida cotidiana.

REFERÊNCIAS

ABREU, Maurício de A. *Evolução Urbana do Rio de Janeiro*. Rio de Janeiro: IPP, 2008.

ANTUNES, Ricardo. *Adeus ao Trabalho? Ensaio sobre as metamorfoses e a centralidade do Mundo do Trabalho*. São Paulo: Editora Cortez, 2008.

ANTUNES, Ricardo. *O privilégio da Servidão — o novo proletariado de serviços na era digital*. São Paulo: Editora Boitempo, 2018.

ANTUNES, Ricardo. *Os sentidos do Trabalho — ensaios sobre a afirmação e a negação do trabalho*. São Paulo: Editora Boitempo, 2007.

AGAMBEN, Giorgio. *Estado de Exceção*. São Paulo: Editora Boitempo, 2004.

ALENCAR, Chico; GENTILI, Pablo. *Educar na esperança em tempos de desencanto*. Petrópolis: Ed. Vozes, 2002.

ANDERSON, Perry. Balanço do Neoliberalismo In: *Pós-Neoliberalismo — as políticas sociais e o Estado democrático*. GENTILI, Pablo e SADER, Emir (orgs) Rio de Janeiro: Editora Paz e Terra, 1995.

ARROYO, Miguel G. As indagações desestabilizadoras do injusto viver In: VALLA, Victor Vicent; ALGEBAILE, Eveline; GUIMARÃES, Maria Beatriz. *Classes populares no Brasil:* exercício de compreensão. Rio de Janeiro: Escola Nacional de Saúde Pública Sergio Arouca-ENSP, 2001.

BADARÓ, Marcelo. *Governo Bolsonaro — neofascismo e autocracia burguesa no Brasil*. São Paulo: Usina Editora, 2020.

BARBOSA, Jorge Luiz. *As paisagens crepusculares da ficção científica*: a elegia das utopias urbanas do modernismo (tese de doutorado). Universidade de São Paulo: Departamento de Geografia, 2000.

BARBOSA, Jorge Luiz. Da habitação como direito ao "direito à moradia" — um debate propositivo sobre regularização fundiária das favelas da cidade do Rio de Janeiro In: SILVA, Jailson de Souza; BARBOSA, Jorge Luiz, FAUSTINI; Marcus Vinícius (orgs.). *O Novo Carioca*. Rio de Janeiro: Editora Mórula, 2012.

BATISTA, Vera Malaguti. *O medo na cidade do Rio de Janeiro — dois tempos de uma história*. Rio de Janeiro: Editora Renavan, 2003.

BEHRING, Elaine Rossetti; BOSCHETTI, Ivanete. *Política Social — fundamentos e história*. Biblioteca Básica do Serviço Social Volume 2, São Paulo: Editora Cortez, 2006.

BEHRING, Elaine Rossetti. Política Social no contexto da crise capitalista In: UNB/ CFESS/ABEPSS. *Serviço Social:* direitos Sociais e Competências Profissionais. Brasília: CFESS\ABEPSS, 2009.

BOTTOMORE, Tom. *Dicionário do pensamento marxista*. Rio de Janeiro: Editora Zahar, 2001.

BOTTOMORE, Tom e OUTHWAITE, William. *Dicionário do pensamento social do século XX*. Rio de Janeiro: Editora Jorge Zahar, 1996.

BURGOS, Marcelo Baumann. Dos parques proletários ao favela-bairro: as políticas públicas nas favelas do Rio de Janeiro In: ZALUAR, Alba; ALVITO, Marcos (Org.). *Um Século de Favela*. Rio de Janeiro: Editora Getúlio Vargas, 2004.

CAMPOS, Andrelino. *Do Quilombo à Favela — a produção do "Espaço Criminalizado" no Rio de Janeiro*. Rio de Janeiro: Editora Bertrand Brasil, 2007.

CARVALHO, José Murilo de. *Cidadania no Brasil: o longo caminho*. Rio de Janeiro: Editora Civilização Brasileira, 2008.

CASTELS, Manuel. *A Questão Urbana*. Rio de Janeiro: Editora Paz e Terra, 2009.

CASTELO, Rodrigo. Presença de Florestan: Subdesenvolvimento, capitalismo dependente e revolução no pensamento econômico brasileiro In: MALTA, Maria Mello de (org.). *Ecos do desenvolvimento:* uma história do pensamento econômico brasileiro Rio de Janeiro, IPEA\UFRJ, 2010.

CEASM. *Quem Somos? Quantos Somos? O que fazemos?* — *A Maré em dados: Censo 2000*. Rio de Janeiro: Maré das Letras, 2003.

CASTRO, Josué. *A geografia da fome:* o dilema brasileiro: pão ou aço. Rio de Janeiro: Editora Antares, 1984.

CERTEAU, Michel de. *A invenção do cotidiano*. Petrópolis: Editora Vozes, 2008.

CHAUI, Marilena. *Convite à filosofia*. São Paulo: Editora Ática, 2002.

CORRÊA, Roberto Lobato. *O Espaço Urbano*. São Paulo: Editora Ática, 1995.

DEMIER, Felipe. Trotsky e os estudos sobre o populismo brasileiro In: *Outubro* nº 13. São Paulo: USP, 2005.

DIAS, Edmundo Fernandes. *Gramsci em Turim — a construção do conceito de hegemonia*. São Paulo: Editora Xamã, 2000.

DOIMO, Ana Maria. *A vez e a Voz do Popular — movimentos sociais e participação política no Brasil pós-70*. Rio de Janeiro: Editora Relume Dumará, 1995.

ENGELS, Friedrich. *A origem da família, da propriedade privada e do Estado*. Obras Escolhidas, Volume 3. Rio de Janeiro: Editorial Vitória Limitada, 1963.

ENGELS, Friedrich. *A situação da classe trabalhadora na Inglaterra*. São Paulo: Editora Boitempo, 2008.

ENGELS, Friedrich. *A origem da Família, da propriedade privada e do Estado*. São Paulo: Editora Centauro, 2002.

ESTENSSORO, Luis. *Capitalismo, Desigualdade e Pobreza na América Latina.* Tese de Doutorado, Departamento de Sociologia da Faculdade de Filosofia, Letras e Ciências Humanas (FFLCH), Universidade de São Paulo (USP), s\d.

ESSINGER, Silvio. *Batidão:* uma história do funk. Rio de Janeiro: Editora Record, 2005

FARAGE, Eblin; MEDEIROS; Marcelo M. *Relatório final da pesquisa "Os muros do invisível: uma pesquisa-ação sobre ação/discurso governamental e a percepcão dos moradores das favelas no cenário dos megaeventos esportivos no Rio de Janeiro"*, realizada pelo Núcleo de Estudos e Pesquisas sobre favelas e Espaços Populares (NEPEF), Rio de Janeiro, 2011 (mimeo).

FERNANDES, Fernando Lannes. O gerenciamento dos párias urbanos no Rio de Janeiro: uma reflexão sobre a produção dos mecanismos de controle e contenção sócio-espacial e dos espaços de constrangimento In: *Convergência*, México, 2011.

FERNANDES, Florestan. *Capitalismo dependente e classes sociais na América Latina.* Rio de Janeiro: Editora Zahar, 1981.

FERNANDES, Florestan. *A Revolução Burguesa no Brasil — ensaios de interpretação Sociológica.* Rio de Janeiro: Editora Zahar, 1975.

FERRAN, Márcia de Noronha Santos. *Participação, Política Cultural e revitalização Urbana nos subúrbios cariocas:* o caso das Lonas Culturais. Dissertação de Mestrado. Rio de Janeiro: PROURB-FAU-UFRJ, 2000 (mimeo).

FINEP/GAP. *Habitação popular:* Inventário da ação governamental. Rio de Janeiro: Garilli Artes Gráficas e Editora, 1985.

FONTES, Virgínia. *Reflexões Im-pertinentes — história e capitalismo contemporâneo.* Rio de Janeiro: Editora Bom Texto, 2005.

FREIRE, Silene de Moraes (org.). *Direitos Humanos e Questão Social na América Latina.* Rio de Janeiro: Editora Gramma, 2009.

FREIRE, Silene de Moraes; PEREIRA, Jorge Alberto Saboya. Desigualdade persistente e subcidadania no Brasil Contemporâneo In: FREIRE, Silene de Moraes (org.). *Direitos Humanos e Questão Social na América Latina*. Rio de Janeiro: Editora Gramma, 2009.

FREIRE, Paulo. *Pedagogia do Oprimido*. São Paulo: Paz e Terra, 1987.

GRAMSCI, Antonio. *Introdução ao estudo da filosofia — a filosofia de Benedetto Croce. Caderno do Cárcere*, Volume 1. Rio de Janeiro: Editora Civilização Brasileira, 2001.

GRAMSCI, Antonio. *Os intelectuais, o princípio educativo, jornalismo. Caderno do Cárcere*, Volume 2. Rio de Janeiro: Editora Civilização Brasileira, 2000.

GRAMSCI, Antonio. *Maquiavel — notas sobre o Estado e a Política*. Cadernos do Cárcere, Volume 03. Rio de Janeiro: Editora Civilização Brasileira, 2000.

GRAMSCI, Antonio. *Temas de Cultura, Ação Católica, Americanismo e Fordismo. Cadernos do Cárcere*, Volume 4. Rio de Janeiro: Editora Civilização Brasileira, 2001.

GRAMSCI, Antonio. *Obras Escolhidas*. São Paulo: Editora Martins Fontes, 1978.

GONÇALVES, Ana Paula C. A Reforma Pereira passos e a formação da Modernidade Brasileira In: *Cadernos Encontro Nacional de Engenharia e Desenvolvimento Social (ENEDS)*, Campinas: ENEDS, 2009.

GRUPPI, Luciano. *Tudo começou com Maquiavel — as concepções de Estado em Marx, Engels, Lênin e Gramsci*. Rio Grande do Sul: Editora L&PM, 1980.

GRUPPI, Luciano. *O conceito de Hegemonia em Gramsci*. Rio de Janeiro: Edições Graal, 1978.

GUIMARÃES, Eloisa. *Escolas, Galeras e Narcotráfico*. Rio de Janeiro: Ed. PUC, Tese de Doutorado, 1995.

GUIMARÃES, Alberto Passos. *A crise Agrária*. Rio de Janeiro: Editora Paz e Terra, 1979.

HAESBAERT, Rogério. *O mito da desterritorialização — do "fim dos territórios" a multiterritorialização*. Rio de Janeiro: Edtora Bertrand Brasil, 2006.

HAESBAERT, Rogério. Concepções de territórios para entender a desterritorialização In: *Território — territórios*. Niterói: Editora EDUFF, 2007.

HARVEY, David. *Espaços de Esperança*. São Paulo: Editora Loyola, 2004.

HARVEY, David. *A produção capitalista do espaço*. São Paulo: Editora Annablume, 2006.

HARVEY, David. *Condição Pós-Moderna*. São Paulo: Edições Loyola, 1999.

HARNECKER, Marta. *Os conceitos elementais do materialismo histórico*. Sem editora, 1973.

HELLER, Agnes. *Sociologia de la vida cotidiana*. Barcelona: Editora Península, 1994.

IAMAMOTO, Marilda Villela; CARVALHO, Raul de. *Relações Sociais e Serviço Social no Brasil — Esboço de uma interpretação histórico metodológica*. São Paulo: Editora Cortez, 1995.

IAMAMOTO, Marilda Villela. *Serviço Social em tempos de Capital Fetiche — Capital financeiro, trabalho e questão social*. São Paulo: Editora Cortez, 2007.

IANNI, Otávio; SINGER, Paulo; COHN, Gabriel; WEFFORT, Francisco C. *Política e a Revolução Social no Brasil*. Rio de Janeiro: Editora Civilização Brasileira, 1965.

IANNI, Otávio. *Pensamento Social no Brasil*. São Paulo: Editora EDUSC, 2004.

IASI, Mauro Luiz. Não quero ser um cidadão In: *Jornal Fórum Nacional de Monitores do Núcleo de educação Popular 13 de Maio*. São Paulo, 1997, mimeo.

JESUS, Carolina Maria de. *Quarto de Despejo — diário de uma favelada*. São Paulo, Ed. Ática, 2014.

JODELET, Denise (org.). *As representações sociais*. Rio de Janeiro: Editora UERJ, 2001.

JUNIOR, Edivaldo Goes. *Os higienistas e a educação física:* A história de seus ideais. Dissertação de mestrado apresentada ao Programa de Pós-Graduação em Educação Física da Faculdade Gama Filho, Rio de Janeiro, 2000.

KONDER, Leandro. A questão da cidadania na transição democrática In: COVRE, Maria de Loudes Manzini (org.). A *Cidadania que não temos*. Rio de Janeiro: Editora Brasiliense, 1986.

KOWARICK, Lúcio. A *Espoliação Urbana*. São Paulo: Editora Paz e Terra, 1993.

KOWARICK, Lúcio. *Capitalismo e marginalidade na América Latina*. Rio de Janeiro: Editora Paz e Terra, 1975.

LEEDS, Anthony; LEEDS, Elizabeth. A *Sociologia do Brasil Urbano*. Rio de Janeiro: Editora Zahar, 1978.

LEFEBVRE, Henry. *O Direito à Cidade*. São Paulo: Editora Centauro, 2001.

LEFEBVRE, Henry. *Espaço e Política*. Belo Horizonte: Editora UFMG, 2008.

LEFEBVRE, Henry. *A vida cotidiana no mundo moderno*. São Paulo: Editora Ática, 1991.

LEFEBVRE, Henry. A *revolução Urbana*. Belo Horizonte: Editora UFMG, 2008.

LEFEBVRE, Henry. *La presencia y la ausência: contribuición a La teoria de las representaciones*. Cidade do México: Fondo de Cultura Econômica, 1983.

LENIN, V.I. *O imperialismo — Fase superior do capitalismo*. São Paulo: Editora Centauro, 2005.

LIMA, Antônia Jesuíta de. *Cidades Brasileiras — atores, processos e gestão pública*. Belo Horizonte: Editora Autêntica, 2007.

LOWY, Michael. *Neofascismo*: um fenômeno planetário — o caso Bolsonaro. Disponível em: https://aterraeredonda.com.br/neofascismo-um-fenomeno-planetario-o-caso-bolsonaro/. Acesso em: 03 de fev. 2020.

MACÊDO, Myrtes de Aguiar. *Projeto de Pesquisa:* Expressões do reordenamento da política de assistência social no Rio de Janeiro: *gestão social em foco.* Rio de Janeiro: PUC-RJ, 2004.

MANDEL, Ernest. *O lugar do marxismo na história.* São Paulo: Editora Xamã, 2001.

MARSHALL, Thomas Humphrey. *Cidadania, Classe Social e Status.* Rio de Janeiro: Editora Zahar, 1964.

MARICATO, Ermínia. *Brasil, Cidades alternativas para a crise urbana.* Petrópolis: Editora Vozes, 2008.

MARTINS, José de Souza. *Fronteira — a degradação do outro nos confins do humano.* São Paulo: Editora Contexto, 2009.

MARTINS, Sérgio. Prefácio à tradução brasileira In: *Espaço e Política.* Belo Horizonte: Editora UFMG, 2008.

MARX, Karl. A chamada acumulação primitiva In: *O Capital — Crítica da Economia Política* Livro 1, vol 2. Rio de Janeiro: Editora Civilização Brasileira, 2001.

MARX, Karl. *O Capital — crítica da Economia Política.* Livro 1 vol. 1 e 2, livro 2. Rio de Janeiro: Editora Civilização Brasileira, 2001.

MARX, Karl. *Contribuição à Crítica da Economia Política.* São Paulo: Editora Expressão Popular, 2007.

MARX, Karl. *Dezoito de Brumário de Luís Bonaparte.* São Paulo: Editora Boitempo, 2011.

MARX, Karl, ENGELS, Friedrich. *O Manifesto Comunista.* São Paulo: Editora Paz e Terra, 1997.

MARX, Karl, ENGELS, Friedrich. *A Ideologia Alemã.* São Paulo: Editora Expressão Popular, 2009.

MARX, Karl, ENGELS, Friedrich. *As Lutas de Classe na França*. Obras Escolhidas Volume I. São Paulo: Editora Alfa-Ômega, 1979.

MATTOS, Carla dos Santos. *No ritmo neurótico*: cultura funk e performance "proibidas" em contexto de violência no Rio de Janeiro. Rio de Janeiro, dissertação de mestrado Programa de Pós-graduação em Ciências Sociais da UERJ, 2006 (mimeo).

MEDEIROS, Janaína. *Funk Carioca: crime ou cultura? O som da medo e prazer*. Rio de Janeiro: Editora Terceiro Nome, 2006.

MBEMBE, Achille. *Necropolítica*: Biopoder, soberania, estado de exceção, política da morte. n — 1 — edições, 2018.

MESTRINER, Maria Luiza. *O Estado entre a Filantropia e a Assistência Social*. São Paulo: Editora Cortez, 2001.

MÉSZÁROS, Isteván. *A Educação para além do Capital*. São Paulo: Editora Boitempo, 2005.

MONIZ, Edmundo. *Canudos*: a guerra social. 2ª edição. Rio de Janeiro: Editora Elo, 1987.

MOTA, Ana Elizabete. *A cidadania do fordismo*. Pernambuco, 1991 (mimeo).

NETTO, José Paulo. *Ditadura e Serviço Social — uma análise do serviço social no Brasil pós-64*. São Paulo: Editora Cortez, 1994.

NEVES, Lúcia Maria W. *Educação e política no Brasil de hoje*. São Paulo: Cortez, 2002.

NOVACK, George. *A Lei do Desenvolvimento Desigual e Combinado da Sociedade*. São Paulo: Editora Rabisco, 1988.

NUN, José. O Futuro do emprego e a tese da massa marginal In: *Revista Novos Estudos nº* 56. São Paulo: CEBRAP, 2000.

NUN, José. Superpopulação Relativa, Exército Industrial de Reserva e Massa Marginal In: *Populações Marginais*, PEREIRA, Luiz (org.). São Paulo: Editora Livraria Duas Cidades, 1978.

PARISSE, Luciano. *Favelas do Rio de Janeiro — evolução — sentidos*. Rio de Janeiro: Caderno SENPHA-PUC, 1969.

PEDRAZZINI, Yves. *A Violência das Cidades*. Petrópolis: Editora Vozes, 2006.

POCHMANN, Márcio. *O Emprego na Globalização*: a nova divisão internacional do trabalho e os caminhos que o Brasil escolheu. São Paulo: Editora Boitempo, 2001.

ROCHA, Adair. *Cidade Cerzida — a costura da cidadania no morro Santa Marta*. Rio de Janeiro: Editora Museu da República, 2005.

SANTOS, Eladir Fátima Nascimento dos. FAFERJ — organização, resistência e luta contra as remoções In: *XI Congresso Luso Afro Brasileiro de Ciências Sociais— Diversidades e (des)igualdades*. Salvador Bahia, 2011.

SANTOS, Milton. *O Espaço do Cidadão*. São Paulo: Editora Edusp, 2007.

SANTOS, Milton. *A Urbanização Brasileira*. São Paulo: Editora Edusp, 2008.

SANTOS, Milton. *Por uma outra globalização*: do pensamento único à consciência universal. Rio de Janeiro: Editora Record, 2008.

SANTOS, Milton. *Metamorfoses do Espaço Habitado*. São Paulo: Editora Edusp, 2008.

SANTOS, Wanderley Guilherme dos Santos. *Cidadania e Justiça*. Rio de Janeiro: Editora Campus, 1979.

SAQUET, Marcos Aurélio; SOUZA, Edson Belo Clemente de. *Leituras do conceito de território e de processos espaciais*. São Paulo: Editora Expressão Popular, 2009.

SILVA, Eliana Sousa. *O contexto das práticas policiais nas favelas da Maré:* a busca de novos caminhos a partir de seus protagonistas. Tese de doutorado. Programa de Pós-graduação em Serviço Social da PUC-RJ. Rio de Janeiro, 2009.

SILVA, Jailson de Souza; BARBOSA, Jorge Luiz; BITETI, Mariane de Oliveira; FERNANDES, Fernando Lannes (org.). *O que é Favela, Afinal?*. Rio de Janeiro: Observatório de Favelas, 2009.

SILVA, Jailson de Souza; BARBOSA, Jorge Luiz. *Favela — alegria e dor na cidade*. Rio de Janeiro: Editora Senac Rio, X Brasil, 2005.

SILVA, Maria Laís Pereira da Silva. Favela: é geral? É particular? É urbano? In: *O que é Favela, Afinal?* Rio de Janeiro: Observatório de Favelas, 2009.

SILVEIRA, Maria Lídia Souza da. Educação Popular: novas traduções para um outro tempo histórico In: SILVEIRA, M. S. da S.; FARAGE, E. (org.). *Anais do Seminário de Educação Popular. Centro de Filosofia e Ciências Humanas*. UFRJ: Rio de Janeiro, 2004.

SOUZA, Marcelo Lopes de. *ABC do desenvolvimento Urbano*. Rio de Janeiro: Editora Bertrand Brasil, 2005.

SOUZA, Marcelo Lopes de. *O Desafio Metropolitano — um estudo sobre a problemática sócio-espacial nas Metrópoles Brasileiras*. Rio de Janeiro: Editora Bertrand Brasil, 2000.

SPOSITO, Maria Encarnação Beltrão. *Capitalismo e Urbanização — núcleos urbanos na história, revolução industrial e urbanização, a cidade moderna:* por onde?. Rio de Janeiro: Editora Contexto, 1988.

SPOSATI, Aldaíza. Benefício de Prestação Continuada como Mínimo Social In: SPOSATI, Aldaíza (org.). *Proteção Social de cidadania:* inclusão de idosos e pessoas com deficiência no Brasil, França e Portugal. São Paulo: Cortez, 2004.

SZYMANSKI, H. A *relação escola/família:* desafios e perspectivas. Brasília/DF: Plano Editora, 2003.

TROTSKY, Leon. A *Revolução Permanente*. São Paulo: Editora Expressão Popular, 2007.

VALLADARES, Licia do Prado. A *invenção da favela — do mito de origem a favela.com*. Rio de Janeiro: FGV, 2005.

VALLA, Victor Vicent; ALGEBAILE, Eveline; GUIMARÃES, Maria Beatriz. *Classes populares no Brasil:* exercício de compreensão. Rio de Janeiro: escola Nacional de Saúde Pública Sergio Arouca — ENSP, 2001.

VAZ, Lilian Fessler. Dos cortiços às favelas e aos edifícios de apartamentos — a modernização da moradia no Rio de Janeiro In: *Revista Análise Social*, vol. XXIX (127), p. 581-597, 1994.

VENTURA, Zuenir. *Cidade Partida*. São Paulo: Editora Cia. das Letras, 1994.

VILLAÇA, Flávio. *Espaço intra-urbano no Brasil*. São Paulo: Editora FAPESP, 2001.

WACQUANT, Loïc. *Os condenados da cidade*. Rio de Janeiro: Editora Renavan, 2005.

ZYLBERBERG, Sônia. *Morro da Providência:* memórias da favela. Rio de Janeiro: Secretaria Municipal de Cultura, 1992.

DOCUMENTOS

CARTA CAPITAL. *"Seu País: não se ufane tanto"*, nº 261, 2003.

CEASM. *História da Maré*. Rio de Janeiro, 1999 (mimeo).

CEASM. Censo da Maré 2000. Rio de Janeiro, 2000 (mimeo)

FARAGE, Eblin; FERNANDES, Fernando Lannes; MEDEIROS, Marcelo de. *Os muros do invisível:* o lugar social e simbólico das favelas no cenário dos mega eventos esportivos no Rio de Janeiro. Resultados e reflexões a partir de uma pesquisa-ação. Rio de Janeiro, 2011 (mimeo).

IBGE. *Censo demográfico 1950*. IBGE, 2011.

IBGE. *Censo demográfico 2010* — Aglomerados Subnormais primeiros resultados. IBGE, 2011.

REDES DE DESENVOLVIMENTO DA MARÉ. *Censo de Empreendimentos Comerciais da Maré*. 2011 (mimeo).

REDES DE DESENVOLVIMENTO DA MARÉ. Censo Maré 2013 (mimeo).

RIOARTE. *Projeto Lonas Culturais — a cultura como instrumento de transformação social*. Rio de Janeiro: Secretaria Municipal de Cultura, 1999.

SITES CONSULTADOS

DECLARAÇÃO UNIVERSAL DOS DIREITOS HUMANOS, 1948. Disponível em: www.portal.mj.gov.br. Acesso em: 29 abr. 2012.

ÉPOCA. *Estudo mostra que 41% dos alunos largam o ensino fundamental*. São Paulo, junho de 2003. Disponível em: http://revistaepoca.globo.com/. Acesso em: 29 abr. 2012.

FOLHA.COM. *Funk movimenta R$ 10 milhões por mês só no Rio de Janeiro, diz estudo*. São Paulo, 1 de janeiro de 2009. Disponível em: www.folha.com.br. Acesso em: 29 fev. 2012.

GLOBO.COM. Disponível em: www.g1.globo.com.br. Acesso em: 27 fev. 2012.

SECRETARIA MUNICIPAL DE CULTURA. Disponível em: www.noticiascultura.rio.rj.gov.br. Acesso em: 23 nov. 2011.

JORNAIS IMPRESSOS CONSULTADOS

EXTRA, edição de 10 jun. 2008.

O GLOBO, edição de 13 jan. 1998.

O GLOBO, edição de 7 fev. 2004.

O GLOBO, edição 12 fev. 2004.

O GLOBO, edição 21 jun. 2005.

O GLOBO, edição de 20 set. 2009.

O GLOBO, edição de 6 mar. 2010.

1ª edição	julho 2023
impressão	eskenazi
papel miolo	pólen natural 80g/m^2
papel capa	cartão supremo 300g/m^2
tipografia	trola e tusker grotesk